浙江省高职院校"十四五"重点教材

浙江省职业教育在线精品课程配套教材

21世纪新概念教材·高等职业教育现代物流管理专业教材新系

CANGCHU YU PEISONG
GUANLI

仓储与配送管理 （第三版）

富媒体智能型教材

叶伟媛　主　编

东北财经大学出版社　大连
Dongbei University of Finance & Economics Press

图书在版编目（CIP）数据

仓储与配送管理 / 叶伟媛主编．—3版．—大连：东北财经大学出版
社，2024.7．—（21世纪新概念教材·高等职业教育现代物流管理专业
教材新系）．—ISBN 978-7-5654-5311-3

Ⅰ.F253；F252.14

中国国家版本馆CIP数据核字第20241XP040号

东北财经大学出版社出版

（大连市黑石礁尖山街217号　邮政编码　116025）

网　　址：http://www.dufep.cn

读者信箱：dufep@dufe.edu.cn

大连永盛印业有限公司印刷　　　东北财经大学出版社发行

幅面尺寸：185mm×260mm　　　字数：411千字　　　印张：18.25

2024年7月第3版　　　　　　　2024年7月第1次印刷

责任编辑：郭海雷　石建华　徐　群　　责任校对：赵　楠

　　　　　吉　扬　刘慧美

封面设计：原　皓　　　　　　　　　　版式设计：原　皓

定价：46.00元

富媒体智能型教材出版说明

"财经高等职业教育富媒体智能型教材开发系统工程"入选国家新闻出版广电总局新闻出版改革发展项目库，并获得文化产业专项资金支持，是"国家文化产业资金支持媒体融合重大项目"。项目以"融通""融合""共建""共享"为特色，是东北财经大学出版社积极落实国家推动传统媒体与新媒体融合发展的重要举措之一。

"财济书院"智能教学互动平台是该工程项目建设成果之一。该平台通过系统、合理的架构设计，将教学资源与教学应用集成于一体，具有教学内容多元呈现、课堂教学实时交互、测试考评个性设置、用户学情高效分析等核心功能，是高校开展信息化教学的有力支撑和应用保障。

富媒体智能型教材是该工程项目建设成果之二。该类教材是我社供给侧结构性改革探索性策划的创新型产品，是一种新形态立体化教材。富媒体智能型教材秉持严谨的教学设计思想和先进的教材设计理念，为财经职业教育教与学、课程与教材的融通奠定了基础，较好地避免了传统教学模式和单一纸质教材容易出现的"两张皮"现象，有助于教学质量的提高和教学效果的提升。

从教材资源的呈现形式来说，富媒体智能型教材实现了传统纸质教材与数字技术的融合，通过二维码建立链接，将VR、微课、视频、动画、音频、图文和试题库等富媒体资源丰富呈现给用户；从教材内容的选取整合来说，其实现了职业教育与产业发展的融合，不仅注重专业教学内容与职业能力培养的有效对接，而且很好地解决了部分专业课程学与训、训与评的难题；从教材的教学使用过程来说，其实现了线下自主与线上互动的融合，学生可以在有网络支持的任何地方自主完成预习、巩固、复习等，教师可以在教学中灵活使用随堂点名、作业布置及批改、自测及组卷考试、成绩统计分析等平台辅助教学工具。

"重塑教学空间，回归教学本源！""财济书院"平台不仅仅是出版社提供教学资源和服务的平台，更是出版社为作者和广大院校创设的一个自主选择和自主探究的教与学的空间，作者和广大院校师生既是这个空间的使用者和消费者，也是这个空间的创造者和建设者，在这里，出版社、作者、院校共建资源，共享回报，共创未来。

最后，感谢各位作者为支持项目建设所付出的辛劳和智慧，也欢迎广大院校在教学中积极使用富媒体智能型教材和"财济书院"平台，东北财经大学出版社愿意也必将陪伴广大职业教育工作者走向更加光明而美好的职教发展新阶段。

东北财经大学出版社

第三版前言

随着大数据、物联网、云计算等现代技术在物流行业的广泛应用，仓储与配送领域也发生了巨大的变化。为确保教材的时效性和实用性，本次修订在课程思政、教学内容、教材结构、数字资源等方面作了较大调整和优化，主要变化如下：

1.有机融入课程思政

积极宣传贯彻党的二十大精神，将降本增效、绿色低碳等理念巧妙融入教材的任务描述、延伸阅读、案例分析等栏目，达到润物无声的效果。

2.知识内容同步更新

紧紧把握行业发展趋势，增加智慧仓库、绿色仓库等相关内容，保证了教材与时俱进和内容的新颖性。

3.结构体系持续优化

教材结构体系进一步优化，在原有"模块—项目—任务"的基础上，每个任务按照"任务描述—任务知识—任务实施"的结构重新编排。通过任务实施分步骤指引学习者完成任务，同时配套通过二维码查看的完整的任务实施方案。

4.配套资源全面优化

（1）持续优化数字化资源，共开发了微课50余个，实现了微课资源对教学内容的全覆盖。

（2）配套课件齐全，题库1 000余题，满足线下教学和练习需要。

（3）本教材是浙江省精品在线开放课程"仓储与配送管理"的配套教材，教师可登录浙江省高等学校在线开放课程共享平台（http：//www.zjooc.cn）或智慧树网（https：//www.zhihuishu.com），加入本课程可开展线上教学。

本教材出版以来深受使用院校好评，2023年被评为浙江省高职院校"十四五"重点教材。本次修订工作由叶伟媛教授全面负责并担任主编，钭志斌教授主审。具体修订分工如下：丽水职业技术学院叶伟媛负责项目1、项目6、项目7、项目8、项目12、项目13；丽水职业技术学院杨斌负责项目2、项目3；湖州职业技术学院周宁武负责项目4、项目5；丽水职业技术学院雷鸣负责项目9；广东机电职业技术学院温远林负责项目10、项目11。

在教材修订过程中，我们走访了京东物流、顺丰速运等企业，得到了大量企业实践案例支持，同时参考了大量的书籍及相关网站的资料，在此向相关人员表示由衷的感谢。由于水平、学识有限，教材中难免有纰漏和不足之处，敬请广大读者批评指正，不胜感激！

编　者

2024年6月

目 录

模块 1
仓库布局

只有掌握了仓库布局,才能更好地熟悉仓库作业的流程,更有效地开展仓储作业活动。仓库布局模块既是一个相对独立的学习模块,又是学习入库作业模块、在库管理模块以及出库与配送作业模块的基础。本模块的内容架构图如下:

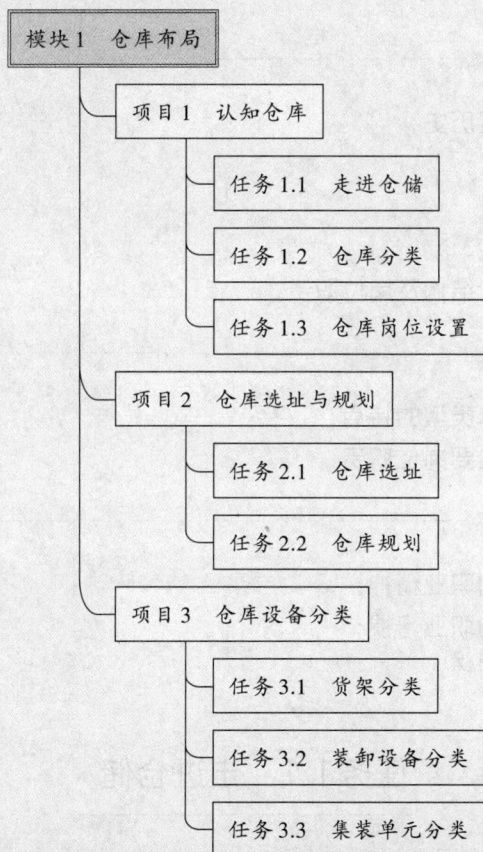

```
模块1  仓库布局
    ├── 项目1  认知仓库
    │       ├── 任务1.1  走进仓储
    │       ├── 任务1.2  仓库分类
    │       └── 任务1.3  仓库岗位设置
    ├── 项目2  仓库选址与规划
    │       ├── 任务2.1  仓库选址
    │       └── 任务2.2  仓库规划
    └── 项目3  仓库设备分类
            ├── 任务3.1  货架分类
            ├── 任务3.2  装卸设备分类
            └── 任务3.3  集装单元分类
```

项目1　认知仓库

学习目标

【知识目标】

1.了解仓储的发展历史；
2.明确仓储的含义；
3.掌握仓库的分类；
4.明确仓库的功能；
5.明确仓库的组织结构及岗位职责。

【能力目标】

1.能描述不同仓库类型的特点；
2.能表述仓库的主要岗位职责。

【素养目标】

1.培养爱岗敬业的职业精神；
2.养成认真细致的职业习惯；
3.厚植爱国主义情怀。

任务1.1　走进仓储

【任务描述】

党的二十大报告对建设现代化产业体系做出部署，强调"推动战略性新兴产业融合集群发展，构建新一代信息技术、人工智能、生物技术、新能源、新材料、高端装备、绿色环保等一批新的增长引擎"。《"十四五"现代物流发展规划》提出：

"推进物流智慧化改造。深度应用第五代移动通信（5G）、北斗、移动互联网、大数据、人工智能等技术，分类推动物流基础设施改造升级，加快物联网相关设施建设，发展智慧物流枢纽、智慧物流园区、智慧仓储物流基地、智慧港口、数字仓库等新型物流基础设施。"人工智能、智慧化已在物流业得到快速发展。为进一步提升公司智慧化水平，昌荣物流公司决定改造部分传统仓库，逐步向智慧仓库升级，改造任务由仓储主管张胜利全面负责，张胜利的初步计划是先了解智慧仓的发展情况。

　　要求：通过网络、电话、实地调研等方式调研我国智慧仓储的现状，分析智慧仓储的应用情况、面临的挑战、发展态势等，撰写一份智慧仓储调研报告。

【任务知识】

1.1.1　仓储概述

　　仓储通常是指通过仓库对商品进行储存和保管。它随着商品的储存产生，又随着生产力的发展而发展。《物流术语》（GB/T 18354—2021）对仓储的定义：仓储（warehousing）是利用仓库及相关设施设备进行物品的入库、储存、出库的作业。

　　仓储是商品流通的重要环节之一，也是物流活动的重要支柱，在社会分工和专业化生产的条件下，为保持社会再生产过程的顺利进行，必须储存一定量的商品，以满足一定时间内社会生产和消费的需要。

　　一般来说，仓储管理是对货物存储的经营管理。从广义上看，仓储管理是对物流过程中货物的储存、中转过程以及由此带来的商品装卸、包装、分拣、整理、后续加工等一系列活动的经营管理。

　　仓储活动存在于社会活动的各个阶段和各个行业，并且仓储管理的形式和内容有相当大的差别。仓储地点既包含一般用于货物储存保管的传统仓库，又包含商品流通和分销过程中的配送中心和物流中心。

1.1.2　仓储的发展历史

　　1) 仓储活动的产生

　　人类社会自从出现剩余产品以来，就产生了储存。"积谷防饥"的意思就是储存粮食，防备饥荒。

　　原始社会末期，当某个人或者某个部落实现食物自给自足时，需要把多余的食物储藏起来，为此开辟了专门储存食物的场所，于是"窖穴"就出现了。西汉时建立的"常平仓"是我国历史上最早由国家经营的仓库。可见，中国古代人们的"仓"是指储藏粮食的场所；而"库"则是指储存物品的场所。以后，人们逐渐将"仓"和"库"两个字连在一起用，表示储存各种商品的场所。随着商品经济的飞速发展，现代意义上的仓库已不同于古代的仓库了，其含义要广泛得多。

　　2) 仓储活动的发展

　　回顾我国仓储活动的发展历史，可以将其分为古代仓储业、近代仓储业和现代仓储业三个阶段。

　　（1）古代仓储业。我国古代商业仓库是随着社会分工和专业化生产的发展而逐渐

微课 1-1

仓储发展史

形成和扩大的。中国古代的"邸店"可以说是商业仓库的最初形式，但由于受当时商品经济的局限，它既具有商品寄存性质，又具有旅店性质。随着社会分工的进一步发展和交换范围的不断扩大，专门储存商品的"塌房"从"邸店"中分离出来，成为带有企业性质的商业仓库。

延伸阅读1-1 ···

常平仓

西汉宣帝时期，任大司农中丞的耿寿昌提出"常平仓"制度，即在粮价低时以高于市场的价格收储粮食，以保护农民的种粮积极性；当粮价高时以低于市场的价格出售粮食，从而起到平抑粮价的作用。常平仓除了具有调节粮食供求、稳定粮价、保护粮食生产者和消费者利益的作用外，还增加了建立国家战略粮食储备、维护边疆稳定等新的功能。常平仓制度成为西汉以后历代封建王朝纷纷效仿的制度。

常平仓制度不仅在中国国内影响深远，在国外也有很大影响力。例如，美国就曾学习借鉴中国的常平仓制度，1938年2月美国通过的《农业调整法》开始施行常平仓计划，以保证无论丰收还是受灾都能有充足的粮食供应。

资料来源　王静峰，王金辉．论常平仓制度的起源及当代启示［J］．曲靖师范学院学报，2017（3）．

···

（2）近代仓储业。我国近代仓储业发端于商品流通领域，是伴随我国近代工商业的发展而产生和发展起来的。近代中国的商业性仓库也称"堆栈"，是指堆存和保管物品的场地和设备。堆栈业与交通运输业、工商业的发展状况，与商品交换的深度和广度，关系极为密切，我国工商业发展较快的地区堆栈业也较为发达。例如，1929年上海的大小仓库已有40多家，库房总容量达90万吨，散装货品、堆场货栈、私营管理是当时的仓储特点。

（3）现代仓储业。新中国成立后，随着工业化步伐的加快，仓储业也得到了快速发展。特别是到了20世纪后期，中国经济迅速融入经济全球化的洪流中，经济的全球化、商品的多样化、消费者需求的个性化对物流提出了更高的要求，我国的仓储业开始呈现出信息化、自动化、智能化和绿色化的发展趋势。

1.1.3　智慧仓储

智慧仓储是利用信息技术和物联网技术对仓库管理进行优化的先进模式，它通过集成智能设备、传感器以及系统软件，实现仓储操作的自动化和智能化。智慧仓储主要呈现以下特点。

1）技术性

智慧仓储结合了互联网、物联网、人工智能、大数据和云计算等前沿技术，以用户需求为核心，重构仓储流程。

2）数据化

智慧仓储重视数据的积累和应用，通过分析数据来优化仓储布局和流程，进一步提升服务质量和客户满意度。

3）高效率

智慧仓储通过高度自动化的设备如 AGV（自动引导车）、自动化立体仓库等，能够快速准确地完成货物存取，显著提高工作效率。

1.1.4　仓储在物流中的作用

在社会生产与生活中，仓储对调节生产与消费，供给与需求的时间差起着重要的作用。仓储在物流中的主要作用可以概括为以下几点：

（1）仓储是物流过程中的重要环节。物流过程主要包括运输和仓储两种运作方式，运输和仓储用"移动"和"静止"来实现"供给"与"需求"之间的衔接。运输通过货物的位置移动来实现其价值功能，也就是我们常说的"空间效用"，仓储则依靠改变货物的上市时间来实现其价值功能，即我们常说的"时间效用"。

（2）仓储可保证社会再生产过程的顺利进行。货物的仓储过程不仅是商品流通的必要保证，也是社会再生产过程得以顺利进行的必要条件。商品的生产过程需要原材料、零件、配件的准备和供给，商品生产的链条中如果缺少了仓储过程，生产就难以实现，商品的再生产过程也将停止。

（3）仓储可优化商品流通，节约流通费用。仓储是商品流通网络中的一个节点，通过仓储作业，可以使商品流通顺畅，加快商品流通的速度，降低商品流通总成本。通过储存、分拣等仓储作业可以使单位商品流通距离缩短，时间减少，从而降低商品流通的综合成本。

（4）仓储可保证商品在流通过程中的质量。通过商品进出库的检验工作，可以最大限度地防止不合格商品流入市场。因此，做好商品进出库的检验工作，管理好商品的在库质量，是仓储管理的重要任务。

（5）为商品进入市场做好准备。在仓储作业环节，可以进行商品的整理、包装、质检、分拣、贴标签、再加工等。在销售末端环节运营成本越来越高的情况下，尽可能地利用仓库集中作业的低成本和有效性，可以为下一个流通环节提供方便，创造价值。

（6）为生产提供方便。为使生产过程品种简化，流通环节减少存货品种，可以在仓储环节实现部分的后续生产过程，以快速应对客户对产品的特殊要求，并减少生产和存货的品种数量。

（7）为逆向物流提供场所。当前，商品的包装物及其使用后的回收（逆向物流）问题越来越引起社会的关注，而仓库成为逆向物流必不可少的通道和场所。

1.1.5　仓储管理的内容

仓储管理是指服务于一切库存商品的经济技术方法与活动。很显然，"仓储管理"的定义指明了其管理的对象是"一切库存商品"，在管理过程中要注重管理思想、管理方法和管理技术。

仓储管理工作包括以下几个方面的内容：

（1）仓库的选址与建设。它包括仓库的选址原则、仓库建筑面积的确定、库内运输道路与作业的布置等问题。仓库的选址和建设是仓库管理战略层所研究的问题，它涉及公司长期战略与对市场环境相关问题的研究，对仓库长期经营过程中的服务水平和综合成本会产生非常大的影响，所以必须提到战略层面来对待和处理。

（2）仓库机械作业的选择与配置。它包括：如何根据仓库作业特点和储存商品的种类及其理化特性，选择机械设备以及应配备的数量，如何对机械设施进行管理等。现代仓库离不开各种机械设备和设施，如叉车、货架、托盘和各种辅助设备等。恰当地选择适用于不同作业类型的设备和设施将大大降低仓库作业中的人工作业劳动量，并提高货品流通的顺畅性，保障货品在流通过程中的质量。

（3）仓库作业的组织和流程。它包括设置什么样的组织结构、各岗位的责任分工如何、仓储过程中如何处理信息、作业流程如何组织等。仓库的作业组织和流程随着作业范围的扩大和功能的增加而变得复杂。现代大型的物流中心要比以前的储存型仓库组织机构大得多，流程也复杂得多，因此设计合理的组织结构和明确的分工是实现仓储管理目标的基本保证。

（4）仓储管理技术的应用。现代化的仓储管理离不开先进的管理技术与管理手段。例如，选择合适的编码系统、安装仓储管理系统、实行JIT管理等。现代物流越来越依靠先进信息技术和现代管理理念，这也是现代物流区别于传统物流的主要特点之一。

（5）仓库的作业管理。仓库的作业管理是日常仓储管理所面对的最基本的管理内容。例如，如何组织商品入库前的验收、如何安排库位存放入库商品、如何对在库商品进行合理保存和出库等。只有认真做好仓库作业中每一个环节的工作，才能保证仓储整体作业的良好运行。

（6）仓储综合成本控制。成本控制是任何企业都非常重视的一个工作目标，仓储管理企业也不例外。仓储综合成本控制不但要考虑库房内仓储运作各环节的相互协调关系，还要考虑物流过程中各功能间的冲突，以平衡局部利益和总体利益最大化的关系。选择合适的成本控制方法和手段，对仓储过程中每一个环节的作业表现和成本加以控制，是实现仓储管理目标的必然要求。

1.1.6 仓储管理的特点

现代仓储管理的特点是由仓储管理的内容决定的。随着社会的发展和科技的进步，仓储管理逐渐体现出经济性、技术性和综合性的特点。

1）经济性

仓储活动是社会化大生产的重要组成部分，并且仓储活动也是生产性的。仓储活动和其他物质生产活动一样，离不开生产力三要素，即劳动力、劳动工具和劳动对象。仓储活动和其他物质生产活动一样，能够创造商品价值，并且随着仓储活动内容的增加，创造商品价值的范围也在逐渐扩大，如延迟生产、再包装等作业在仓储过程中完成。

2）技术性

随着科学技术的进步，现代仓储管理中采用了大量的电子信息技术，仓储作业的机械化程度也不断提高，这对仓储管理提出了更高的要求。在现代仓储管理中，仓储作业的机械化、仓储管理的信息化，以及各种新技术的运用，都充分体现了仓储管理技术性的特点。

3）综合性

物流所具备的跨行业、跨产业的服务功能与各行各业的运作特点紧密相连。仓储管理是社会生产过程中不可缺少的一部分，是企业维持正常生产的重要环节，是调节社会需求的重要手段。在整个仓储管理过程中，要综合运用各学科理论进行商品管理以及库存控制，保证商品的正常生产和流通，降低综合成本。因此，仓储管理具有综合性的特点。

1.1.7 我国仓储业的发展趋势

现代物流业的迅速发展对仓储活动提出了更高的要求，仓储活动呈现出标准化、自动化和信息化的发展趋势。

1) 仓储标准化

随着仓储业的发展，仓储活动逐步走向标准化，包括仓储作业标准化、仓储设备标准化、仓储管理标准化。仓储标准化有利于提高仓储效率，同时也是实现仓储自动化和信息化的前提条件。

2) 仓储自动化

随着科技的进步，机械化和自动化已成为现代企业生产的基本特征。机械具有承重能力强、效率高、工作时间久、损害低等多种特点。仓储作业大多负荷重、作业量大、作业环境恶劣、时间紧，因此机械化比人工操作更加有效，而且能减少人身伤害和货物损害。另外，随着货物运输包装向着大型化、托盘化方向发展，仓储也必然要向机械化过渡。

仓储自动化是指由计算机管理控制整个仓储过程。在自动化仓库中，货物仓储管理、环境管理、作业控制等仓储工作通过扫描、条形码、射频通信、数据处理等技术，指挥仓库堆垛机、传送带、自动导引车、自动分拣等设备自动完成；通过自动控制空调、监控设备、制冷设备进行环境管理；向运输设备下达运输指令安排运输，并同时完成单证、报表的制作和传递。实践中，对于危险品仓储、药品仓储、粮食仓储等特殊仓储类型，更有必要采用自动化控制技术。目前，一些先进的机械化和自动化设备已出现在仓储管理中，如机械臂、自动分拣机、拣货机器人等。此外，无人仓也已开始投入使用。

3) 仓储信息化

对于存货品种繁多、存量巨大的物流配送中心来说，要提高仓库利用率，保持高效率的存货流转，缺少高效的信息化处理系统是不可能实现的。仓储是物流的节点，是企业存货管理的核心环节。企业生产经营的决策需要仓储部门及时地把存货信息反馈给管理部门，后者在充分掌握货物的存量、存放地点、消费速度的情况下，才能够做出准确的生产经营决策。因此，只有实现信息化管理，仓库、厂商、物流管理者、物流需求者等主体之间建立有效的信息网络，实现仓储信息共享，通过信息网络控制物流，做到仓储信息网络化，才能实现企业的高效运作。

同步训练1-1

月山啤酒集团从传统仓储走向智慧仓储

首先，成立仓储调度中心，对全国市场区域的仓储活动进行重新规划，对产品的仓储、转库实行统一管理和控制。其次，引进现代物流理念和技术，按照市场机制运作。最后，月山啤酒集团应用建立在互联网信息传输基础上的ERP系统，筹建了月山啤酒集团技术中心，将物流、信息流、资金流全面统一在计算机网络的智能化管理之下，建立起各分公司与总公司之间的快速信息通道，及时掌握各地市场的库存情况和资金流动情况，为制定市场策略提供准确的依据。并且，通过 ERP 系统，月山啤酒集团简化了业务流程，提高了销售系统的工作效率，增强了企业的应变能力。

资料来源　佚名. 月山啤酒集团的仓储管理，结合案例分析仓储成本分析的意义所在 [EB/OL]. [2023-06-26]. http://www.iepgf.cn/thread-28376-1-1.html.经编者整理。

请讨论：结合月山啤酒集团仓储物流改进方案，谈一谈如何从传统仓储向智慧仓储升级。

【任务实施】

步骤 1：确定调研方式，设计调研方案。

步骤 2：开展调研工作，根据实际情况开展线上或线上线下融合调研，建议调研 1~2 个比较成熟的智慧仓储案例，如菜鸟网络智慧仓、顺丰智慧仓、京东无人仓等。

步骤 3：撰写调研报告。可从以下几方面进行分析：（1）智慧仓储特点；（2）智慧仓储全球发展现状；（3）智慧仓储在我国的应用情况；（4）智慧仓储面临的挑战；（5）智慧仓储的发展趋势。

任务 1.2　仓库分类

【任务描述】

仓库是储存、保管货物的建筑物和场所的总称，是开展仓储活动的重要场所。昌荣物流公司仓储主管张胜利在开展传统仓储向智慧仓储转型升级过程中，准备对仓库作分类管理。

要求：结合分类标准制作仓库分类表。

【任务知识】

1.2.1　仓库的定义及功能

仓库是储存、保管货物的建筑物和场所的总称，一般理解为用来存放货物并对货物数量和价值进行保管的场所或建筑物等设施，其典型形式为库房、货棚和露天堆场（如图 1-1 所示）。

（a）库房　　　　　　　　（b）货棚　　　　　　　　（c）露天堆场

图1-1　仓库的典型形式

　　仓库最基本的功能就是储存物资，并对其实施保管和控制。同时，仓库也具有物资处理、流通加工、信息处理等功能。

1.2.2　仓库的分类

微课1-2

仓库分类

　　仓库的种类和形式有很多，根据不同的分类标准，仓库可分为不同的类型，具体见表1-1。

表1-1　　　　　　　　　　　　仓库的分类标准和类型

分类标准	类型
根据运营形态分类	公共仓库、自营仓库
根据保管类型分类	普通仓库、冷藏仓库、恒温仓库、危险品仓库
根据功能分类	贮藏仓库、流通仓库、专用仓库、保税仓库
根据建筑形式分类	平房仓库、多层仓库

1）根据运营形态分类

　　（1）公共仓库。《物流术语》（GB/T 18354—2021）对公共仓库的定义：公共仓库（public warehouse）是面向社会提供物品储存服务，并收取费用的仓库。

　　（2）自营仓库。《物流术语》（GB/T 18354—2021）对自营仓库的定义：自营仓库（private warehouse）是由企业或各类组织自主经营和自行管理，为自身的物品提供储存和保管的仓库。

2）根据保管类型分类

　　（1）普通仓库。普通仓库是常温下的一般仓库，用于存放一般的物资，对于仓库没有特殊要求。

　　（2）冷藏仓库。冷藏仓库是拥有冷却设备并隔热的仓库，温度一般在10℃以下。

　　（3）恒温仓库。恒温仓库是能够调节温度、湿度的仓库，温度在10℃~20℃之间。

　　（4）危险品仓库。危险品仓库是保管危险品、高压气体的仓库，如油罐仓库。

3）根据功能分类

　　（1）贮藏仓库。贮藏仓库主要对货物进行保管，以解决生产和消费的不均衡，如将季节性生产的大米贮藏到下一年出售。

（2）流通仓库。流通仓库除具有保管功能外，还具有流通加工、装配、简单加工、包装、理货以及配送功能，具有周转快、附加价值高等特点。

（3）专用仓库。专用仓库是用来保管钢铁、粮食等某些特定货物的仓库。

微课1-3

保税仓

（4）保税仓库。保税仓库是经海关批准，在海关监管下，专供存放未办理关税手续而入境或过境的货物的场所。《物流术语》（GB/T 18354—2021）对保税仓库的定义：保税仓库（bonded warehouse）是经海关批准设立的专门存放保税货物及其他未办结海关手续货物的仓库。随着跨境电商的发展，许多企业开始设立保税仓库，如京东、苏宁等企业都已建立保税仓库。

4）根据建筑形式分类

（1）平房仓库。平房仓库是指建筑物只有1层的仓库。从仓储的角度分析，平房仓库减少了货物上下楼层搬运的工作量，因此，现代化的大型配送中心一般只有1层，但与传统的平房仓库比较，其高度一般在10米以上，较好地解决了传统平房仓库空间利用率不高的问题。

（2）多层仓库。多层仓库是指建筑物在2层及以上的仓库。多层仓库能较好地利用空间，但增加了货物上下楼层搬运的工作量，如果能采用输送带在上下楼层之间进行货物的自动输送，就可以大大减轻人工搬运的工作量，提升工作效率。

延伸阅读1-2

中国无人仓引领全球智慧物流

在京东上海"亚洲一号"的无人仓分拣车间里，300个"小红人"（分拣机器人）日夜不停地以每秒3米的速度往来穿梭，分拣数十万个包裹。每天，这个无人仓能处理超过20万个订单，整体运营效率较传统仓储提升10倍。

无人仓是现代信息技术应用在商业领域的创新，实现了货物从入库、存储到包装、分拣等流程的智能化和无人化。京东集团的"亚洲一号"是全球首座全流程无人仓库，在那里，无论是"脑力活"还是"体力活"，都由机器人"唱主角"。

在货物入库、分拣、打包区域，机器会根据商品大小裁剪、切割泡沫包装袋或纸板包装箱，几秒钟后，商品即打包完成。贴上信息标签后，包裹被送往下一站。

在无人分拣区域，被称为"小红人"的自动分拣运输机担当主力。这个智能无人仓是如何运行的？京东物流上海"亚洲一号"负责人蒲浦江表示，京东自主研发的"智能大脑"起到了关键作用，它能在0.2秒内计算出300多个"小红人"运行的680亿条可行路径，并帮助它们做出最佳选择。智能控制系统的反应速度仅为0.017秒，这将运营效率提升了3倍，处于世界领先水平。

中国仓储与配送协会副会长王继祥表示，中国无人仓技术已经从自动化阶段进化到智慧化阶段，通过运营数字化、决策智能化和作业无人化，实现物流系统的状态感知、实时分析、自主决策、精准执行，正在开启全球智慧物流的未来。

资料来源　彭训文. 中国无人仓　引领全球智慧物流［N］. 人民日报（海外版），2018-05-30.

1.2.3　自动化立体仓库

1）自动化立体仓库概述

自动化立体仓库是由高层货架、巷道堆垛起重机（有轨堆垛机）、入（出）库输送机系统、自动化控制系统、计算机仓库管理系统及其周边设备组成，可对集装单元货物实现自动化存取和控制的仓库。《物流术语》（GB/T 18354—2021）对立体仓库的定义：立体仓库（stereoscopic warehouse）是采用高层货架，可借助机械化或自动化等手段立体储存物品的仓库。立体仓库一般情况下就是自动化立体仓库。

由于人工成本的不断提升，柔性化制造系统逐步兴起，更多的工厂兴建立体化、自动化仓库的意愿和兴趣愈加浓厚，加上科技与计算机技术的进步，仓库无人化逐渐成为现实。自动化立体仓库不仅取代了传统人力、降低了人工成本，而且能实现迅速、正确传送物品和信息的功能。

与发达国家相比，我国自动化立体仓库保有量较少，未来增长潜力巨大。目前我国自动化立体仓库主要应用在医药、食品饮料、电商物流、汽车、3C家电、烟草等行业。电商行业的自动化立体仓库发展迅速，如京东、苏宁、菜鸟等均已建立自动化立体仓库开展物流配送活动。

2）自动化立体仓库的优势与劣势

（1）自动化立体仓库的优势。自动化、立体化是未来仓库发展的一种重要形式，其优点突出，具体可归纳为以下三个方面：

① 高层货架存储，节省仓库占地面积，提高了空间利用率。目前，世界上最高的立体仓库高度已达50米，单位面积存储量可达7.5吨/平方米，是普通仓库的5～6倍。

② 自动存取，运行和处理速度快，能够方便地纳入企业的物料系统。

③ 计算机控制，便于清点和盘库，合理减少库存。

（2）自动化立体仓库的劣势。自动化立体仓库的主要劣势是投资大、维护成本高。

同步训练 1–2

比较自动化仓库与普通仓库的异同。

1.2.4　仓库的功能

一般而言，仓库具有以下功能：

1）储存和保管功能

仓库具有一定的空间，用于储存物品，并根据储存物品的特性配备相应的设备，以保持储存物品的完好性。例如，储存挥发性溶剂的仓库必须配套通风设备，以防止空气中挥发性物质含量过高而引起爆炸；储存精密仪器的仓库需防潮、防尘、恒温，因此，应配套空调、恒温设备等。

2）调节供需功能

充分发挥时间效用和空间效用是物流的两大基本职能，其中时间效用主要由物流系统的仓库来完成。现代化大生产的形式多种多样，从生产和消费的连续性来看，每种产品都有不同的特点，有些产品的生产是均衡的，而消费是不均衡的；还有一些产品的生产是不均衡的，而消费是均衡的。要使生产和消费协调起来，就需要仓库来发挥"蓄水池"的调节作用。

3）调节货物运输能力功能

各种运输工具的运输能力是不一样的，意味着在物流过程中它们并不能无缝衔接。船舶的运输能力很大，海运船一般是万吨级的，内河船舶也有几百吨至几千吨级的。火车的运输能力相对于船舶来说较小，每节车皮能装运30~60吨，一列火车的运量最多可达几千吨。汽车的运输能力很小，一般每辆车装运4~10吨。这种运输能力方面的差异，主要依靠仓库来进行调节，最终确保货物在各种运输工具间的顺利衔接。

4）流通配送加功能

现代仓库的功能正在由保管型向流通型转变，即仓库由以贮存、保管货物为中心向以流通、销售为中心转变。因此，仓库不仅要有贮存、保管货物的设备，还要增加分拣、配套、包装、流通加工、信息处理等功能。这样既扩大了仓库的经营范围，提高了货物的综合利用率，又方便了客户，提升了服务质量。

5）信息传递功能

在处理与仓库活动有关的各项事务时，需要依靠计算机和互联网，通过电子数据交换（EDI）和条形码技术来提高仓储物品信息的处理速度，及时而又准确地反映仓储信息，如仓库利用水平、进出库频率、顾客的需求以及仓库人员的配置等。

【任务实施】

任务 1.2

实施提示

步骤1：确定仓库分类标准。

步骤2：确定不同分类标准下的仓库类型。

步骤3：制作仓库分类表。

任务1.3 仓库岗位设置

【任务描述】

随着从传统仓储向智慧仓储转型升级，仓库岗位设置与职责都将发生重要变化。昌荣物流公司仓储主管张胜利在企业从传统仓储向现代仓储转型升级过程中，计划对仓库的岗位及职责作进一步修正，以更好地满足智慧仓储管理的需要。

要求：制作一张昌荣物流公司仓储部岗位职责表。

【任务知识】

1.3.1 仓库的组织结构

组织结构是表明组织各部分排列顺序、空间位置、聚散状态、联系方式以及各要素之间相互关系的一种模式，是整个管理系统的"框架"。组织结构是组织在职、责、权方面的动态结构体系，其本质是为实现组织战略目标而采取的一种分工协作体系。组织结构应随着组织的重大战略调整而调整。

不同类型的仓库，其组织结构也不尽相同，下面我们以仓储配送一体化的流通型仓库为例来说明仓库的组织结构，如图1-2所示。

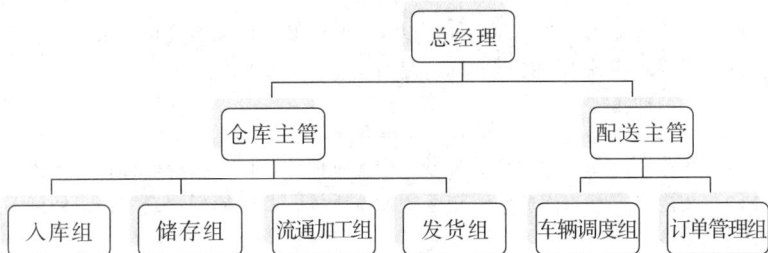
图1-2 流通型仓库的组织结构

总经理全面负责仓储与配送业务。仓库主管全面负责仓库作业，包括入库作业、在库作业、出库作业等；配送主管主要负责配送业务。

延伸阅读1-3

仓管员招聘说明书

A储运公司因业务发展需要，拟到高职院校招聘10名仓管员，月薪为4 600~5 500元，缴纳"五险一金"。

（1）岗位职责

①核实物料清单等各种单据，盘点商品数量。

②建立电脑台账，定期盘点，做好盘点记录，进行实时监控。

③严格履行合同要求，协助组长完成入库、出库、置换、解除监管等业务操作。

④熟练掌握电脑操作技能，将动态数据输入信息系统。

⑤将信息及时通知主管及组长，出现任何问题必须及时向主管汇报。

（2）岗位要求

①能够接受不定期异地（省内）调动、外派。

②大专以上学历，受过仓储管理、财务知识等方面的培训，能熟练操作Excel、Word等办公软件。

③有仓库保管实习工作经验，熟悉仓储作业流程。

1.3.2 仓库主要岗位及其职责

不同的仓库，设置的岗位会有所不同。表1-2列举了流通型仓库较常见的岗位及其职责。

表1-2　　　　　　　　　　　　　　　流通型仓库主要岗位及其职责

岗位	岗位职责
接单员	(1) 接收订单资料，在规定的时间内对客户的订单进行确认和分类，并由此确定所要配送货物的种类 (2) 建立用户订单档案 (3) 对订货进行存货查询，并根据查询结果进行库存分配 (4) 将处理结果打印输出，如拣货单、出货单等 (5) 根据输出单据进行出库作业
进货员	(1) 组织人员卸货 (2) 检验条形码，核对商品件数以及商品包装上的品名规格等信息，对于件数不符的商品要查明原因，按照实际情况纠正差错 (3) 签盖回单
仓储管理员	(1) 熟悉商品品种、规格、型号、产地及性能，做好相应的标记、分类工作 (2) 按规定履行出库验收、记账、发放手续，及时搞好清仓工作，做到账账相符、账物相符 (3) 随时掌握库存动态，保证材料及时供应，提升周转效率 (4) 搞好安全管理工作，检查防火、防窃、防爆设施，及时排除安全隐患
盘点员	(1) 通过点数计数查明商品在库的实际数量，核对库存账面资料与实际库存数量是否一致 (2) 检查在库商品质量有无变化，有无超过有效期和保质期，有无长期积压等现象，必要时还须对商品进行技术检验 (3) 检查保管条件是否与各种商品的保管要求相符合，如堆码是否合理稳固、库内温度及湿度是否符合要求、衡量器具是否准确等 (4) 检查各种安全措施和消防设备、器材是否符合安全要求，建筑物和设备是否处于安全状态
拣货员	(1) 熟练完成拣货作业，认真完成每日的拣货作业任务 (2) 编制拣货出库实绩总结和报告 (3) 做好拣货设备的定期检查，设备出现不良状况时及时向保养人员报告
补货员	(1) 根据以往的经验，借助相关的统计技术方法或者仓储管理系统，确定最优库存水平和最优订货量，并根据所确定的最优库存水平和最优订货量，在库存低于最优库存水平时发出订货指令，以确保存货中的每一种产品都在目标服务水平下达到最优库存水平 (2) 及时将货物补充到相应的货位
调度员	(1) 开展车辆调度工作 (2) 车辆管理，司机、搬运工安排 (3) 负责和客户进行配送业务的衔接 (4) 负责统计送货单据以及与客户对账 (5) 负责与客户沟通，处理送货突发事故以及售后服务事宜

同步训练1-3

智慧仓储时代，做一名合格的仓储管理员和优秀的仓储管理员应具备哪些职业素养？

【任务实施】

步骤1：明确智慧仓储的主要岗位，一般要求有操作层、技术层和管理层三个层次的岗位。

任务1.3

实施提示

步骤2：明确不同层次设置的岗位类型。

步骤3：明确岗位对应的职责。

步骤4：制作岗位职责表。

项目回顾

通过本项目的学习，我们了解了传统仓储和现代仓储的基础知识，对仓库的定义、仓库的类型、仓库的功能、仓库的组织结构等知识点也有了较全面的认知。对我国的仓储发展历史和仓储文化有了更多的认知，感受到了古代和现代的仓储智慧。

通过延伸阅读栏目，我们对仓储与仓库的知识了解得更加深入，通过这部分知识的学习，能为我们后续的学习奠定良好的基础。

课后训练

一、知识检测

（一）不定项选择题

1.仓储最基本的功能是（　　　）。

A.储存保管　　　　B.加工配送　　　　C.信息传递　　　　D.调节供需

2.下列仓库类型中，（　　　）是最常见的仓库。

A.恒温仓库　　　　B.特种仓库　　　　C.普通仓库　　　　D.冷藏仓库

3.我国的仓储制度开始于（　　　）。

A.原始社会　　　　B.夏朝　　　　C.商朝　　　　D.秦汉时期

4.仓储实现了物流活动的（　　　）。

A.空间效用　　　　B.时间效用　　　　C.位移效用　　　　D.流通效用

5.按照运营形态划分，仓库可以分为（　　　）。

A.自营仓库　　　　B.公共仓库　　　　C.多层仓库　　　　D.平房仓库

6.按保管类型划分，仓库可以分为（　　　）。

A.恒温仓库　　　　　B.普通仓库　　　　　C.冷藏仓库　　　　　D.危险品仓库

7.仓库的分类标准包括（　　）。

A.运营形态　　　　　B.保管类型　　　　　C.仓库功能　　　　　D.建筑形式

8.下列各项中，按仓库功能分类，包括（　　）。

A.贮藏仓库　　　　　B.流通仓库　　　　　C.公共仓库　　　　　D.保税仓库

9.仓库的功能包括（　　）。

A.储存和保管　　　　　　　　　　　　B.调节供需

C.调节货物运输能力　　　　　　　　　D.流通配送加工

10.自动仓库通常配置的自动化设备及系统有（　　）。

A.巷道堆垛起重机　　　　　　　　　　B.入出库输送机系统

C.计算机仓库管理系统　　　　　　　　D.有轨堆垛机

（二）判断题

1.流通加工服务是仓储的基本功能之一。　　　　　　　　　　　　　（　　）

2.保税仓库可以存放境内销售的货物。　　　　　　　　　　　　　　（　　）

3.保税仓库的货物包含已入境但未纳进口税的货物或者未领进口许可证的货物。

　　　　　　　　　　　　　　　　　　　　　　　　　　　　　　（　　）

4.恒温仓库不仅要求能调节温度，还要调节湿度。　　　　　　　　　（　　）

5.现代仓储管理的特点是由仓储管理的内容决定的。　　　　　　　　（　　）

6.根据保管类型，仓库可分为公共仓库和自营仓库。　　　　　　　　（　　）

7.时间效用是物流的两大基本职能之一，物流的这一职能是由仓储活动来完成的。　　　　　　　　　　　　　　　　　　　　　　　　　　　　　　（　　）

8.现代仓库的功能已处在由流通型向保管型转变的过程之中。　　　　（　　）

9.公共仓库是指由政府提供给企业使用的仓库。　　　　　　　　　　（　　）

10.盘点员要做好安全管理工作，检查防火、防盗、防爆设施。　　　（　　）

（三）简答题

1.什么是仓储？仓储管理工作的内容有哪些？

2.仓储的功能是什么？

3.简述仓储在物流管理中的地位。

4.仓库有哪些功能？

5.什么是保税仓库？它有哪些种类？

二、案例研讨

DH公司的VMI系统

美国达可海德（DH）服装公司把供应商管理库存（VMI）看作增加销售量、提高服务水平、降低成本、保持竞争力和加强与客户联系的战略性措施。在实施VMI的过程中，DH公司发现有些客户希望采用EDI技术与DH公司形成一种紧密的互惠、信任和信息共享的关系。

为协助其客户实施VMI，DH公司选择了STS公司的MMS系统。STS公司对DH公司员工进行了培训，在MMS系统中设置了必要的参数和使用规则，技术人员为EDI业务管理编制了特定的程序。在起步阶段，DH公司选择了分销链上的几家主要客户作为试点单位，将相关参数、配置、交货周期、运输计划、销售历史数据以及其他方面的数据输入了计算机系统。经过一段时间的运行，根据DH公司的统计，分销商的库存减少了50%，销售额增加了23%，取得了较为显著的成效。

接着，DH公司将VMI系统进行了扩展，并且根据新增客户的特点在原有VMI系统的基础上增加了许多新的功能。VMI系统建立起来后，客户每周将销售和库存数据传送到DH公司，交由主机系统和VMI系统进行处理。DH公司根据历史销售数据、季节款式、颜色等不同因素，为每一位客户预测一年的销售量和库存需要量。结果表明，DH公司和其他客户都取得了预期的效益。

资料来源 佚名. DH服装公司的VMI系统 [EB/OL]. [2023-12-14]. http://jpkc.ycxy.com/2010/44332.html.

结合以上案例，讨论下列问题：

1.说明物流和仓储管理中使用现代先进技术的重要性和必要性。

2.现代仓储管理所涉及的新技术主要有哪些？

3.简述各种技术使用的场合和范围。

4.VMI系统和MMS系统分别对仓储管理产生了怎样的影响？

三、实战训练

昌荣物流公司在浙江杭州下沙经济开发区新建了一座近10 000平方米的现代化仓库，主要为下沙经济开发区的企业提供储配服务，准备向社会招聘仓库信息员和仓库保管员两个岗位。请设计这两个岗位的招聘说明书，在说明书中至少要涵盖岗位名称、岗位职责和岗位任职要求三方面的内容。

1.实战技能点

岗位描述。

2.实战任务

（1）通过登录专职招聘网站，收集岗位招聘说明书设计的案例。

（2）小组交流讨论，筛选所收集的资料。

（3）根据所提供的信息，设计昌荣物流公司仓库信息员岗位和仓库保管员岗位的招聘说明书。

项目2 仓库选址与规划

学习目标

【知识目标】

1.明确仓库选址的原则及影响因素;
2.掌握仓库选址的流程;
3.熟悉仓库建筑物规划的关键要素;
4.掌握仓库布局四种动线设计的特点。

【能力目标】

1.能对选址方案进行比较分析;
2.能根据实务需求选择合理的布局方式;
3.能根据企业需求绘制仓库平面布局图。

【素养目标】

微课2-1
仓库选址

1.培养爱岗敬业的职业精神;
2.养成深入实地调研的职业习惯;
3.培养学生专业专注、勇于创新的职业精神。

任务2.1 仓库选址

【任务描述】

党的二十大报告指出:"推动经济社会发展绿色化、低碳化是实现高质量发展的关键环节。"随着昌荣物流公司农产品物流业务的推广,公司决定在华东地区新建一个农产品绿色仓库。

要求：结合农产品物流特点及《绿色仓库要求与评价》（SB/T 11164—2016），分析该新建仓库选址需要考虑的因素。

【任务知识】

2.1.1　选址的基本原则

仓库选址是一项涉及社会、经济和技术的综合性工作，不仅要考虑企业经营的需要，还要考虑提供仓库地址所在地区其他企业的生产、消费、经营对本企业的影响，同时要考虑本企业对周围环境的影响。经多方案比较论证，选出投入省、建设快、运营费用低，具有最佳经济效益、环境效益和社会效益的理想的库址。

仓库选址过程应同时遵守适应性原则、协调性原则、经济性原则和战略性原则。

1) 适应性原则

仓库的选址须与国家的发展规划、方针政策相适应，与我国物流资源分布和需求分布相适应，与地方经济和社会发展水平相适应。

2) 协调性原则

仓库的选址应将国家的物流枢纽网络布局作为一个大系统来考虑，使仓库的设施设备的技术水平和作业能力与物流行业顶层设计保持协调。

3) 经济性原则

仓库选址的费用主要包括建设费用和运营费用两部分。我们通常以物流总费用最低作为仓库选址的经济性原则。仓库选址定在市区、近郊区或远郊区，仓库的建设费用和运营费用会有所不同。选址定在近郊区的仓库建设费用要高于选址定在远郊区的仓库建设费用，但前者的运输配送费用相对低于后者。

4) 战略性原则

仓库的选址应具有战略眼光。一是要考虑全局，二是要考虑长远。局部要服从全局，短期利益要服从长远利益，既要考虑目前的实际需要，又要考虑日后发展的可能性。

2.1.2　影响仓库选址的因素

仓库地址选择需要考虑的因素非常多，涉及许多方面，地区选择和地点选择的考虑因素也存在差异，前者注重宏观因素，后者还须考虑微观的具体条件。综合起来看，仓库选址应满足如下基本要求：

1) 原料供应地和产品销售地要求

从供应来看，仓库应尽量接近原料或产品产地，以便于集货、配货，以此降低运输费用；从销售来看，库址应接近产品主要销售地区，对于产品销售地区相对分散的企业，应综合考虑，达到总体最优。

2) 库区占地面积要求

针对库区占地面积，应考虑平面和立体两方面因素，在充分考虑存储向立体化发展的基础上，库区占地面积应能满足生产或销售的原料和产品储存的需要；同时，注意预留一定的发展空间。

3) 外形与地形要求

库区外形应尽可能简单，如为矩形场地，长宽比一般控制在 1.5∶1 之内较为经济合理。此外，库区内地形应有利于库房、料场、料棚的布置、内外运输衔接及场地排水。一般情况下，自然地形坡度不大于5‰，丘陵坡地坡度不大于40‰，山区坡度不大于60‰。

4）气候条件要求

库址应具备与储存物料相适应的气候条件，如温度、湿度、降水量、降雪量、风力风向变化等，特别要考虑高温、高湿、云雾、风沙和雷击地区对物料保管产生的不良影响。

5）水文地质条件要求

库址所在地的地下水位最好低于地下室和地下建筑物的深度，地下水对建筑物基础最好无侵蚀性。库址应避开地震断层、泥石流、滑坡等危险地段，库址不应设在有开采价值的矿藏区、采空区及古井、古墓、坑穴密集地区。

6）交通运输条件要求

地区选择应考虑运输方式、运输距离、运费等因素；地点选择应便于实现库区内、外运输的联结；运输路线应最短、方便、工程量小且经济合理。

7）协作关系要求

库址应便于将来同相邻企业和依托城市在信息、生产、修理、公用设施、交通运输、综合利用和生活福利等方面建立广泛的协作关系。

8）施工条件要求

选择库址时，应注意了解当地及外来建筑材料的供应情况、产量、价格，尽可能利用当地的建筑材料。同时，应了解施工期间的水、电、劳动力的供应条件及当地施工技术力量、技术水平、建筑机械数量和最大施工能力等。

延伸阅读 2-1

建仓需要考虑的要素

某公司计划在四川新建一个仓库，地址选在四川省成都市双流区，这就决定了交通的绝对便利性——周边为绕城高速、交通主干道，道路宽阔平坦。从地理位置来看，仓库离市中心12千米，同时离双流、新都客户群距离较近，更好地满足了客户货运的时效性需求；从安全方面来看，仓库位于设施、安保措施完善的物流园区内，货物的安全性能够得到保障；从资源方面来看，周边人员招聘方便，有利于仓库未来的发展。

2.1.3 仓库选址步骤

仓库选址可分三个步骤进行：第一步为分析阶段，具体有需求分析、费用分析、约束条件分析；第二步为筛选及评价阶段，根据分析的情况选定具体地点，并对所选地点进行评价；第三步是撰写选址报告。

1）分析阶段

（1）需求分析。根据物流产业的发展规划和产业布局，对某一地区的客户及潜在客户的分布以及供应商的分布情况进行分析，具体要考虑以下几个要素：

① 工厂到仓库的运输量；

② 向客户配送的货物数量（客户需求）；

③ 仓库预计最大容量；

④ 运输路线的最大业务量。

（2）费用分析。相关费用主要有工厂到仓库之间的运输费、仓库到顾客之间的配送费、与设施和土地有关的费用及人工费等。运输费随着距离的变化而变动，而设施费用、土地费用是固定的，人工费是根据业务量的大小而确定的。以上费用必须综合考虑、综合分析。

（3）约束条件分析。约束条件主要包括以下方面：

① 地理位置是否合适，是否靠近铁路货运站、港口、公路主干道，道路是否畅通，是否符合城市或地区的规划；

② 是否符合政府的产业布局，有无法律、规章限制；

③ 土地的价格。

2）筛选及评价阶段

分析活动结束后，根据分析结论初选几个仓库地址，然后对初选的几个地址进行再评价，从而确定一个可行的地址。

3）撰写选址报告

地址确定后，需要撰写选址报告，选址报告的主体内容一般包括以下几个方面：

（1）选址概述。主要说明选址的依据、原则，需要制订几套方案，如何选出一个最优方案。

（2）选址要求及主要指标。说明仓储作业的特点，完成仓储作业应满足的要求，列出主要指标，如库区占地面积、库区内各种建筑物的总面积、年仓储量和总费用等。

（3）仓库位置说明及平面图。列明库区的具体方位、外部环境，并画出区域位置图。

（4）地质、水文、气象情况，交通及通信条件。

（5）政府对物流产业的扶持力度。

同步训练 2-1

查找一份仓库选址报告，仔细阅读，并总结其所包括的内容。

2.1.4　选址评价方法

1）本量利分析法

任何选址方案都有一定的固定成本和可变成本，不同选址方案的成本和收入会随仓库储量的变化而变化。利用本量利分析法，选择盈亏平衡时储量最小的方案为最优方案。

【例2-1】昌荣物流公司欲增加一个仓库，初选地址有A、B、C三个方案，A址的固定成本为500万元，单位变动成本为2.6元，每储存一单位货物的收入为3.8元；B址的固定成本为450万元，单位变动成本为2.8元，每储存一单位货物的收入为3.8元；C址的固定成本为560万元，单位变动成本为2.5元，每储存一单位货物的收入为4.0元。试用本量利分析法进行测算，做出选址决策。

解析：以Q代表储量，则：

A址的总成本=500+2.6Q

A址的总收入=3.8Q

当盈亏平衡时，总成本=总收入，此时的盈亏平衡储量Q_0为：

$500+2.6Q_0=3.8Q_0$

$Q_0≈416.7$

同理，求得B址盈亏平衡时的储量为450万单位，C址盈亏平衡时的储量约为373.3万单位。根据盈亏平衡时储量最小的原则，应选择C址建设仓库。

2）加权评分法

对影响选址的因素进行评分，把每一个地址各因素的得分按权重累计，比较各地址的累计得分来判断各地址的优劣。其步骤如下：

① 确定有关因素；

② 确定每一个因素的权重；

③ 为每一个因素确定统一的数值范围，并确定每一个地址各因素的得分；

④ 累计各地址每一个因素与权重乘积的和，得到各地址的总评分；

⑤ 选择总评分值最大的方案为最优方案。

【例2-2】昌荣物流公司需要确定新建仓库的具体位置，经初步比较，共有初选址A、B、C三个，选址时的影响因素有投资、交通便利性和能源供给，三个方案对各因素目标值的满足程度进行评分如下：A址投资为90%，交通便利性为60%，能源供给为50%；B址投资为80%，交通便利性为70%，能源供给为60%；C址投资为50%，交通便利性为90%，能源供给为90%。由专家对各因素的重要性确定的加权系数（专家人数为4人，加权系数为0~9）见表2-1。

表2-1　　　　　　　　　　　专家设定权重系数表

评估内容	专家1	专家2	专家3	专家4
投资	5	8	2	7
交通便利性	6	6	9	7
能源供给	9	7	5	6

解析：

第一步，计算各因素的权重，由表2-1中的数值可得：

投资目标值权重=（5+8+2+7）÷4=5.5

交通便利性目标值权重＝（6+6+9+7）÷4=7

能源供给目标值权重＝（9+7+5+6）÷4=6.75

第二步，计算各地址分值：

A址总评分=5.5×0.9+7×0.6+6.75×0.5=12.525

B址总评分=5.5×0.8+7×0.7+6.75×0.6=13.35

C址总评分=5.5×0.5+7×0.9+6.75×0.9=15.125

由于C址总评分最高，所以方案C是最优的，即仓库建设应该选择C址。

3）重心法

重心法是一种布局单个仓库的方法，这种方法要考虑现有仓库之间的距离和货运量。它经常用于中间仓库地址的选择。此种方法利用地图确定各地点的位置，并将各地点的位置标注在坐标系中，然后根据各地点在坐标系中的横纵坐标值求出运输成本最低的位置坐标。

【例2-3】昌荣物流公司计划在其服务的四个大型超市A、B、C、D之间设立一个配送中心M，各分店的分布及其到配送中心的物流量如图2-1所示，A、B、C、D四个分店到配送中心的物流量分别为1 000、500、1 500、2 000个单位。问：配送中心M应该设立在哪里比较合适？

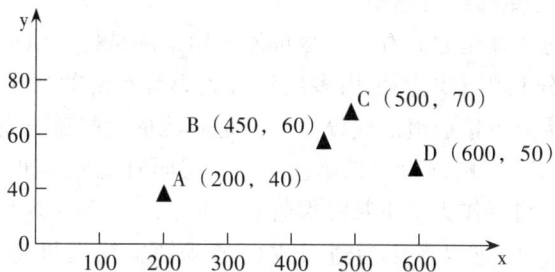

图2-1　各分店的位置

解析：

设配送中心点为M，横坐标为Mx，纵坐标为My。

Mx＝（200×1 000+450×500+500×1 500+600×2 000）/（1 000+500+1 500+2 000）

　　= 475

My＝（40×1 000+60×500+70×1 500+50×2 000）/（1 000+500+1500+2 000）

　　= 55

【任务实施】

步骤1：熟悉《绿色仓库要求与评价》（SB/T 11164—2016）的主要内容。

步骤2：分析农产品物流的特点。

步骤3：分析选址要考虑的要素。

步骤4：结合以上3项内容分析昌荣物流公司农产品绿色仓库选址需要考虑的因素。

任务2.1

实施提示

任务 2.2 仓库规划

【任务描述】

仓库布局包括对仓库的各种建筑物、道路、功能单元等用地进行合理协调布置，也包括对仓库内部进行功能区划分。昌荣农产品仓库单层有 1 200 平方米（长 30 米，宽 40 米），每天 17 点进货，第二天凌晨 5 点发货。

要求：根据昌荣农产品仓库的作业特点，选择合适的仓库动线，并绘制该仓库动线图。

【任务知识】

2.2.1 仓库建筑规划

1）平房和多层仓库的结构选择

从出入库作业的合理化方面看，应尽可能采用平房结构，从而减少储存物品的上下移动，但为了充分利用土地，采用多层建筑成为最经济的选择。在采用多层仓库时，应特别重视物品上下楼通道的建设。如果是周转量大的流通仓库，则二层可采用立交斜路方式，车辆可直接行驶到二层仓库，二层同时也成为可以进行收货、验货、保管的场所；而一层则可作为笨重物品保管和配货、大型车辆装卸的场所。如果车辆无法直接驶入二层，则可以考虑通过设立电梯或倾斜输送机完成楼层之间货物的搬运。

2）库门和通道设计

库门的高度设计需要考虑作业机械、货物外包装尺寸、运输车辆类型等因素。《物流设施设备的选用参数要求》（GB/T 39660—2020）规定：通用性库门净宽不小于3.6 米，净高不小于 4.3 米；有铁路运输车辆进出的库门净宽不应小于 4.2 米，净高不应小于 5 米。通常情况下，库房出入口采用卷帘门或铁门。库房内的通道是保证库内作业顺畅的基本条件，通道应延伸到每一个货位，使每一个货位都可以直接进行作业，通道路面应平坦和平直，减少转弯和交叉。库房内通道应分为作业通道及人工通道。作业通道的宽度应根据装卸和搬运车辆类型、叉车类型与货叉类型等因素确定，人工通道的宽度宜为 1～1.5 米。另外，其他通道宽度，如手推车道不宜小于 1 米；叉车道（直角装载时）重型平衡叉车宽度为 4～5 米；伸长货叉型叉车宽度为 2.5～3.0米；侧面货叉型叉车宽度为 1.7～2.0 米；巷道起重机通道宽度，起重机直行不宜小于1.5 米，起重机垂直作业为 2.5～4.0 米。

3）立柱间距设计

库房内的立柱是出入库作业的障碍，会导致作业效率低下，因而库房内的立柱应尽可能减少。一般仓库内的立柱间隔应考虑出入库作业的效率，以汽车或托盘的尺寸为基准，通常不低于 7 米的间隔距离。采取托盘存货或作业的，因托盘的种类和规格不同，以适合放6个标准托盘为间隔距离，如采用标准托盘，间隔距离略大于7.2米（1.2×6）。平房建筑的仓库，拓宽立柱间隔距离较为容易，可以实现较大的立柱间距。《物流设施设备的选用参数要求》（GB/T 39660—2020）规定：库房柱距不宜小于9米、不宜大于12米。

4）库房高度设计

随着仓库向机械化、自动化方向转变，现代仓库对库房的高度也提出了更高的要求。库房的高度应根据库房容积率、储存货物类别、货物堆高要求、货架类型、库内作业机械类型、运输通道的高度要求等因素来确定。叉车的标准提升高度是3米，多段式高门架叉车的提升高度可达到6米。另外，从托盘装载物品的高度看，包括托盘的厚度在内，密度大的货物，通常以1.2米为标准；密度小的货物，通常以1.6米为标准。按其倍数（层数）计算，1.2×4=4.8（米），1.6×3=4.8（米），因此，库房高度不宜小于5米。《物流设施设备的选用参数要求》（GB/T 39660—2020）规定：单层库房净高不宜小于9米，多层库房每层净高不宜小于5米，分拨型库房的净高可以适当降低。

5）地面负荷要求

地面的承载能力必须根据具体承载物品的种类或堆码高度来确定。通常，普通仓库的地面承载力为3吨。流通仓库的地面承载力则必须满足重型叉车作业条件。地面的形式有低地面和高地面两种。为了防止雨水流入仓库，低地面的高度要比基础地面高出20~30厘米，而且由于叉车的结构特点，出入口的坡度应较平缓。高地面的高度要与出入库的车厢高度相符合。通常，大型载货车（5吨以上）为1.2~1.3米，小型载货车（3.5吨以下）为0.7~1.0米，铁路货车站台1.6米。一般情况下，在经营原材料和半成品的仓库，因为载货汽车直接出入库的效率较高，所以低地面较为有利。而流通型仓库因为在库内分货、配货，并根据物品的不同采取不同的存放方式，有些就陈列在柜台上，因此高地面较为适合。

6）库窗设计

库窗用于仓库的采光和通风，因此，窗户的形状、尺寸、位置和数量应能保证库内采光和通风的需要，而且要求开闭方便，关闭严密。库窗主要有高窗、天窗、地窗三种形式，为了满足防盗、防雨需要，一般采用高窗和天窗。

7）月台设计

月台便于装卸和车辆进出仓库，通常围绕库房四周构筑。月台平面应与车厢地面和仓库地面平齐，但要比库外地面高出1米左右。月台宽度根据库内流动机械的回转半径确定，一般为6~8米，不宜小于4.5米。雨篷的功能主要是防止商品进出仓库时被雨雪浸淋，其宽度一般为2~4.5米。《物流设施设备的选用参数要求》（GB/T 39660—2020）规定：道路侧的防雨棚有效宽度不宜小于2米，铁路侧的防雨棚有效宽度不宜小于2.05米。

8）卡车停车场设计

各种车辆都必须有停车场。车辆停放时所占用的面积如下：

（1）停车场面积。一般情况下，当车辆停止时，车与车之间的间隔距离为0.5~1.0米。

停车场总面积=车辆实际投影面积×1.56

（2）车辆车道宽度。单线车道宽度为3.5米，双线车道宽度为7米。

（3）卡车回转区宽度。其具体要求如下：2吨车为11米；4吨车为13米；5吨车（加长）为18米；11吨车为20米；货柜车为33米。

2.2.2 库内布局规划

1）仓库布局的基本原则

在进行仓库总体布局时应遵循以下基本原则：

（1）便于储存保管。仓库的基本功能是对货物进行储存保管。仓库的总体布局要为储存保管创造良好的环境，提供适宜的条件。

（2）利于作业优化。仓库布局要尽可能提高作业的连续性，实现一次性作业，减少装卸次数、缩短搬运距离，使仓库完成一定的任务所发生的装卸次数和搬运量最少，同时要注意便于各作业场所和部门之间的业务联系及信息传递。

（3）保证仓库安全。仓库安全是一个重要问题，主要包括防火、防洪、防盗、防爆等。仓库的总体布局必须符合消防等部门出台的相关要求。

（4）节省建设投资。仓库的延伸性设施，如供电、供水、排水、供暖、通信等设施，对基建投资和运行费用的影响很大，所以应尽可能集中在一定区域内布置。

2）影响仓库布局的因素

影响仓库布局的主要因素包括周围环境、存货特点、仓库类型、作业流程和作业手段五个方面。

（1）周围环境。仓库周围的环境包括周围产生有害气体、固体粉尘、震动等情况，以及交通运输条件和协作方的分布等。

（2）存货特点。存货特点是指仓库建成后存放货物的性质、数量以及所要求的保管条件。

（3）仓库类型。仓库类型是指仓库本身的性质及特点，例如综合仓库与专业仓库的布局就会有明显的区别。

（4）作业流程。作业流程是指仓库作业的构成以及相互关系。

（5）作业手段。自动化、机械化和人工作业等作业手段的差别会对仓库布局产生重要影响。

延伸阅读2-2

绿色仓库布局的特点

根据国家标准《绿色仓储与配送要求及评估》（GB/T 41243—2022），京东、苏宁、中外运、万纬仓储等先进企业的多座库区通过评估，获得中国绿色仓库的星级认证证书。这些仓库的共同特点是选址合理，规划科学，设计适度超前，土地利用率高，节能、节水、节材方面措施明显，能够有效节约资源、降低能源消耗、减少污染排放、提高物流效率。

3）仓库库区构成

仓库库区由储运生产区、辅助生产区和行政商务区构成。

储运生产区内主要进行装卸货、入库、拣选、流通加工、出库等作业，这些作业一般具有流程上的前后关系。辅助生产区和行政商务区内主要进行计划、协调、监督、信息传递、维修等活动，与各储运生产区存在作业上的关联性。

4）仓库布局设计

（1）分析仓库各功能区。仓库类型不同，功能区划分也有所不同，因此库区布局首先要确定功能区。仓库一般可以划分为八大功能区，见表2-2。

表2-2　　　　　　　　　　　　　　仓库八大功能区

序号	功能区		具体作业内容
1	收货区		装卸、搬运及暂存货物
2	验收区		对货物进行验收和简单处理
3	储存区		对暂时不必配送或作为安全库存的货物进行保管和养护
4	流通加工区		进行必要的生产性和流通性加工
5	分货区		在发货前对货物进行分类、拣选和配装
6	发货区		对货物进行复核和发送
7	特殊作业区	退货处理区	存放进货和退货时残损、不合格或需要重新确认等待处理的货物
		废弃物处理区	对废弃包装物、破碎货物、变质货物和加工残屑等废料进行清理和回收
8	其他功能区	设备存放区	存放叉车、托盘等设备，以及维护工具
		停车场	存放运输车辆，包括前来送货的车辆和配送车辆
		管理区	管理行政事务、处理信息、洽谈业务、处理订单、发布指令
		附属区	包括宿舍、食堂等场所

除了以上主要功能区外，还有办公室、绿化地等场所，分析仓库功能区时不能顾此失彼。

（2）分析各功能区的相关性。在列出各功能区之后，要对各功能区的相关性进行分析。相关性分析既要考虑作业流程之间的关系，还要考虑票据流转之间的关系。

（3）确定各功能区的面积。各功能区的面积是以现有仓库的单位面积作业量为依据来计算的。一般来说，货物储存区的单位面积作业量为1吨/平方米，而其他功能区的单位面积作业量为0.2吨/平方米。

假设某企业要建立一个每日处理50吨货物的小规模仓库，其中，入库量为25吨，出库量为25吨，仓库的周转库存为7天的需要量（5吨/日），分货区、流通加工区和特殊作业区的每日作业量分别为15吨、2.5吨、2.5吨，则仓库各功能区的面积测算见表2-3。

表2-3 仓库各功能区的面积测算

序号	设施名称	每日作业量 （吨）	单位面积作业量 （吨/平方米）	设施面积 （平方米）
1	收货区	25	0.2	125
2	分货区	15	0.2	75
3	储存区	35	1.0	35
4	流通加工区	2.5	0.2	12.5
5	特殊作业区	2.5	0.2	12.5
6	发货区	25	0.2	125
7	办公室			30
合计				415

（4）绘制仓库布局图。按上述方法计算各设施的面积，再结合它们之间的相互位置，便可确定仓库的内部布局方案，然后用绘图软件绘制出仓库布局图（如图2-2所示）。

图2-2 仓库布局图

2.2.3 仓库动线

动线优化遵循的基本原则是"不迁回、不交叉"，"不迁回"是防止无效搬运，"不交叉"是为了避免动线冲突，给动线带来安全隐患。常见的动线类型主要有L形、U形、I形和S形。

1）L形动线

L形动线货物的进货区和出货区设置在仓库相邻的两侧（如图2-3所示）。需要快速处理货物的仓库通常会采用L形动线，L形动线把货物出入仓库的途径缩至最短。

图2-3 L形动线

L形动线的特点：

（1）可以满足进出货高峰同时发生对月台资源的需求；

（2）适合越库作业的进行；

（3）可同时处理进出库频率高和频率低的货品；

（4）比较适合流通型仓库。

2）U形动线

U形动线是指入库月台和出库月台在仓库的同一侧（如图2-4所示）。

返品处理区	货架存储区		拆零区	流通加工区
			分货区	
			集货区	
	入库暂存区		出库暂存区	
进货办公室	入库月台	出货办公室		出库月台

图2-4　U形动线

U形动线的特点：

（1）月台资源得到充分利用；

（2）适合越库作业；

（3）使用同一条通道供车辆出入；

（4）易于控制和安全防范；

（5）可以在建筑物三个方向进行空间扩张。

3）I形动线

I形动线是指出货和收货区域在仓库的不同方向（如图2-5所示）。

入库月台	入库暂存区	托盘货架区	拆零区	分货区	集货区	出库暂存区	出库月台
进货办公室			流通加工区	返品处理区			出货办公室

图2-5　I形动线

I形动线的特点：

（1）可以应对进出货高峰同时发生的情况；

（2）常用于接受相邻加工厂的货物，适合于不同类型车辆出入情形。

4）S形动线

需要经过多步骤处理的货品一般采用S形动线（如图2-6所示）。

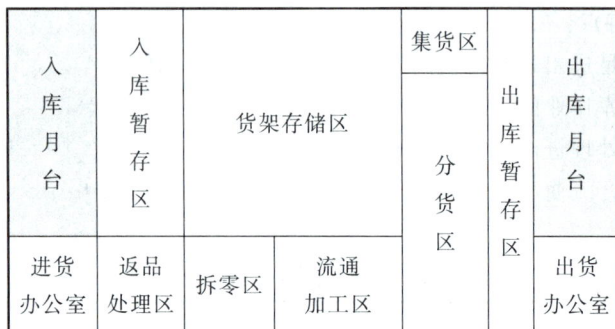

入库月台	入库暂存区	货架存储区		集货区	出库暂存区	出库月台
				分货区		
进货办公室	返品处理区	拆零区	流通加工区			出货办公室

图2-6 S形动线

S形动线的特点：

（1）可以满足多种流通加工处理工序的需要，在宽度不足的仓库中可安排作业；

（2）可与I形动线结合在一起使用。

在进行仓库整体布局时，还要注意以下三个方面：

（1）仓库布局要能因地制宜并结合仓库需求特点，选择合适的动线。

（2）在确定仓库各项设施的面积时，应留出一定的冗余面积，以保证作业流程的顺畅。

（3）在实践中，一些仓库的功能区往往是兼用的。例如，有些仓库在同一区域内进行收货、验收和储存等作业。

同步训练 2-2

请比较4种动线的特点。

延伸阅读 2-3

无人仓标准

无人仓指的是货物从入库、上架、拣选、补货，到包装、检验、出库等物流作业流程全部实现无人化操作，是高度自动化、智能化的仓库。基于无人仓建设的领先技术和运营经验，京东公开无人仓的建设标准，即"三极"、"五自"和"一优"原则。三个"极"：极高技术水平、极致产品能力、极强协作能力；五个"自"：自感知、自适应、自决策、自诊断、自修复；一个"优"：成本、效率、体验的最优。京东物流首席规划师、无人仓项目负责人章根云认为，无人仓的标准须从"作业无人化"、"运营数字化"和"决策智能化"三个层面去理解。在作业无人化方面，无人仓要具备"三极"能力，无论是单项核心指标，还是设备的稳定性、各种设备的分工协作都能达到极致化的水平。无人仓使用了自动立体式存储、3D视觉识别、自动包装、人工智能、物联网等各种前沿技术，兼容并蓄，实现了各种设备、机器、系统之间的高效协同。在运营数字化方面，无人仓需要具备自感知等能力。在运营过程中，与面单、包装物、条码有关的数据信息要靠系统采集和感知，出现异常要自己能够判断。在决策智能化方面，无人仓能够实现成本、效率、体验的最优，可以大幅度减轻工人的劳动强度，且效率是传统仓库的10倍。

【任务实施】

步骤1：熟悉典型的4种动线（L形、I形、S形和U形）规划类型。

步骤2：分析昌荣农产品仓库作业特点，特别是发货收货的时间。

步骤3：选择适合的动线类型。因为发货收货是两个不时的时间段，适合采用U形动线。

步骤4：绘制U形动线图。

任务 2.2

实施提示

项目回顾

本项目是课程学习的难点，主要包括仓库选址和仓库规划两个方面的内容。

首先是仓库选址，仓库选址要考虑的因素非常多，在充分考虑相关因素后，按步骤进行选址，并要对不同的选址方案进行分析评价。

其次是仓库规划，仓库布局涉及仓库的建筑结构和库内布局，包括单层与多层建筑的选择、出入口设计、通道设计、间距设计等内容。库内布局要遵循一定的原则，在此基础上进行功能区的划分，分析各功能区的相互关系，计算各区的面积，最后便可绘制仓库平面布局图。

通过这个项目的学习，相信同学们在考察仓库时能更好地理解其设计的特点，希望大家能够结合企业的需求特点，绘制简单的平面布局图。在了解和掌握仓库的布局后，能更好地理解和学习入库作业、在库作业、出库作业等内容。

课后训练

一、知识检测

（一）不定项选择题

1.仓库的选址会受到（　　）因素的影响。

A.供应地　　　　　　B.气候条件　　　　　　C.水文地质条件　　　D.交通条件

2.根据《物流设施设备的选用参数要求》（GB/T 39660—2020）的规定：通用性库门净宽不小于（　　）米，净高不小于（　　）米。

A.3.6，4.3　　　　　B.4，5　　　　　　　C.3，4.2　　　　　　D.4，4.2

3.仓库立柱的间距设计，如果采用标准托盘，则间距一般为（　　）以上。

A.7.2米　　　　　　B.6米　　　　　　　C.14.4米　　　　　　D.12米

4.采用叉车作业的仓库，其高度一般不应低于（　　）。

A.3米　　　　　　　B.6米　　　　　　　C.5米　　　　　　　　D.12米

5.影响库区总体布局的因素包括（　　　）。

A.周围环境　　　　　　B.存货特点　　　　　　C.仓库类型

D.作业流程　　　　　　E.作业手段

6.仓库库区主要由（　　　）构成。

A.储运生产区　　　B.辅助生产区　　　C.行政商务区　　　D.停车区

7.地面的承载能力必须根据具体承载物品的种类或堆码高度来确定。通常，普通仓库的地面承载力为（　　　）。

A.1吨　　　　　　B.2吨　　　　　　C.3吨　　　　　　D.4吨

8.月台宽度根据库内流动机械的回转半径确定，一般为（　　　）。

A.4～6米　　　　B.6～8米　　　　C.8～10米　　　　D.10～12米

9.如果某一仓库的进出货高峰是同时发生的，则比较适合的动线类型是（　　　）。

A.S形动线　　　B.I形动线　　　C.L形动线　　　D.U形动线

10.库窗主要有高窗、天窗、地窗三种形式，为了防盗、防雨，一般采用（　　　）形式。

A.天窗　　　　　　B.地窗　　　　　　C.高窗　　　　　　D.以上选项都不对

（二）判断题

1.在仓库建筑物层数选择上，因单层建筑不能充分利用土地，因此一般宜选择多层建筑。　　　　　　　　　　　　　　　　　　　　　　　　　　　　（　　　）

2.在仓库选址时，应选择距离销售区较近的位置，这样就缩短了仓库到客户的距离，从而缩短了运输距离，节约了成本。　　　　　　　　　　　　　　（　　　）

3.多层建筑的仓库，可以考虑通过设立电梯或倾斜输送机完成楼层之间货物的搬运。　　　　　　　　　　　　　　　　　　　　　　　　　　　　　　（　　　）

4.各功能区的面积是以现有仓库的单位面积作业量为依据来计算的，一般可以按照单位面积作业量为1吨/平方米进行核算。　　　　　　　　　　　　　（　　　）

5.一般仓库建设规模越大，经营能力越强，其辐射范围越广，服务的范围也就越大。　　　　　　　　　　　　　　　　　　　　　　　　　　　　　　（　　　）

6.月台雨篷主要是防止商品进出仓库时被雨雪浸淋，其宽度一般大于月台宽度2～4.5米。　　　　　　　　　　　　　　　　　　　　　　　　　　　　（　　　）

7.月台平面应与车厢地面和仓库地面平齐，但要比库外地面高出2米左右。　　　　　　　　　　　　　　　　　　　　　　　　　　　　　　　　　　（　　　）

8.自动化、机械化和人工作业手段不影响仓库的布局规划。　　　　（　　　）

9.在确定仓库各项设施的面积时，不用留剩余面积，尽量让每部分面积都能充分使用。　　　　　　　　　　　　　　　　　　　　　　　　　　　　　　（　　　）

10.在规划库内布局时，要考虑作业流程上的前后关系和票据流转之间的关系。　　　　　　　　　　　　　　　　　　　　　　　　　　　　　　　　　（　　　）

（三）简答题

1.仓库选址要遵循哪些原则？

2.选址方案的比较可以采用哪些方法？

3.请分析仓库主要的功能区。

4.影响仓库选址的因素有哪些?

二、案例研讨

配送中心规划

神户生协是日本消费者合作社（CO—OP）中规模最大的连锁商业企业。它拥有会员约123万户，年销售总额3 840亿日元（折合人民币225亿元），销售商品以食品为主（占72%）。

在规划这座配送中心时，首先考虑有利于提高对客户（商场）的服务水平；根据商品多品种、小批量、多批次要货的特点，做到能在指定的时间里将需要的商品按所需的数量送到客户的手里，以提高销售额、降低商场库存量、提高商店作业效率、减少流通过程中的物流成本、增强企业的竞争力。

配送中心建筑平面呈L形（如图2-7所示），大部分为两层建筑，仅南端生活办公用房为3层。配送中心总建筑面积为33 805平方米，其中，用于配送作业的面积为27 907平方米。

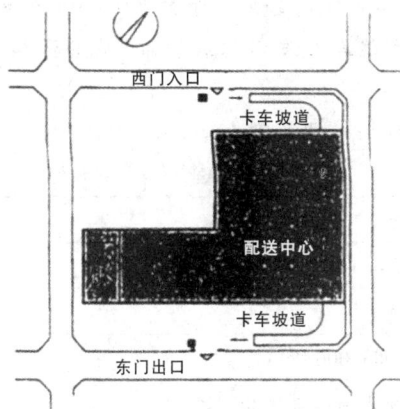

图2-7 配送中心示意图

为了更合理地组织车流，配送中心设2个出入大门，西门进、东门出，各宽15米。建筑东西两翼各有一条卡车坡道，宽6.5米（包括1米宽人行道），坡度为15%。卡车由西坡道下楼，单向行驶。配送中心是现浇钢筋混凝土结构的建筑物，柱网尺寸为12米×9米，底层层高为7.5米，二层层高为6米；屋盖为钢结构，桁架梁、金属瓦楞屋面。建筑物底层为分拣系统及发货场地、站台、储存货架及拣货作业场。上下两层站台总长为460米，拥有停靠车位147个（其中收货58个、发货89个）。

资料来源 佚名.日本神户生协连锁超市鸣尾浜配送中心［EB/OL］.［2023-10-03］.https：//wenku.baidu.com/view/83cff8779e31433238689345.html.

结合以上案例，讨论下列问题：

1.该配送中心在选址时主要考虑了哪些因素？

2.结合案例中对配送中心布局的阐述，试绘制其平面布局图。

三、实战训练

A医药公司为国内知名企业，主要经营国产和进口的不同规格的各类中成药、化学药品、医药原料、保健用品等6 000余个品种，拥有地区乃至全国范围的经销代理商8 000多个，拥有以区域联盟、全国连锁为主干的市场网络和以定牌生产、配送等为基础的市场开发体系，形成了以广覆盖、低成本、快配送为优势的运营系统。该公司计划建立一大型区域性医药物流配送中心。

第一，基本定位。

（1）服务对象。一类是制药企业、大型药品分销企业、医疗器械企业、保健品企业；另一类是医院、诊所、医药连锁企业、单体药店、中小型医药公司。

（2）服务半径。300千米。

（3）配送商品。西药、中成药、中药饮片、医疗器械、医药用品、保健品。

（4）服务功能。集散、检验、仓储、分拣、配货、配送、装卸搬运、流通加工、信息处理、电子商务。

（5）服务方式及策略。自用配送与第三方物流相结合，自用配送为主，第三方物流服务为辅。

（6）配送方式。100千米以内直接配送，100~300千米分级配送（集中运输+再分发），在200千米处设立接货与分发点，负责100~300千米范围内的分发业务。

（7）配送工具。直接配送与分发以承载量为2吨的汽车为主，集中运送以承载量为3吨的汽车为主。

第二，配送中心基本数据（见表2-4）。

表2-4 　　　　　　　　　　　　配送中心基本数据

占地面积	12 000平方米		
建筑面积	8 000平方米		
存储能力	20万箱商品		
在库药品种类	8 000种（常用6 000种）		
配送客户数量	800家/日（含内部门店数300家）		
日处理订单数	800单		
配送频率	每天2次（上、下午各1次）		
服务对象	药品连锁店、经销商		
入库数量	7 000箱/日		
服务水平	自提	1小时	
	配送	50千米范围	4~6小时
		100千米范围	8小时
		200千米范围	24小时
	12：00以前下单，当日下午配送 17：30以前下单，次日上午配送		
出库数量	8 000箱/日		
拆零	800箱/日		
整箱	7 200箱/日		

第三，配送中心作业。

在这个配送中心内部，药品上架后基本上可以做到自动化作业。采购车到达入口后，经进货作业确认进货品，工作人员只需将货物从货车搬运到叉车上，再由叉车推上架，将货品储存入库。为确保在库货品受到良好的管护，需进行定期或不定期的盘点检查。接到客户订单后，先将订单依其性质作订单处理，信息系统会根据订单要求将药品托盘自动推出，并输送到传送带上，分拣机根据类别和各单位需求按指令自动分拣好，人工装箱、复核、贴标签。从仓库拣出的货品经整理后即可准备出货，等到一切出货作业完成后，司机便可将出货品装上配送车，将之配送到各个客户。

（1）收货。药品到达配送中心后，收货员查收、核对货物，并进行抽检，然后录入信息，计算机提示收货员应该将药品放在哪个货架上。收货主要有两种形式：一是规则整托盘货物；二是零担货物。前者多由机器完成，后者因为所占比例较小，且任务量不大，可采用人工作业方式。

（2）搬运。搬运是将不同形态的散装、包装或整体的原料、半成品或成品，在平面或垂直方向加以提起、放下或移动，使之能适时、适量地移至适当的位置或场所存放。

（3）储存。按照功能、疗效，或者特性（恒温、低温）、产地（中、西药）等分类进行保管，并注意消防设备的应用。

（4）拣选。拣选是核心业务，一部分是整箱原件拣选，还有一部分是拆箱或散货拣选。客户订单是拣选工作的起点，系统会根据实时库存自动配货，同步减少库存。出库频率高的常用药品可放在流动货架上，再利用传送带和分拣设备自动作业。

（5）复核包装。工作人员需要用条码识读器扫描商品条形码，对品名、批号、数量一一核对，再进行包装、贴标签（此时应注意易碎的瓶装液体和需冷藏保管的药品的包装），最后送至发货存储区。

（6）盘点。货品因不断进出库，在长期的累积下库存资料容易与实际数量不符，或者有些产品因存放过久或存放不适当，导致品质性能受影响，难以满足客户的需求。为了有效地控制货品数量，需要对各储存场所进行盘点作业。

（7）发货出库。将拣取分类完成的药品做好出货检查，装入合适的容器，做好标记，根据车辆趟次或厂商指示将药品运至出货准备区，最后装车配送。

（8）配送。装车后，按照已规划好的路线配送到经销商或药房、药店。

配送中心每天进货7 000箱，一个月约210 000箱。分析发现，其中有40%进入常温仓库，10%进入冷藏库，另有10%的常用药品进入流动货架，有30%的不经过仓库存储而直接发货，剩余的分布在中药区和辅助作业区等。

1.实战技能点

仓库布局。

2.实战任务

以小组为单位，结合案例资料，对该医药配送中心进行规划设计，绘制其平面布局图。

项目3 仓库设备分类

【知识目标】

1.了解仓库中常用的货架；
2.掌握货架的布局方式；
3.了解仓库常用的装卸搬运设备；
4.了解仓库智能设备；
5.了解仓库常用的集装单元。

【能力目标】

1.能结合实务选择合适的货架；
2.能设计合理的货区布局；
3.能结合实务选择合适的装卸搬运设备；
4.能认识并学会使用仓库智能设备；
5.能结合实务选择合适的集装单元。

【素养目标】

1.培养爱岗敬业的职业精神；
2.树立成本节约意识；
3.培养节能降碳、绿色物流的理念。

任务3.1 货架分类

【任务描述】

货架是用于存放货物的设备，是仓库中最主要的设备之一，不同的货架具有不同的特点和适用性。昌荣物流公司电器仓主要采用托盘式货架进行储存，储区面积2000平方米（长50米，宽40米）。

要求：请对昌荣物流公司进行合理的货区布局设计，并绘制货区布局图。

【任务知识】

3.1.1 货架概述

1）货架的定义

《物流术语》（GB/T 18354—2021）对货架的定义：货架（rack）是指由立柱、隔板或横梁等结构件组成的储物设施。

2）货架的功能

货架既能有效保护货物，又能提高仓库空间的利用率。其中，使用货架存放物品有很多优点，概括起来有以下几个方面：

（1）便于充分利用仓库空间，提高库容利用率，扩大储存能力。

（2）物品在货架里互不挤压，有利于保证物品本身和其包装完整无损。

（3）货架各层中的物品可随时自由存取，便于做到先进先出。

（4）物品存入货架，可防潮、防尘，某些专用货架还能起到防损伤、防盗的作用。

3.1.2 货架类型

随着仓库机械化和自动化程度的不断提高，货架技术也在不断完善，在不断设计和开发新型货架的同时，传统的层架、悬臂式货架、托盘货架等依然在继续发挥作用。常见的货架有以下几类：

微课3-1

货架分类

1）轻量型货架

轻量型货架采用冷轧钢板冲压成型，拆卸方便，可灵活组合，改造性强，能够按照客户的放置要求进行增减层数以达到最佳效果。立柱采用角钢，层板高度可在50厘米上下调节。其结构特点为：由层板、支撑件、立柱角套、立柱组成，上下固定（如图3-1所示）。

图3-1 轻量型货架

2）中量型货架

（1）中量A型货架。这种货架组装、拆卸方便，外形美观大方，适合人工存放货物的情形，其承载能力一般在每层200千克~350千克，可以满足大部分客户需求，层板截距可以在上下50厘米范围内调节。其结构特点为：无螺栓连接，由层板、安全扣、横梁、立柱、角套、挂片组成，上下固定（如图3-2（a）所示）。

（2）中量B型货架。这种货架适合人工存取货物，与中量A型货架相比，由于层板改为宽度方向铺设，这样就大大提高了承载力，因此广泛用于各个行业。其成本低、安全可靠，组装、拆卸方便，可单独使用，也可自由组成各种排列方式，每层承载力在800千克左右，截距一般在50厘米范围内调节。其结构特点为：由立柱、横梁、斜撑、横撑、层板、底脚组成，可以适当加侧板、背网、背板等有效部件，并且每层都需要有横梁（如图3-2（b）所示）。

（a）中量A型货架　　　　　　　　　　　　　　　（b）中量B型货架

图3-2　中量型货架

3）横梁式货架

横梁式货架由柱片（立柱）、横梁等构件组成，主要用于存放托盘式装载单元，一个托盘为一个货位，因此又被称为托盘式货架或货位式货架（如图3-3所示）。由于其结构简单、安全可靠，仓库可以根据实际情况（如托盘载重要求、托盘尺寸、仓库实际空间、叉车实际提升高度等），选用不同规格的横梁式货架。其特点可以概括为以下几个方面：

图3-3　横梁式货架

（1）结构简单、安全可靠，可任意调整组合，出入库不受物品先后顺序的限制，广泛应用于以托盘存储、叉车存取的仓储模式。

（2）柱片是由立柱、横撑和斜撑组成的钢结构框架体，柱片与横梁组成货架框架，采用安全销固定，结构简单可靠。横梁式货架每层高度可自由调节。

（3）可随立柱、横梁规格的大小确定承载要求，具有承载能力强、抗冲击性能强的特点，每层最大承载可达5 000千克。

（4）立柱高度可达12米，托盘货架的可塑性非常强，可在托盘货架基础上搭建模具货架、阁楼货架、立体库货架，还可做成特殊的油桶货架等。

横梁式货架在设计和使用时应注意托盘与立柱之间、托盘与托盘之间的安全空隙。《物流设施设备的选用参数要求》（GB/T 39660—2020）规定：托盘与两侧货架立柱之间的安全间隙不应小于75mm，托盘与托盘之间的安全间隙不应小于100mm。

4）驶入式货架

驶入式货架又称贯通式货架或通廊式货架（如图3-4所示），是一种不以通道分割的、连续性的整体货架。在支撑导轨（也称牛腿搁板）上，托盘按深度方向存取，这使得驶入式货架的存储密度较高，货物从货架的同一侧进出，叉车可方便地驶入货架中间存取货物。驶入式货架的投资成本较低，适合横向尺寸大、品种少、数量多的存储需求。由于其存储密度大，对地面空间利用率高，常在冷库等存取空间成本高的场合运用。其特点可归纳为以下两个方面：

图3-4　驶入式货架

（1）存储密度大，节省空间，适用于少样多量的物品存储。

（2）存取物品受存放先后顺序的限制，同一条通道无法实现先进先出。

5）悬臂梁式货架

在立柱上装设外悬杆臂构成悬臂梁式货架，适合存放钢管或板材等长条形的物品（如图3-5所示）。若要放置圆形物品，应在悬臂端装挡杆以防止物品滑落。其特点表现为以下几个方面：

（1）适合长条或长卷状货物存放。

（2）需配合叉距较宽的搬运设备进行存取。

图3-5   悬臂梁式货架

（3）悬臂梁式货架的高度通常在2米以内，如有叉车配合，存取高度则可达6米左右。

（4）仓储空间利用率低，空间利用率为35%～50%。

6）压入式货架

图3-6   压入式货架

压入式货架由导轨、横梁、立柱、运载小车组成，轨道按一定的角度倾斜固定在横梁上，运载小车沿轨道运行，由前方将托盘货物推入，托盘物置于滑座上，后填入的会把先填入的推到后方（如图3-6所示）。其整体结构采用"弹夹"原理，托盘放置在运载小车上依次被推入货架内部，存取方式跟驶入式货架相同，但叉车不需要驶入货架里面。由于货架深度方向可以设计为多个托盘位置，压入式货架的空间利用率高于普通货架，安全性及运行效果也都强于驶入式货架，广泛用于冷库、图书馆、食品加工厂等场景。其特点表现为以下三个方面：

（1）存储密度高，存取性差，一般深度可为3个储存位。

（2）与横梁式货架相比，空间的利用可省下1/3，增加存储密度，但无法做到货物先进先出管理。

（3）使用一般叉车存取，适合少样多量物品。

7）流利式货架

流利式货架由流利条、滚轮、立柱、横梁、拉杆组成（如图3-7所示）。这种货架也称滚轮式货架，是通过滚轮把货物从一端输送到另一端。货物借自身重力下滑，可实现先进先出管理。其使用成本低，存取速度快，存储密度高。货架每层横梁之

图3-7   流利式货架

间设置滚轮式铝合金或钣金流利条，呈一定的坡度放置。货物通常为纸包装或塑料周转箱包装，利用其自身重力来实现货物的流动和先进先出。货物由小车进行运送，人工存取，存取方便。单元货架每层载重通常在1 000千克左右，货架高度在2.5米以内，适合装配线两侧的工序转换、配送中心的拣选作业等场所，可配以电子标签实现货物的信息化管理。这种货架广泛应用于超市、医药、化工和电子等行业。其特点表现为以下几个方面：

（1）将货物置于滚轮上，利用一边通道存货物，另一边通道取货物。

（2）货架顺着出货方向向下倾斜，货物在重力的作用下下滑。

（3）可实现先进先出，并实现一次补货多次拣货。

（4）流利式货架存储效率高，适合货物的短期存放及拣取情形。

8）重力式货架

重力式货架又叫辊道式货架，属于仓储货架中的托盘类存储货架（如图3-8所示）。重力式货架是横梁式货架的衍生品之一，货架结构与横梁式货架相似，只是在横梁上安装滚筒式轨道，轨道呈3度~5度倾斜。托盘货物用叉车搬运至货架进货口，利用自重，托盘从进口自动滑行至另一端的取货口，重力式货架属于先进先出的存储方式。其特点表现为以下几个方面：

图3-8 重力式货架

（1）货物由高的一端存入，滑至低端，从低端取出。滑道上设置有阻尼器，控制货物滑行速度保持在安全范围内。滑道出货一端设有分离器，搬运机械可顺利取出第一板位置的货物。

（2）货物遵循先进先出的顺序。该类型货架具有存储密度高的特点，且具有柔性配合功能。

（3）适合以托盘为载体的存储作业，货物堆栈整齐，为大件重物的存储提供了较好的解决方案，仓储空间利用率在75%以上，并且只需要一个进出货通道。

（4）重力式货架非常环保，全部采用无动力形式，无能耗、噪声低、安全可靠、可满负荷运作。

延伸阅读 3-1 --

流利式货架与重力式货架的区别

流利式货架与重力式货架都运用了重力的原理，便于先进先出，两者有相似性，但又有着本质的区别。其区别可以归纳为以下两个方面：

（1）结构不同。流利式货架主要运用流利条实现货物的滑动；重力式货架主要靠滚筒式轨道或底轮式托盘实现货物的滑动。

（2）适用性不同。流利式货架适合于拆零或箱装货物的存储和拣取情形，可配以电子标签实现货物的信息化管理；重力式货架适合于以托盘为载体的存储作业情形，货物堆栈整齐，为大件重物的存储提供了较好的解决方案。

9）抽屉式货架

图3-9　抽屉式货架

抽屉式货架也称模具式货架，它由立柱、抽屉层、拉杆、自锁装置、轴承、滑道组成（如图3-9所示）。这种货架适合存放各种模具，顶部可以配置手拉葫芦及水平移动小车，可以方便模具的吊起。抽屉层可以移出2/3，主要由滑道、层板、轴承组成。其中，层板由受力框架和钢板组成，每条滑道由两个轴承前后上下固定，可以在导向槽内随意滚动，阻力小，可以单手轻松拉出抽屉，降低了劳动强度。自锁装置由定位弹簧和销轴组成，保证了抽屉就位后不能再动，而在行程范围内不影响抽屉运作。其特点表现为以下几个方面：

（1）由多种组合部件组装而成，结构简单，便于拆卸、运输和组装。

（2）抽屉层板下设有滚轮轨道，承载后依然能用很小的力量自如地拉动，滑动平稳。

（3）附加定位保险装置，安全可靠，可以抽出2/3，每层载重500千克～2 000千克。

（4）抽屉式货架占地面积小，承重大，分类详细，操作简便。

（5）用于存放模具，无须叉车，顶部选配手拉葫芦移动车，可实现模具的吊起。

10）阁楼式货架

阁楼式货架（如图3-10所示）是在厂房地面面积有限的情况下，利用钢梁和金属板将原有储区分成二、三层阁楼，宜存取一些轻泡货及中小件货物。由人工存取货物，货物通常由叉车、液压升降台或货梯送至二楼、三楼，再由轻型小车或液压托盘车送至指定储存位置。

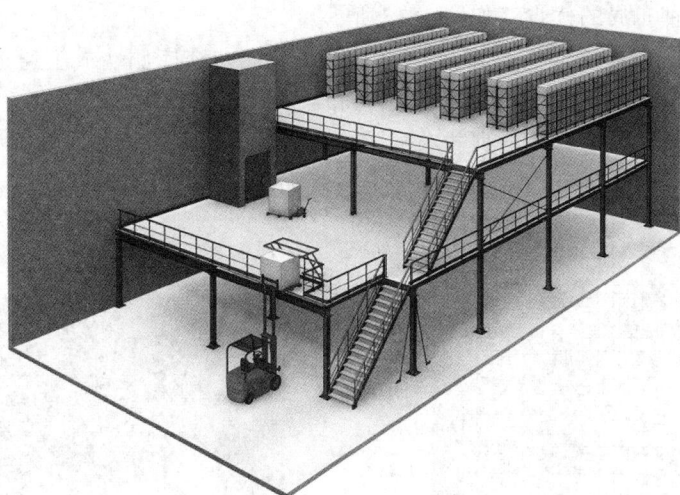

图3-10　阁楼式货架

3.1.3　货区布局

合理的货区布局一方面能提高仓库平面和空间的利用率；另一方面能提高货物保管质量，方便进出库作业，从而降低货物的仓储成本。

仓库货区布局分为平面布局和空间布局两部分。

1）平面布局

平面布局是指对货区内的货垛、通道、垛间距、收发货区等进行合理的规划，并正确划分它们的相对位置。平面布局的形式可以分为垂直式布局和倾斜式布局。

（1）垂直式布局。垂直式布局是指货垛或货架的排列与仓库的侧墙相互垂直或平行，具体包括横列式布局、纵列式布局和纵横式布局。

①横列式布局，是指货垛或货架的长度方向与仓库的侧墙相互垂直（如图3-11所示）。这种布局的主要优点是：主通道长且宽，副通道短，整齐美观，便于存取查点。如果用于库房布局，还有利于通风和采光。

②纵列式布局，是指货垛或货架的长度方向与仓库侧墙平行（如图3-12所示）。这种布局的主要优点是：可以根据库存物品在库时间长短和进出频率安排货位，在库时间短、进出频繁的物品放置在主通道两侧，在库时间长、进出不频繁的物品放置在里侧。

微课3-2

货区布局

图3-11　横列式布局

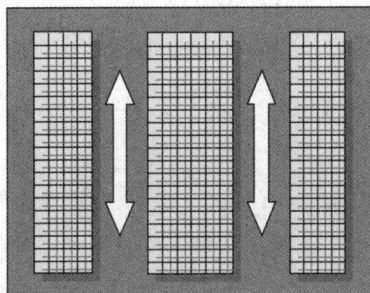

图3-12　纵列式布局

③纵横式布局，是指在同一保管场所内，横列式布局和纵列式布局兼而有之，可

以综合利用两种布局的优点（如图3-13所示）。

（2）倾斜式布局。倾斜式布局是指货垛或货架与仓库侧墙或主通道呈60度、45度或30度夹角，具体包括货垛倾斜式布局和通道倾斜式布局。

①货垛倾斜式布局，是横列式布局的变形，它是为了便于叉车作业、缩小叉车的回转角度、提高作业效率而采用的布局方式（如图3-14所示）。

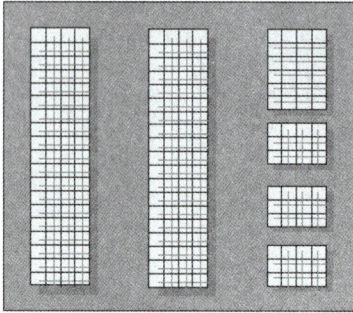

图3-13　纵横式布局

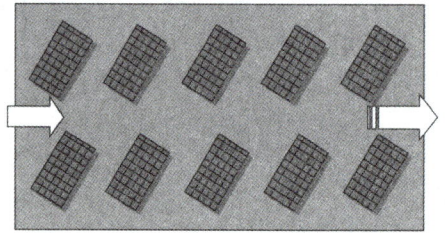

图3-14　货垛倾斜式布局

②通道倾斜式布局，是指仓库的通道斜穿保管区，把仓库划分成具有不同作业特点的保管区，如大量存储和少量存储等，以便进行综合利用。这种仓库布局形式复杂，货位和进出库路径较多（如图3-15所示）。

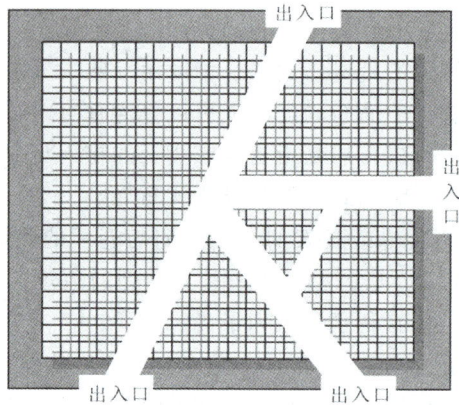

图3-15　通道倾斜式布局

2）空间布局

空间布局是指库存物品在仓库立体空间上的布局，其目的在于充分、有效地利用仓库空间。空间布局的主要形式有就地堆码、货架存放、空中悬挂等形式。

同步训练3-1

自动化仓库的困惑

20世纪70年代，北京某汽车制造厂建造了一座高层货架仓库（即自动化仓库）作为中间仓库，存放装配汽车所需的各种配件。此厂所需的配件大多数是由其协作单位生产的，然后运至自动化仓库。该厂是我国第一批发展自动化仓库的企业之一。

该仓库分为高库和整理室两部分，高库采用固定式高层货架与巷道堆垛机结构，从整理室到高库之间设有辊式输送机。当入库的货物包装规格不符合托盘或标准货箱时，还需要对货物的包装进行重新整理，这项工作就是在整理室进行的。由于当时各种物品的包装没有实现标准化，因此，整理的工作量相当大。

货物的出入库运用了电脑控制与人工操作相结合的人机系统，这套设备在当时是相当先进的。该库建在该厂的东南角，距离装配车间较远，因此，在仓库与装配车间之间需要进行二次运输，即将所需的配件先出库，装车运输到装配车间，然后才能进行组装。

自动化仓库建成后，在企业的生产经营中所发挥的作用并不理想，因此其利用率也逐年下降，最后不得不拆除。

资料来源　佚名. 自动化仓库的困惑［EB/OL］.［2023-07-18］. http：//3y.uu456.com/bp-021a731ssf0e7cd1842s3608-1.html.

请分析：该企业的自动化仓库为什么没有发挥出应有的作用？

【任务实施】

步骤1：熟悉常见的货区布局，垂直式布局和倾斜式布局，其中垂直式布局包括横列式布局、纵列式布局和纵横式布局。

步骤2：结合电器类产品的进出库作业特点和仓储区的结构特点，选择纵列式的货区布局。

步骤3：绘制货区布局图。

任务3.1

实施提示

任务3.2　装卸设备分类

【任务描述】

装卸搬运设备是仓库用来搬移、升降、装卸和短距离输送货物的机械设备。昌荣物流公司平堆仓主要以储存工具箱为主，现有一批工具箱已到库，共10个托盘，经验收合格准备入库。

要求：选择合适的装卸搬运设备将这批工具箱搬运到平堆库。

【任务知识】

3.2.1　装卸搬运设备的作用

仓库的装卸搬运活动通常是指货物在仓库内部移动，以及货物在仓库与运输车辆之间的转移。装卸搬运活动是仓库内部不可缺少的物流环节，可以分为堆码取拆作业、移动位置作业和分拣集中货物作业。

装卸搬运活动是否合理不仅影响运输和仓库系统的运作效率，而且影响物流企业整体的作业效率，因此，在仓库建设规划时，选择高效、柔性的装卸搬运设备，对仓库进行装卸搬运组织、加快进出库速度、提高作业效率是十分必要的。

3.2.2 仓库常用的装卸搬运设备

微课3-3

地牛的使用技巧

仓库装卸搬运设备对改进仓库管理、减轻劳动强度和提高收发货效率具有重要作用。按照装卸搬运设备的工作原理，可将其分为叉车类装卸搬运设备、堆垛机类装卸搬运设备、搬运传送设备、手推车以及智能化设备。

1) 叉车类装卸搬运设备

每种叉车都有其典型的运用工况，了解这些是选型的前提，要结合其具体的工况，选择最适合企业需要的车型和配置。叉车通常可以分为三大类：内燃叉车、电动叉车和仓储叉车。

（1）内燃叉车。内燃叉车又可分为普通内燃叉车和重型叉车。

① 普通内燃叉车（如图3-16所示）。其一般采用柴油、汽油、液化石油气或天然气发动机作为动力装置，载荷能力为1.2~8.0吨，作业通道宽度一般为3.5~5.0米。考虑到尾气排放和噪声问题，它通常用在室外、车间或其他对尾气排放和噪声没有特殊要求的场所。由于燃料补充方便，因此可实现长时间的连续作业，而且能胜任在恶劣的环境下（如雨天）工作。

② 重型叉车（如图3-17所示）。其采用柴油发动机作为动力装置，承载能力为10.0~52.0吨，一般用于货物较重的码头、钢铁等行业的户外作业。

图3-16　普通内燃叉车

图3-17　重型叉车

（2）电动叉车。电动叉车以电动机为动力装置、蓄电池为能源，承载能力为1.0~4.8吨，作业通道宽度为3.5~5.0米。由于没有污染、噪声小，因此它广泛应用于对环境要求较高的工况，如医药、食品等行业。由于每块电池一般在工作约8小时后需要充电，因此对于多班制的工况需要配备备用电池。

（3）仓储叉车。仓储叉车主要是为仓库内货物搬运而设计的叉车。除了少数仓储叉车（如手动托盘叉车）是采用人力驱动的，其他都是以电动机驱动的。因其车体紧凑、移动灵活、自重轻和环保性能好而在仓储业得到普遍应用。在多班作业时，电机驱动的仓储叉车需要配备备用电池。仓储叉车包括以下几种类型：

①电动托盘搬运叉车（如图3-18所示）。其承载能力为1.6~3.0吨，作业通道宽度一般为2.3~2.8米，货叉提升高度一般在210毫米左右，主要用于仓库内的水平搬运及货物装卸。其一般有步行式和站驾式两种操作方式，可根据效率要求进行选择。

图3-18　电动托盘搬运叉车

②电动托盘堆垛叉车（如图3-19所示）。其承载能力为1.0～1.6吨，作业通道宽度为2.3～2.8米，在结构上比电动托盘搬运叉车多了门架，货叉提升高度一般在4.8米以内，主要用于仓库内的货物堆码及装卸。

③前移式叉车（如图3-20所示）。其承载能力为1.0～2.5吨，门架可以整体前移或缩回，缩回时作业通道宽度为2.7～3.2米，提升高度可达11米左右，常用于仓库内中等高度的堆码、取货作业。

图3-19　电动托盘堆垛叉车

图3-20　前移式叉车

④电动拣选叉车（如图3-21所示）。在某些工况下（如超市和便利店的配送中心），不需要整托盘出货，而是按照订单将拣选的多品种货物组成一个托盘，此环节称为拣选。按照拣选货物的高度，电动拣选叉车可分为低位拣选叉车（2.5米内）和中高位拣选叉车（最高可达10米），其承载能力分为2.0～2.5吨（低位）和1.0～1.2吨（中高位，带驾驶室提升）。

⑤手动液压搬运叉车（如图3-22所示）。它是一种小巧方便、使用灵活、载重量大、结实耐用的货物搬运工具，俗称"地牛"。为了方便起降货物，该车底盘与轮之间带有液压装置，可以方便地将车推入货箱底座之下，然后用液压将底盘升高，托起

货物，推动货物移动，到达目的地后，用液压将底盘降落，货物也随之落地，省去了人力搬运的复杂过程。

图3-21　电动拣选叉车　　　　　　　图3-22　手动液压搬运叉车

延伸阅读3-2

叉车操作规程

（1）驾驶员必须经专门培训，取得相关部门颁发的上岗证后持证上岗，严禁无证驾驶。

（2）穿戴好必备的劳动保护用具，如工作服、劳保鞋、劳保手套、口罩、防护眼镜。

（3）应遵守场内机动车安全规则。

（4）开车前不喝酒，在行驶中左右兼顾，思想不开小差。

（5）行进速度不能超过15千米/小时。

（6）在叉物品时，注意其摆放的高度。在运行转弯时，务必减速行驶，以防由于惯性将物品甩出，造成人员或物品损伤。

（7）在叉物品时严禁超载，以防叉车受损以及叉车后部翘起产生不安全因素。

（8）无关人员不得进入叉车区域。

（9）在摆放时待完全放平稳后方可退出，严禁在未放稳时退出，造成倒架事故。

（10）停车后应拉紧手刹，放下叉脚，关掉电源，取下钥匙。

（11）定期保养车辆，确保车辆处于良好状态（如刹车、后视镜等）。

（12）车辆运货时应采取必要的安全措施。不能超载，货物堆放应均匀、牢固，装货后的高度离地面不得超过4米，高出车身的货物应加以固定，车上货物伸出车厢前后的总长不能超过2米。

资料来源　佚名. 叉车使用和运营的管理制度［EB/OL］.［2023-10-31］. https：//wenku.baidu.com/view/272012f0b52acfc788ebc9dd.html.

2）堆垛机类装卸搬运设备

堆垛机是指用货叉或串杆存取、搬运和堆码，或者从高层货架上存取单元货物的专用起重机。它是一种仓储设备，分为桥式堆垛机和巷道堆垛机两种。

（1）桥式堆垛机（如图3-23所示）。桥式堆垛机具有起重机和叉车的双重结构特点，像起重机一样，配有桥架和回转小车。桥架在仓库上方运行，回转小车在桥架上运行。桥式堆垛机主要适合12米以下中等跨度的仓库，巷道的宽度较大，便于笨重和长大件物料的搬运和堆码。

（2）巷道堆垛机（如图3-24所示）。巷道堆垛机专用于高架仓库。堆垛机在货架之间的巷道内运行，主要用于搬运装在托盘上或货箱内的单元货物，也可开到相应的货格前，由机上人员按出库要求拣选货物出库。巷道堆垛机由起升机、运行机、货台司机室和机架等部件组成。其起重量一般以2吨以下为主，也可达10吨，起升速度为15米/分至25米/分。

图3-23　桥式堆垛机

图3-24　巷道堆垛机

3）搬运传送设备

搬运传送设备主要是输送机，根据承载的重量可分为重型皮带输送机和轻型皮带输送机；根据结构可分为槽型皮带输送机和平板型皮带输送机。皮带输送机是一种由摩擦驱动以连续方式运输货物的机械，可以将货物放在一定的输送线上，在最初的供货点到最终的卸货点间形成一种货物的输送流程。它既可以进行碎散货物的输送，也可以进行成件货物的输送。

4）手推车

手推车（如图3-25所示）是以人力推拉的搬运车辆。虽然搬运技术不断进步，但手推车作为不可缺少的搬运工具一直沿用至今。手推车因造价低廉、维护简单、操作方便、自重轻而被广泛应用于仓储活动中，特别是能在不便使用机动车辆的地方工作，在短距离搬运较轻的货物时发挥作用，省时、省力、省钱。

5）智能化设备

物流行业正快速地朝着自动化、智能化方向发展，

图3-25　手推车

仓库中的设施设备也呈现出智能化趋势，智能化设备的种类呈现出多样化特点。目前在仓库中使用较多的包括自动拣选机器人、骨骼机器人、搬运机器人等。智能化设备的使用把人从繁重的体力劳动中解放出来，提高了仓储的效率。

3.2.3　选择装卸搬运设备

1）选择装卸搬运设备的依据

（1）根据作业性质和作业场合进行配置选择。由于装卸搬运的作业性质和作业场合不同，因此需配备不同的装卸搬运设备。根据作业是单纯的装卸或单纯的搬运，还

微课3-4

智慧仓自动化
设备认知及
应用

微课3-5

智慧仓硬件
设备认知

是装卸、搬运兼顾，选择更合适的装卸搬运设备。此外，作业场合不同，也需配备不同的装卸搬运设备。

（2）根据作业运动形式进行配置选择。装卸搬运作业的运动形式不同，需配备的装卸搬运设备也不同。水平运动，可配备卡车、牵引车、小推车等装卸搬运设备；垂直运动，可配备提升机、起重机等装卸搬运设备；倾斜运动，可配备连续运输机、提升机等装卸搬运设备；垂直及水平运动，可配备叉车、起重机、升降机等装卸搬运设备；多平面式运动，可配备旋转起重机等装卸搬运设备。

（3）根据作业量进行配置选择。装卸搬运的作业量关系到设备应具有的作业能力，从而影响到所需配备的设备类型和数量。作业量大时，应配备作业能力较高的大型专用设备；作业量小时，最好采用构造简单、造价低廉而又能保持相当作业能力的中小型通用设备。

（4）根据货物种类、性质进行配置选择。货物的物理性质、化学性质以及外部形状和包装千差万别，有大小、轻重之分，有固体、液体之分，有散装、成件之分，所以对装卸搬运设备的要求也不尽相同。

（5）根据搬运距离进行配置选择。长距离搬运一般选用牵引车和挂车等装卸搬运设备，较短距离搬运可选用叉车等装卸搬运设备，短距离搬运可选用手推车等装卸搬运设备。为了提高设备的利用率，应当结合设备种类和特点，使行车、货运、装卸、搬运等工作密切配合。

2）选择装卸搬运设备的影响因素

（1）设备的技术性能。能够胜任工作，并满足灵活性方面的要求等。

（2）设备的可靠性。能够在规定的时间内工作而不出现故障，或出现一般性故障但能立即修复且安全可靠。

（3）工作环境的配合及适应性。工作场合是露天的还是在室内，是否有震动、化学污染及其他特定环境要求等。

（4）经济因素。投资水平、投资回收期及性价比等。

（5）可操作性和实用性。操作的易掌握程度及培训的复杂程度等。

（6）能耗因素。设备的能耗应符合燃烧与电力供应要求。

（7）备件及维修因素。备件充足且维修方便、可行。

同步训练 3-2

选择仓库装卸搬运设备时应考虑哪些因素？

【任务实施】

步骤1：了解仓储作业常用的装卸搬运设备。

步骤2：分析需入库产品特点，以托盘为储存单位，仓库为平堆库，选用地牛进行搬运。

步骤3：说明地牛的操作规范，结合教学条件，可在仓储实训室开展地牛的操作。

任务3.2

实施提示

任务3.3 集装单元分类

【任务描述】

集装单元便于货物的存储与搬运，合理使用集装单元可以提高作业效率。托盘是最常用的集装单元设备，托盘的循环使用是实现绿色物流的主要方式之一。昌荣物流公司在从传统仓储向智慧仓储转型升级的过程中，积极响应国家绿色低碳号召，在托盘的选择和使用上实现绿色化。

要求：（1）整理目前最常用的托盘类型。

（2）查阅相关托盘资料，提出实现托盘绿色化的方案。

【任务知识】

3.3.1 单元货物的概念

单元货物是指通过一种或多种手段将一组货物或包装件固定在一起，使其形成一个整体单元，以利于装卸、运输、堆码和储存。

微课3-6

托盘

3.3.2 仓库常用的集装单元分类

1）托盘

托盘是一种用来集结、堆存货物以便于装卸和搬运货物的水平板。托盘有"活动的平台"和"可移动的地面"之称。托盘多以钢材、木材或塑料制成，便于装卸、搬运单元物资和少量的物资。托盘作为物流运作过程中重要的装卸、储存和运输设备，与叉车配套使用，在现代物流中发挥着巨大的作用。

目前，世界上主要的工业国家都有自己的托盘标准，且各国所用尺寸并不相同。每个国家都希望自己国内已普遍使用的规格成为国际标准，以便在国际经济交流中处于更为有利的地位。ISO标准（ISO 6780）原来有4种托盘标准规格，即1 200mm×800mm、1 200mm×1 000mm、1 219mm×1 016mm、1 140mm×1 140mm。2003年增加了1 100mm×1 100mm和1 067mm×1 067mm两种规格，变为6种标准规格。我国自2008年3月1日起实施的《联运通用平托盘 主要尺寸及公差》（GB/T 2934—2007），确定托盘平面尺寸为1 200mm×1 000mm和1 100mm×1 100mm，并将1 200mm×1 000mm确定为优先推荐的托盘尺寸。

托盘根据其结构可分为平托盘、柱式托盘、箱式托盘、轮式托盘和特种专用托盘等。

（1）平托盘。平托盘几乎是托盘的代名词，只要一提到托盘，一般都是指平托盘，因为平托盘使用范围最广，所需数量最大，通用性最好。各种平托盘形状构造如图3-26所示。

微课3-7

托盘尺寸

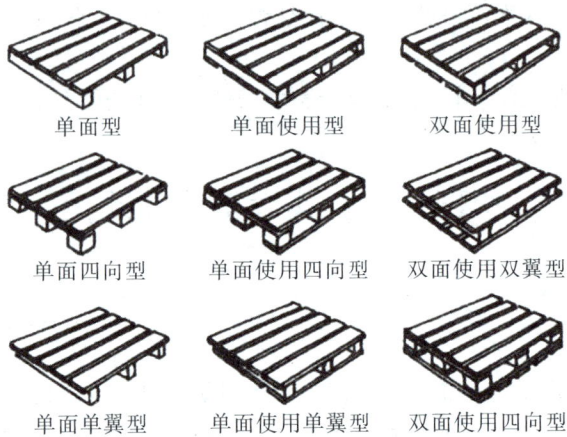

图3-26 各种平托盘形状构造

a.根据承托货物台面分类，分为单面型、单面使用型、双面使用型和翼型。

b.根据叉车叉入方式分类，分为单向叉入型、双向叉入型、四向叉入型。

c.根据材料分类，分为木制平托盘、钢制平托盘、塑料制平托盘、复合材料平托盘以及纸制托盘。

（2）柱式托盘。柱式托盘是在平托盘的基础上发展起来的，其基本结构是托盘的4个角有钢制立柱，柱子上端可用横梁连接，形成框架（如图3-27所示）。柱式托盘可利用立柱支撑重物往高叠放，还可以防止托盘上放置的货物在运输和装卸过程中发生塌垛现象。

固定的立柱式托盘　　　　可折的立柱式托盘　　　　可拆装的立柱式托盘

图3-27 柱式托盘

（3）箱式托盘。箱式托盘是四面有侧板的托盘，有的箱体上有顶板，有的没有顶板。箱板分为固定式、可折式、可拆式、活底式（如图3-28所示）。四周栏板有板式、栅式和网式，因此，四周栏板为栅栏式的箱式托盘也称笼式托盘或仓库笼车。箱式托盘防护能力强，可防止塌垛和货损，可装载异型不能稳定堆码的货物，应用范围广。

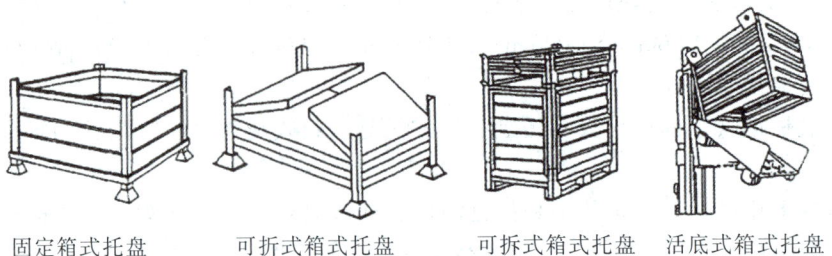

固定箱式托盘　　　可折式箱式托盘　　　可拆式箱式托盘　　　活底式箱式托盘

图3-28 箱式托盘

（4）轮式托盘。轮式托盘与柱式托盘和箱式托盘相比，多了下部的小型轮子。因而，轮式托盘具有短距离移动、自行搬运或滚上滚下式装卸等优势，用途广泛，适用性强。

（5）特种专用托盘。特种专用托盘是指具有专门用途的一些托盘，例如航空货运或行李托运使用的航空托盘、能支撑和固定平板玻璃的玻璃集装托盘等。

2）周转箱

周转箱也称物流箱，广泛用于机械、汽车、家电、轻工、电子等行业，大多能耐酸、耐碱、耐油污。周转箱给物流活动中的运输、配送、储存、流通加工等环节带来了极大的便利。

周转箱可与多种物流容器和工位配合，用于各类仓库、生产现场等多种场合。周转箱帮助企业实现了物流容器的通用化、一体化管理，已成为生产及流通企业进行现代化物流管理的必备品。

延伸阅读3-3

托盘循环共用开启新篇章

《"十四五"现代物流发展规划》"推动绿色物流发展"部分指出，加强绿色物流新技术和设备研发应用，推广使用循环包装，减少过度包装和二次包装，促进包装减量化、再利用。加快标准化物流周转箱推广应用，推动托盘循环共用系统建设。在《"十四五"现代物流发展规划》"专栏11 物流标准化推进工程"中提到，完善包装、托盘、周转箱等标准，加强以标准托盘为基础的单元化物流系统系列标准制修订，加快运输工具、载运装备、设施体系等标准对接和系统运作，提高全社会物流运行效率。由中国物流与采购联合会和欧洲托盘协会共同主办的"2022年'一带一路'托盘共享行动（BRAPS）会议"在广州召开，会议以"绿色、合作、共享、标准"为主题，共同交流探讨了中欧托盘行业新变局以及全球托盘循环共用体系的构建。

3.3.3 集装器具数量的确定

仓库所需配置的托盘等集装器具的数量主要根据仓库的预测物流量、集装器具使用周期、效率等因素来确定，其计算公式如下：

$$N = \frac{D(T)(1 + X)}{C}$$

式中：N（个）为集装器具数量；D（件/小时）为单位时间进出货物的数量；T（小时）为集装器具的使用周期（包括移动、等待、卸空、填补等）；X（件/个）为集装器具的效率；C（件/个）为集装器具的标准容量。

同步训练3-3

请分析仓库常用的集装器具，分析集装器具的优势。

【任务实施】

任务3.3

实施提示

步骤1：了解政府关于绿色物流的政策文件等。

步骤2：分析托盘的类型、尺寸。

步骤3：分析绿色物流对托盘的要求，从托盘的材料、托盘的可循环、托盘尺寸的标准化等角度分析。

步骤4：制订托盘使用绿色化方案。

项目回顾

通过本项目的学习，我们认识了仓库的主要设施设备，包括货架的类型、装卸搬运设备、仓库集装单元。仓储活动中会用到各种各样的设施设备，合理选择和使用相关的设施设备能在很大程度上提高仓储活动作业效率，降低成本。因此，认识这些设施设备对于提高我们的仓储管理水平具有重要的意义。

课后训练

一、知识检测

（一）不定项选择题

1.货架是指用（　　）组成的立体储存货物的设施。

A.支架　　　　　　B.隔板　　　　　　C.托架　　　　　　D.轮子

2.选择货架类型应综合分析（　　）因素。

A.货物特点　　B.库房管理　　　　C.装卸搬运设备　　D.库房结构

3.我国推行的托盘标准尺寸有（　　）。

A.800mm×1 200mm　　　　　　　　B.1 200mm×1 000mm

C.1 000mm×1 000mm　　　　　　　D.800mm×1 000mm

4.托盘根据其结构可分为（　　）。

A.平托盘　　　　　　B.柱式托盘　　　　　　C.箱式托盘

D.轮式托盘　　　　　E特种专用托盘

5.平面布置是指对货区内的（　　）等进行合理的规划，并正确处理它们的相对位置。

A.货垛　　　　　B.通道　　　　　C.垛间距　　　　　D.收发货区

6.垂直式布局具体包括（　　）三种布局形式。

A.横列式布局　　B.纵列式布局　　C.纵横式布局　　D.平行式布局

7.在选择装卸搬运设备时要考虑（　　）。

A.技术性能　　B.可靠性　　　　C.实用性　　　　D.经济因素

8.《物流设施设备的选用参数要求》（GB/T 39660—2020）规定：托盘与两侧货架立柱之间的安全间隙不应小于（　　）。

A.75 mm　　　　B.80 mm　　　　C.85 mm　　　　D.90 mm

9.《物流设施设备的选用参数要求》(GB/T 39660—2020)规定:托盘与托盘之间的安全间隙不应小于（　　　）。

A.80 mm　　　　　B.85 mm　　　　　C.95 mm　　　　　D.100 mm

10.以下货架中能实现"先进先出"的货架有（　　　）。

A.重力式货架　　　B.流利式货架　　　C.压入式货架　　　D.驶入式货架

（二）判断题

1.货架具有提高库容利用率，扩大储存能力，保护货品质量的功能。（　　　）

2.货架是专门用于存放成件物品的保管设备。（　　　）

3.将单位体积大、单位质量大的物品放在进出库装卸搬运最便捷的位置。
（　　　）

4.应该将同一供应商或者同一客户的物品集中存放，以便于进行分拣配货作业。
（　　　）

5.托盘是一种用来集结、堆存货物以便于装卸和搬运货物的水平板。（　　　）

6.手动液压搬运叉车，俗称地牛，既可平行移动货物，又能开展垂直作业。
（　　　）

7.重力式货架最突出的特点之一就是可以便捷地实现存储的先进先出。（　　　）

8.流利式货架与重力式货架虽然都是利用重力，但流利式货架的存储单元是托盘，而重力式货架的存储单元是箱或件。（　　　）

9.驶入式货架既能实现仓储空间的充分利用，又能实现货物存储的"先进先出"。
（　　　）

10.货架的纵列式布局，是指货垛或货架的长度方向与仓库侧墙平行。（　　　）

（三）简答题

1.货架存放物品的优点包括哪几个方面?

2.货架的类型包括哪些?

3.仓库集装单元有哪些?

4.请分析一个以储存鲜果为主的仓库需要用到哪些设施设备。

二、案例研讨

蒙牛乳业自动化立体仓库案例

蒙牛乳业泰安有限责任公司（以下简称"泰安公司"）乳制品自动化立体仓库，是蒙牛乳业委托太原刚玉物流工程有限公司设计制造的第三座自动化立体仓库。该库后端与泰安公司乳制品生产线衔接，与出库区连接，库内主要存放成品纯鲜奶和成品瓶装酸奶。库区面积为8 323平方米，货架最高为21米，托盘尺寸为1 200mm×1 000mm，库内货位总数为19 632个。根据用户对存储温度的不同要求，该库划分为常温和低温两个区域。其中，常温区货位数14 964个，低温区货位4 668个。该仓库入库能力为150盘/小时，出库能力为300盘/小时。

常温区保存鲜奶成品，低温区配置制冷设备，恒温4℃，存储瓶装酸奶。按照生产—存储—配送的工艺及奶制品的工艺要求，经方案模拟仿真优化，最终确定库区划分为入库区、储存区、托盘（外调）回流区、出库区、维修区和计算机管理控制室6个区域。

入库区由66台链式输送机、3台双工位高速穿梭车组成。链式输送机负责将生产线码垛区完成的整盘货物转入各入库口；双工位高速穿梭车负责生产线端输送机输出的货物向各巷道入库口的分配、转运及空托盘回送。

储存区包括高层货架和17台巷道堆垛机。高层货架采用双托盘货位，承担货物的存储功能。巷道堆垛机则按照指令完成从入库输送机到目标货位的取货、搬运、存货，以及从目标货位到出库输送机的取货、搬运、出货任务。

托盘（外调）回流区分别设在常温储存区和低温储存区内部，由12台出库输送机、14台入库输送机、巷道堆垛机和货架组成，分别完成空托盘回收、存储、回送，外调货物入库，剩余产品及退库产品入库、回送等工作。

出库区设置在出库口外端，分为货物暂存区和装车区，由34台出库输送机、叉车和运输车辆组成。叉车司机通过电子看板、RF终端扫描来完成叉车装车作业，反馈发送信息。

维修区设在穿梭车轨道外一侧，在某台空穿梭车更换配件或处理故障时，其他穿梭车仍可以正常工作。

计算机管理控制室设在二楼，用于出入库登记、管理和联机控制。

结合以上案例，讨论下列问题：

1. 自动化立体仓库需要配置哪些设施设备？
2. 自动化立体仓库的功能有哪些？

三、实战训练

1. 实战技能点

仓库设施设备分类。

2. 实战任务

调研本地企业仓库，分析该仓库的设施设备、货架布局等内容，撰写调研报告。

3. 教学建议

（1）建议教学过程中以小组为单位；

（2）本实战训练可以在学习项目十的内容后，与项目十的实战训练一起开展。

模块 2
入库作业

传统仓库作业的进、销、存管理和单点、单仓作业模式已无法满足现代物流业的发展需求。当前，传统的仓储和第三方物流公司都在向仓配一体化物流运作模式快速转型。所谓仓配一体化，就是仓储与配送融为一体，即入库、储存盘点、订单处理、拣货、送货等作业是连贯的。其中，入库作业是首要环节，是储配的开端，具有重要的地位。本模块的内容按作业流程顺序编写，便于学习者更好地理解仓配一体化物流运作模式。本模块的内容架构图如下：

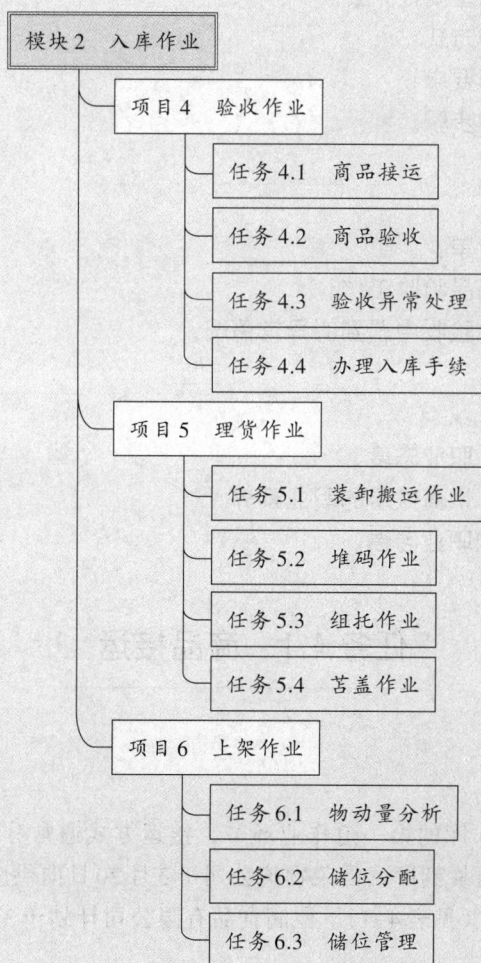

```
模块2  入库作业
    │
    ├── 项目4  验收作业
    │       ├── 任务4.1  商品接运
    │       ├── 任务4.2  商品验收
    │       ├── 任务4.3  验收异常处理
    │       └── 任务4.4  办理入库手续
    │
    ├── 项目5  理货作业
    │       ├── 任务5.1  装卸搬运作业
    │       ├── 任务5.2  堆码作业
    │       ├── 任务5.3  组托作业
    │       └── 任务5.4  苫盖作业
    │
    └── 项目6  上架作业
            ├── 任务6.1  物动量分析
            ├── 任务6.2  储位分配
            └── 任务6.3  储位管理
```

项目4 验收作业

学习目标

【知识目标】

1. 认识商品接运的重要性；
2. 掌握商品接运的方式；
3. 明确商品验收的要求；
4. 掌握商品验收的步骤。

【能力目标】

1. 会填制入库验收单；
2. 能规范地开展商品验收工作；
3. 能妥善处理商品验收中遇到的异常情况。

【素养目标】

1. 树立严谨细致的职业态度；
2. 培养脚踏实地、认真做事的职业素养；
3. 养成规范做事的职业习惯。

任务4.1 商品接运

【任务描述】

微课4-1

入库准备

商品接运是商品入库的第一道作业环节，接运方式通常分为专用线接运，车站、码头提货，自提货和送货到库。昌荣物流公司于3月20日向供应商德润食品有限公司下达了"商品采购单"（见表4-1），德润食品有限公司计划于3月21日送货到库。

表 4-1　　　　　　　　　　　　　　　商品采购单

采购单编号：DR2024032002
计划到货时间：2024 年 3 月 21 日
供应商名称：德润食品有限公司

序号	商品名称	规格	单价	单位重量	采购数量
1	肉松饼干	370mm×580mm×220mm	220 元/箱	27kg	60 箱
2	金锣火腿肠	460mm×265mm×300mm	240 元/箱	20kg	40 箱
合计					100 箱

会计：　　　　　采购员：　　　　　主管负责人：

要求：协助昌荣物流公司仓储主管张胜利制订一份入库准备方案。

【任务知识】

4.1.1　商品接运概述

商品接运是商品入库业务流程的第一道作业环节，也是商品入库和保管的前提。

在实践中，商品运达仓库的方式各不相同，除了小部分由供货单位直接运到仓库交货外，大部分需要经过铁路、公路、水运、空运等运输部门转运。凡经过交通运输部门转运的商品，均需经过仓库接运程序，才能进行入库验收。因此，商品接运的主要任务是及时准确地从交通运输部门提取入库商品，为仓库验收工作创造有利条件。由于接运工作直接影响商品验收和入库后的保管保养工作，因此工作人员对所接运商品必须认真检查，分清责任，严格执行相关程序。做好商品接运工作意义重大，可以防止把运输过程中或运输之前发生的商品损害和各种差错带入仓库，减少或避免经济损失，为商品验收和保管保养创造良好的条件。

4.1.2　商品接运方式

1）专用线接运

专用线接运是指仓库备有铁路专用线，承担大批量的货物接运。一般情况下，铁路专线与公路干线相互配合，铁路专线承担长距离的货物运输，公路专线承担直接面向收货方的短距离货物运输。开展专用线接运时，应注意以下三个方面的问题：

（1）卸车前的检查。卸车前应检查一下货物的整体状况，如货物在运输过程中是否出现破损，通过检查还可以防止误卸。

（2）卸车时应注意的事项。要按照车号、品名、计划分别堆码货物，以便于清点货物；要按照有关的指示标志正确卸载货物，以防止包装和货物损坏；对品名不符、包装破损、受潮或损坏的货物应另行存放，并进行标记，会同承运部门进行检查，做好货运记录。

（3）卸车后的清理。检查车内货物是否卸完，并做好卸车记录。

2）车站、码头提货

车站、码头提货是指由外地托运单位委托铁路、水运、民航等运输部门转运或邮递货物到达本埠车站、码头、民航、邮局后，仓库依据货物通知单派车提运货物的作业活动。到车站、码头提货应注意的事项有以下四个方面：

（1）提货时，需要出示领货凭证。

（2）提货时，应根据运单和有关资料认真核对货物的名称、规格、收货单位名称等。

（3）仔细检查外观，如有疑点或者货物的实际情况与运单的记载不符，应会同承运部门查明原因，并开具文字证明。

（4）如果货物的短缺或损坏是由承运部门造成的，则应做好货运记录。

延伸阅读4-1

"库到库"无缝衔接

通过与公路运输或物流公司等多方合作，美国铁路开始从"站到站"的冷链物流向"（冷）库到（冷）库"的冷链物流服务方式发展。铁路专用线被越来越多地延伸至冷链物流配送中心冷库或食品加工生产基地的厂库设施中，铁路冷藏车可以直接进入冷库进行装卸及转运作业，这不仅实现了完整意义上的全程冷链物流，提高了装卸作业和转运效率，还很好地解决了公铁联运方式中的铁路大批量与公路小批量运输的匹配问题，实现了高效率、高质量的公铁联运无缝衔接。

铁路快车（rail express）在华盛顿州的卢拉到纽约州的鹿特丹工业园区之间（运输距离长达4 828千米）提供5日达运输服务承诺，以铁路进入物流中心的冷库方式承揽业务，接收小托运人的零散物品，最少可以接收4托盘的货物，收到了良好的市场反馈。

铁路快车由铁路公司负责提供单元列车，由Railex公司负责组织其他物流服务，包括组织公路短途接运、冷藏冷冻仓储服务、装卸作业、库存管理及多式联运等各项物流服务。Railex公司还为客户提供5天的免费仓储服务。

铁路快车由至少55辆64英尺的铁路冷藏车组成。Railex公司还在华盛顿州卢拉的配送中心设置可容纳19辆64英尺铁路冷藏车的封闭式装卸站台，可以实现在完全冷藏环境下进行全列车的装卸作业，站台上配备了能够调节车辆装卸平台位置的可移动式装置，以加速装卸作业过程。

通过上述冷库设施实现冷链物流无缝衔接，不仅减少了公路拖车的接取送达空返行程，提高了装备的利用效率，降低了运营成本，还提高了铁路运输的灵活性，扩大了运输辐射范围，受到包括食品经销商、物流服务商在内的冷链物流企业的普遍欢迎。

资料来源　佚名．美国冷链物流是如何做到无缝衔接的［EB/OL］．［2023-09-20］．http：//bao.hvacr.cn/201609_2067419.html.

3）自提货

自提货是指货主管及工作人员直接到供应商处提货，货运工作人员负责把货物运回自己的仓库。这种方式的特点是提货与验收同时进行。自提货需要注意以下三个问题：

（1）物流企业应预先了解所提货物的性质、规格、数量。

（2）备好提货所需的设备，组织好相应的人力。

（3）做好验收货物的准备，在供应商处当场提货并验收。

4）送货到库

送货到库是供货单位或其委托单位将货物直接送达仓库的一种供货方式。目前，大型配送中心都是由供货单位负责送货。当货物送达后，接货人员及验收人员应直接与送货人员办理接收手续，当面验收并办理交接。关于验收的内容将在本项目的任务 4.2 中详细介绍。送货到库需要注意以下两个问题：

（1）仓库工作人员应对照入库单认真核对货物的名称、规格、收货单位名称等。

（2）仔细检查外观，如发现疑点或者货物的实际情况与运单的记载不符，或者发现货物短缺、损坏，仓库工作人员应会同送货人员查实，并由送货人员出具书面证明，签章确认，作为处理问题时的依据。

同步训练 4-1

请列举商品接运的四种形式。

【任务实施】

步骤 1：明确入库工作涉及的相关部门。入库准备一般需要仓库各业务部门、管理部门和设备部门相关人员协作，要通知相关部门的工作人员。

步骤 2：安排好相关准备工作，包括人员准备、单据准备、设备准备、场地准备、工艺准备等。

步骤 3：设计入库准备方案。

任务 4.1

实施提示

任务 4.2　商品验收

【任务描述】

商品验收是按照规定的程序和手续，对入库商品进行数量和质量检验的经济技术活动的总称。凡是入库的商品必须经过验收，只有验收后的商品方可入库保管。

昌荣物流公司于 3 月 21 日收到德润食品有限公司的"入库通知单"（见表 4-2），货物已卸放至收货处，等待入库，请完成该批货品的验收工作，并填制"入库验收单"。

微课 4-2

货品验收

表 4-2　入库通知单

序号	商品名称	规格	单价	单位重量	数量
1	肉松饼干	370mm×580mm×220mm	220元/箱	27kg	60箱
2	金锣火腿肠	460mm×265mm×300mm	240元/箱	20kg	40箱
合计					100箱

会计员：　　　　　仓库主管：　　　　　保管员：　　　　　采购员：

【任务知识】

4.2.1 验收工作的要求

商品入库验收是仓储和配送中心把好"三关（入库、保管、出库）"的第一道关。把好商品入库质量关，能防止不合格商品进入流通领域，划清仓库与生产部门、运输部门、销售部门的责任，并为商品入库保管提供第一手资料。验收工作应按及时、准确、严格、经济的要求进行。

1）及时

到库的商品必须在规定的期限内完成验收工作。这是因为商品虽到库，但未经过验收的商品不算入库入账，不能进入下一个作业环节。只有及时验收，尽快提供检验报告，才能保证商品尽快入库，加快商品和资金周转。同时，商品的托收承付和索赔都有一定的期限要求，如果验收时发现商品不符合约定标准，就应在规定的期限内提出退货、换货或赔偿等要求；否则，供方或责任方不再承担责任，银行也会办理拒付手续。

2）准确

验收的目的是要弄清商品数量和质量方面的实际情况，验收不准确，就失去了验收的意义。不准确的验收会造成假象，导致错误的判断和保管工作的混乱，严重时还会危及营运安全。

3）严格

验收工作关系到以后各项仓储业务能否顺利开展，因此相关人员要以高度负责的态度对待这项工作。

4）经济

在多数情况下，商品在验收时不但离不开专业检验设备和验收人员，而且需要装卸搬运设备及相应工种工人的配合。这就要求各工种密切协作，合理组织调配人员与设备，以节省作业费用。此外，在验收工作中应尽可能保护原包装，减少或避免破坏性试验，这也是提高作业经济性的有效手段。

4.2.2 商品验收的步骤

商品验收应按步骤开展，包括验收准备、核对凭证、实物检验与验收记录四个作业环节。

1）验收准备

仓库接到到货通知后，应根据商品的性质和批量提前做好验收前的准备工作，主要包括以下五个方面：

（1）人员准备。安排好负责验收的人员，如质量验收技术人员、数量验收人员和装卸搬运人员等。

（2）资料准备。收集并熟悉待验收商品的有关文件，如订货合同、技术标准书等。

（3）器具准备。准备好验收用的检验工具，如衡器、量具等。

（4）货位准备。确定验收入库时的存放货位，计算和准备堆码苫垫材料。

（5）设备准备。大批量商品的数量验收必须要有装卸搬运设备的配合，应做好设备的申请调用。

此外，对特殊商品，如毒害品、腐蚀品、放射品等的验收，还要准备相应的防护用品。

2）核对凭证

核对凭证是指将相关的凭证加以整理并全面核对。入库通知单、订货合同要与供货单位提供的所有凭证逐一核对，相符后才可进行下一步的实物检验。入库商品应具备以下凭证：

（1）入库通知单和订货合同副本，这是仓库接收商品的凭证。

（2）供货单位提供的材质证明书、装箱单、磅码单、发货明细表等。

（3）商品承运单位提供的运单。如果商品在入库前发现残损问题，则要有承运部门提供的货运记录或普通记录，作为向责任方交涉的依据。

3）实物检验

所谓实物检验，就是根据入库单和有关技术资料对实物进行数量和质量检验。首先应明确采取哪一种检验方式，即抽验还是全验，然后进行数量检验和质量检验。

（1）确定检验方式。检验方式分为抽验与全验两种。

① 抽验。批量大、包装规格一致、产品质量稳定、打开包装会影响商品储存和销售的商品，可采用抽验的方法。一般抽验的比例为10%~20%，抽验中发现问题时应提高比例，直至全验。

② 全验。批量小，规格尺寸不一致，价值大，梅雨季节生产的，入库前商品储存时间长，发现有变质、短缺、残损等情况的商品都应全验。

（2）数量检验。数量检验是保证商品数量准确的重要步骤，一般在质量验收之前，由仓库保管职能机构组织进行。

首先，数量检验要确定检验的方式。按商品性质和包装情况，数量检验分为三种形式，即计件、检斤、检尺求积。

①计件是指按件数供货或以件数为计量单位的商品，在数量验收时进行清点件数。一般情况下，计件商品应全部逐一点清。对于固定包装物的小件商品，若包装完好，且打开包装对保管不利，则一般只选择抽验。进口商品的计件按合同或惯例办理。

②检斤是指按重量供货或以重量为计量单位的商品，在数量验收时进行称重。金属材料、某些化工产品多数都采用检斤验收。按理论换算重量供应的商品，如金属材料中的板材、型材等，先要通过检尺，再按规定的换算方法换算成重量验收。对于进口商品，原则上应全部检斤，但如果订货合同规定按理论换算重量交货，则应按合同的规定办理。凡是检斤的商品，都应填写"磅码单"。磅码单的格式见表4-3。

③检尺求积是指对以体积为计量单位的商品，如木材、竹材、砂石等，先检尺再求体积进行的数量验收。凡是经过检尺求积检验的商品，都应填写"磅码单"。

表4-3   磅码单

送货单位：   合同编号：

品名：   规格型号：

序号	重量	序号	重量	序号	重量

司磅员：   日期：

其次，数量检验应确定检验的范围。数量检验的范围可参考以下五种规定：

① 对各种不带包装的（散装）货物的检斤率为100%，不清点件数；有包装的毛检斤率为100%，回皮率为5%~10%，清点件数为100%。

② 各种定尺钢材的检尺率为10%~20%，非定尺钢材的检尺率为100%。

③ 贵重金属材料100%过净重。

④ 对有标量或者标准定量的化工产品，按标量计算，核定总重量。

⑤ 同一包装、大批量、规格整齐的货物，包装严密、符合国家标准且有合格证的货物，可以采取抽验的方式检查数量，抽查率为10%~20%。

最后，数量检验应确定检验的方法。数量检验常用的方法有以下五种：

① 点件复衡法。对按标准重量包装的商品，先清点件数，再过磅验收重量。

② 整车复衡法。对无包装或散装商品装车后整车过磅，进行全部数量的验收。

③ 理论换算法。对定尺的金属材料先进行检尺丈量，再按理论重量换算成验收重量，即上文中提到的检尺求积。

④ 点件查数法。对以件、台、只为计量单位的商品实行逐件、逐台、逐只清点后汇总得出总数量。

⑤ 除皮核实法。对以统一材料、方法包装并标明毛重、皮重和净重的商品，可以按一定比例抽验毛重，核实皮重。未超过允许磅差的，可以抄码、除皮求净验收入库。

需要说明的是，随着越来越多的新设备用于数量检验，验收效率得到了大幅度的提高。

同步训练4-2

数量验收的方式

（1）某供货商于2月16日将一批冷冻猪肉（数量500块，总重量21 856kg）送至某冷藏配送中心。如果你是该配送中心的工作人员，应该采用哪种验收方式进行数量验收？

（2）某供应商委托某运输公司运送一批钢板至某物流中心仓库，对该货物进行数量验收时应采用何种验收方式？

（3）5月20日，某配送中心接到某供应商使用普通货车送来的一批方便面，送货单上的数量为1 000箱，规格为12包/箱（每包128g），单价为2.8元/包，33.6元/箱。该货物进行数量验收时应采用何种验收方式？

（3）质量检验。质量检验就是对货物的一项或多项质量特性进行观察、测量、试验，并将结果与规定的质量要求进行比较，以判断每项质量特性合格与否。质量检验包括外观检验、尺寸精度检验、理化检验三种形式。仓库一般只做外观检验和尺寸精度检验。如果有必要做理化检验，则由仓库技术管理职能机构取样，委托专业检验机构进行。

①外观检验。质量验收主要是指商品外观检验，由仓库保管职能机构组织进行。外观检验是指通过人的感觉器官，如视觉、听觉、触觉、味觉等进行的检验。外观检验包括检验商品的包装外形或装饰有无缺陷；检验商品包装的牢固程度；检验商品有无损伤，如撞击、变形、破碎等；检验商品是否被雨雪浸淋或油污污染等，有无潮湿、霉腐、生虫等。外观有缺陷的商品有时可能影响其质量，所以对外观有严重缺陷的商品要单独存放，防止混杂，等待处理。凡经过外观检验的商品，都应该填写"产品质量检验记录单"（见表4-4）。商品的外观检验只是通过直接观察商品包装或商品外观来判别质量情况，大大简化了仓库的质量验收工作，避免了重复检验，从而节省了大量的人力、物力和时间。

表4-4　　　　　　　　　产品质量检验记录单

产品编号：　　　　　　　产品名称：
产品规格：　　　　　　　产品数量：

序号	抽验项目	抽验数量	合格数	不合格数
1				
2				
3				

检验人：　　　　复核人：　　　　　　日期：

②尺寸精度检验。商品的尺寸精度检验由仓库的技术管理职能机构组织进行。需要进行尺寸精度检验的商品，主要是金属材料中的型材、部分机电产品和少数建筑材料。不同型材的尺寸检验各有特点，如椭圆材主要检验直径和圆度，管材主要检验壁厚和内径，板材主要检验厚度和均匀度等。对部分机电产品的检验，一般邀请用料单位派员进行。尺寸精度检验是一项技术性很强且很费时的工作，全部检验工作量大，

并且有些产品的质量特征只有通过破坏性的检验才能检测到，因此一般采用抽验的方式进行。

③理化检验。理化检验是对商品的内在质量和理化性质进行的检验，一般主要对进口商品进行理化检验。对商品内在质量的检验要求具备一定的技术知识和检验手段，而目前大多数仓库职能机构不具备这些条件，所以一般交由专业的技术检验机构进行。

以上质量检验是商品交货时或入库前必做的验收工作。在某些特殊情况下，还需要进行完工时期的验收和制造时期的验收，即在供货单位完工和正在制造过程中，由采购单位派员到供货单位进行的检验。需要指出的是，即使供货单位检验过的商品，也会因运输条件不良或产品质量不稳定，在入库时发生质量问题，所以交货时或入库前的检验在任何情况下都是必要的。

延伸阅读4-2

食品类商品验收标准

引用标准：《中华人民共和国食品安全法》《预包装食品标签通则》（GB 7718—2011）。

国产食品要求：

◆必须索取的法规文件：

▲厂家营业执照

▲厂家卫生许可证

▲县级以上卫生防疫站出具的卫生评价报告单和卫生检测报告书

◆必须具备的中文标签标识内容：

▲食品名称

▲配料表

▲配料的定量标示

▲净含量和规格

▲生产者、经销者的名称、地址和联系方式

▲日期标示

▲贮存条件

▲食品生产许可证编号

▲产品标准代号

▲其他标示内容（辐照食品、转基因食品、营养标签、质量（品质）等级）

4）验收记录

商品验收后，对商品的型号、规格、数量、质量等都应做好详细的验收记录，给出验收的结论和处理意见，并填写"入库验收单"。入库验收单的格式不尽相同，可参考表4-5。

表 4-5　　　　　　　　　　　　入库验收单

供货单位：　　　　　　　　　　年　月　日　　　　　　　　单号：

编号	商品名称	单位	规格	数量	验收部门	验收人员	验收结果	入库记录	
								入库单位	经办人
							□合格 □不合格		
							□合格 □不合格		
							□合格 □不合格		
							□合格 □不合格		
							□合格 □不合格		
							□合格 □不合格		

验收员：　　　　　　　　　　　　　　审核人：

填制"入库验收单"时要注意以下四点：

（1）正确填写入库产品的供货单位名称，这个单位名称是指与本公司有合同关系的销售方，而不是送货方或生产厂家。

（2）正确填写时间，与货物入库时间吻合。

（3）据实填写商品名称、单位、规格、数量等基本信息。

（4）入库记录要如实填写，要有验收员和审核人的签名。

目前，大多数企业都已采用仓储管理信息系统进行管理，因此只要按系统中的单据格式要求进行录入即可。

【任务实施】

步骤1：在任务4.1的基础上开展验收工作，准备好相应的人员、设备、器具等。

步骤2：核对凭证，入库通知单、订货合同要与供货单位提供的所有凭证逐一核对。

步骤3：实物检验，可选择抽验的方式对该批货物进行检验，采用计件方式进行数量验收。

步骤4：做好验收记录，按验收情况如实填写"入库验收单"。

任务4.2

实施提示

任务4.3　验收异常处理

【任务描述】

在商品验收过程中，可能会发现诸如证件不齐、数量短缺、质量不符合要求等异常情况，凡验收过程中发现问题及等待处理的商品，应该单独存放，妥善保管，防止混杂、丢失、损坏。昌荣物流公司仓储部在对德润食品有限公司的肉松饼干和金锣火

微课4-3

验收异常处理

腿肠验收时，发现有一箱金锣火腿肠的外包装有水渍，请对该异常进行处理，并撰写货物验收报告。

【任务知识】

4.3.1 验收异常情况分类

1）数量不符

数量不符可以分为三种情形：第一种情形，数量短缺在规定磅差范围内的，可按应收数量入账；第二种情形，数量短缺超过规定磅差范围的，应查对核实，做好验收记录并填写磅码单一并交主管部门，由主管部门同供货单位交涉；第三种情形，实际数量多于发货物量的，可由主管部门向供货单位退回多发数或补发货款。

在商品入库验收过程中发生的数量不符情况，其原因可能是供货单位在发货过程中出现了差错，误发了商品，或者是在运输过程中漏装或丢失了商品等。凡属承运部门造成的商品数量短少或外观包装严重残损的，应凭接运提货时索取的货运记录向承运部门索赔。

同步训练 4-3

在商品验收过程中，如何处理数量不符的问题？

2）质量不符

凡质量不符合规定的，应及时向供货单位办理退货、换货交涉，或征得供货单位同意代为修理，或在不影响使用的前提下降价处理。当商品规格不符或错发时，应先将规格相符的，予以入库，再将规格不符的，做好验收记录交给主管部门办理换货。

3）证件不齐

当证件未到或不齐时，应及时向供货单位索取，到库商品应作为待检验商品堆放在待验区，待证件到齐后再进行验收；证件到齐之前，不能验收，不能入库，更不能发货。如果出现入库通知单或其他证件已到，而在规定的时间未见商品到库的情况，则应及时向主管部门反映，以便查询处理。

4）批号（生产日期）及品种混乱

如果在检验时发现产品的批号不一致等问题，则应把有问题的货物分开堆放，及时通知送货方和质检员予以解决，并做好相关记录。待送货方按送货单上的数量补齐货物时，再签收入库。如果送货方无法及时补齐货物，则应在送货单上按实收数量签收，并在备注栏内注明原因。

5）包装破损

包装破损的货物是不允许入库的。如果发现包装破损，则应要求送货方重新更换包装，或根据与送货方的协议，由收货方返工更换包装后入库。

6）二次封箱

二次封箱是指送来的货物经过原厂包装开封后，重新又封口。凡二次封箱的货物必须拒收，或者根据与客户签订的协议处理。货物拒收单的格式见表4-6。

表4-6　　　　　　　　　　　　　　　　货物拒收单

供货单位：　　　　　　　　　　　　　　　　　送货单位：

送货单号	品名及规格	单位	数量	单价	总金额
拒收原因					

仓库主管：　　　　　　　　验收员：　　　　　　　　　　日期：

4.3.2　验收异常情况的处理

针对不同的异常情况，其处理方式虽不完全相同，但总体而言，应做到以下两点：

1）填写入库货物异常报告

当验收过程中发现异常情况时，应填写"入库货物异常报告"。入库货物异常报告的格式见表4-7。

表4-7　　　　　　　　　　　　　　　入库货物异常报告

序号：

货物编号	品名	规格	数量	异常情况

送货人：　　　　　　　　验收人：　　　　　　　　　　日期：

2）按流程处理异常

在验收过程中遇到质量不合格的货物，应按公司对异常情况处理的流程进行处理。例如，仓库工作人员根据公司相关规定进行拍照记录，并通知送货方负责人，以及相关第三方负责人等，共同商定对质量不合格货物的处理办法。如果货物采用统一的标准进行验收，发现问题需要请市场监督管理机构进一步取样检验鉴定，必要时通过市场监督管理机构办理索赔手续。

延伸阅读4-3

货物验收报告样式

采购单位：

供货单位：

发票编号：

货物名称	货物单价	货物数量	总金额	验收结果
工具柜	10.00元	10个	100.00元	缺少层板，共少10块

以上报告是基于双方所签订的合同标准检验的，望供货单位尽快处理。

供货单位（确认）（章）　　　　　　采购单位（确认）（章）

联系人：　　　　　　　　　　　　　联系人：

联系电话：　　　　　　　　　　　　联系电话：

日期：　　　　　　　　　　　　　　日期：

【任务实施】

任务4.3

实施提示

步骤1：熟悉货物验收异常的处理方式。

步骤2：将外包装有水渍的金锣火腿肠放置待验区。

步骤3：拍照记录，并通知送货方负责人和相关第三方负责人等，共同商定对质量不合格货物的处理办法：一是与供货方协商一致，拆除外包装，如果内部货物无损害，则可入库；二是要求退货或换货。

步骤4：撰写货物验收报告。

任务4.4　办理入库手续

【任务描述】

商品检验合格后应办理入库手续，进行登账、立卡、建档，这是商品验收入库的最后环节，也是重要的基础性工作。请将验收合格的60箱肉松饼干和39箱金锣火腿肠办理入库手续。如果这两种商品仓库已有档案，则不需要重新建档；如果企业已实现系统管理，则在WMS中进行商品入库登记。

【任务知识】

4.4.1　登账

商品入库登账，要建立详细反映库存商品进出和结存状况的保管明细账，用以记录库存商品的动态，为对账提供主要依据。

1）登账的规则

（1）登账必须以正式合法的凭证为依据，入库登账的主要凭证是入库单。

（2）一律使用蓝、黑墨水笔登账，用红墨水笔冲账。登账错误时，不得刮擦、挖补、涂抹或用其他药水更改字迹，应在错误处画一条红线，表示注销，再在其上方填写正确的文字或数字，并在更改处加盖更改者的印章，红线划过的字迹必须仍可辨认。

（3）登账应连续、完整，依日期顺序，不能隔行、跳页，账页应依次编号，年末结存后转入新账，旧账页入档妥善保管。

（4）登账时，数字书写位置应占空格的2/3，便于改错。

2）登记要点

（1）登记账卡前首先要认真审查凭证，记好日期、凭证编号，摘要栏应简明扼要，认真填写。

（2）在过次页时，应在账页最后一行的摘要栏内填写"转次页"字样，并依次结出本月收、支、存数，在次页第一行摘要栏内填写"承前页"字样，并记录上页结出的收、支、存数。

（3）可采取专职管理人员负责建立并管理总账或保管员一人一账的方法。不论采取哪种方法，均应做到每天登账，经常查对，保证账账相符、账卡相符、账物相符。

同步训练 4-4

当出现登账错误时，应如何处理？

4.4.2 立卡

货物入库或上架后，将货物名称、规格、数量或出入状态等内容填在物料卡上，称为立卡。物料卡又称货卡、货牌（如图4-1所示），一般插放在货物下方的支架上，或摆放在货垛正面明显位置。发货时应按出库凭证随发随销货卡上的数字，以防事后漏记。货卡可根据物资存放地点的不同，采用不同的样式，通常应标明货物名称、货物编号和仓位。库房内存放的物资，一般使用纸制式或塑料式的货卡；露天存放的物资，为防止货卡丢失或损坏，通常将货卡装在塑料袋中或放在特制的盒子里再挂在垛位上，或者将货卡信息用油漆写在铁牌上再挂在垛位上。

```
货物名称（Name）：_____

货物编号（Number）：_____

仓    位（Place）：_____
```

图4-1 货卡

4.4.3 建档

每种商品都应有一个相应的档案，建立商品档案需要注意以下问题：

1）商品档案应一物一档

（1）商品出厂凭证和技术资料，如商品技术证明、合格证、装箱单、发货明细表等。

（2）商品运输单据，如普通记录或货运记录、公路运输交接单等。

（3）商品验收单据，如入库通知单、验收记录、磅码单、技术检验报告等。

（4）商品入库保管期间的检查、保养、盘点、变动等情况的记录。

（5）库内外温度、湿度记录，以及温度、湿度对商品的影响情况。

（6）商品出库凭证。

2）商品档案应统一编号，妥善保管

商品档案应统一编号，具体保管期限应根据实际情况确定，其中有些资料（如库区气候资料、商品储存保管的试验资料）应长期保留。

延伸阅读 4-4

连锁经营仓储部门日常工作流程

（1）仓管员每天上午根据各店配货清单，对照货号、尺码、数量快速准确配货，认真核对无误后，发货出仓。货品送到各店后，取回各店前日的销售清单。

（2）仓管员要及时到物流公司提货，货物入库要认真核对货号、尺码、数量有无差错。核对无误后认真记录货号及其他明细项目。ERP管理员接到入库清单后，安排打印商标牌，商标牌悬挂完毕，拿一件放在展厅，其余货品分类整齐地摆放到货架上。

（3）仓管员要随时应对各直营店（加盟店）的配货、调货以及公司活动需要的调换货品要求，快速、准确配货，认真核对实物与单据有无出入，核对无误后快速出货（发货）。加盟商补货需要得到财务部同意方可出库、发货。

（4）仓库货品的储存管理。仓管员每天要例行对仓库货品进行整理，保持货品干净、摆放整齐；保持备用品及仓库其他固定资产布局合理，便于使用和管理。

（5）每周一由ERP管理员负责通知各直营店（加盟店）上传上周销售报表，及时入账，月底通知各直营店（加盟店）上传库存表。ERP管理员对各直营店（加盟店）的库存及销售情况进行监控，与其协商，合理建议直营店（加盟店）调整库存。

（6）每周三ERP管理员负责统计各直营店（加盟店）货品的断码及库存情况，最迟周三晚上汇总出结果。每周四仓管员配合ERP管理员对各店进行一次全面的货品调换，合理调整各直营店（加盟店）的库存，减少因断码被动调货的次数。

（7）针对所有非正常出库的货品，仓管员必须让当事人打欠条并在仓库日志上签名，防止在账货品下落不明。

（8）每日由值班人员负责打扫仓库及办公室卫生，负责各直营店（加盟店）当日销售情况的统计工作，以便次日配货。

资料来源　佚名. 从仓管员的工作职责看货架发展［EB/OL］.［2024-02-05］. http：//3y.uu456.com/bp_2xfna4hgle208bi78dnx_2.htm.

【任务实施】

任务 4.4

实施提示

步骤 1：熟悉账簿登账的规则。

步骤 2：对肉松饼干和金锣火腿肠分别进行数量金额明细账的登账。

步骤 3：如果企业已采用WMS，则可在系统入库模块进行货品入库业务处理。

项目回顾

通过对本项目的学习，我们进一步认识到商品验收的重要性，因为它是公司把好"三关（入库、保管、出库）"的第一道关。在验收前，我们还要做好商品接运工作。目前，大型配送中心的货物都是由供货单位负责将货物送到，如沃尔玛配送中心、京东"亚洲一号"仓等，其货物一般都是供应商按照事先预约的时间送达。货物到库后，应立即着手验收工作。要做好验收工作，我们应明确验收工作的具体要求，即及时、准确、严格、经济。

验收工作按照四个作业环节来进行：验收准备、核对凭证、实物检验和验收记录。在验收过程中，我们可能碰到诸如数量不符、质量不符、二次封箱、证件不齐等异常情况，针对这些异常情况，我们要能做到处变不惊，按照公司流程进行异常情况的处理，并做好相关记录。商品验收入库后，还要按照步骤办理入库手续，包括登账、立卡和建档。

课后训练

一、知识检测

（一）不定项选择题

1.下列各项中，属于商品接运方式的有（   ）。

A.专用线接运　　　B.车站、码头提货　　C.自提货　　　　　D.送货到库

2.在商品入库环节中，仓库直接与外部发生经济联系的环节是（   ）。

A.商品接运　　　B.验收准备　　　C.商品检验　　　D.核对凭证

3.商品验收要达到的要求有（   ）。

A.经济　　　　　　　B.简单　　　　　　　C.及时

D.严格　　　　　　　E.准确

4.下列各项中，适合采用全验方式的商品通常具有的特征有（   ）。

A.批量大　　　　　　　　B.包装规格不一致

C.产品质量稳定　　　　　　D.价值大

5.下列各项中，适合采用抽验方式的商品通常具有的特征有（   ）。

A.批量大　　　　　　　　B.包装规格不一致

C.产品质量稳定　　　　　　D.价值小

6.若验收商品为木材，在进行数量检验时，则比较适用的方式是（   ）。

A.计件　　　　B.检斤　　　　C.检尺求积　　　D.不确定

7.下列各项中，属于外观检验方式的有（   ）。

A.视觉检验　　　　　B.听觉检验　　　　　C.触觉检验

D.嗅觉检验　　　　　E.味觉检验

8.（   ）是入库验收的第一道环节，包括相关凭证资料、货位、验收设备和人员的准备。

A.核对凭证   B.单据交接   C.验收准备   D.异常处理

9.货物验收环节不包括（　　　　）。

A.核对凭证   B.实物验收   C.验收准备   D.在库盘点

10.下列各项中，属于质量检验的有（　　　　）。

A.外观检验   B.数量检验   C.理化检验   D.尺寸精度检验

（二）判断题

1.商品接运是入库作业的第一道环节。（　　　）

2.商品检验只是对商品的数量与质量进行检验，不包括对相关凭证的核对。
（　　　）

3.当商品包装规格一致、批量大、质量相对稳定时，可采用抽验方式。（　　　）

4.进口商品一般采用全验方式。（　　　）

5.批量小、价值大、质量不稳定的商品，一般采用全验方式。（　　　）

6.在商品检验的过程中，一旦发现商品数量有差异，应将商品放置在待检区，待与供货单位交涉处理后再进行检验。（　　　）

7.在商品检验的过程中，如果商品的数量差异在允许的磅差范围内，则可按应收数量登记入账。（　　　）

8.由于外观检验只是对商品的外观进行检验，并不能发现商品内在的质量问题，因此在商品检验中可以舍去外观检验。（　　　）

9.商品数量检验有全验与抽验两种形式。（　　　）

10.二次封箱是指送来的货物经过原厂包装开封后，重新又封口。凡二次封箱的货物必须先拒收，再根据不同的情况进行处理。（　　　）

（三）简答题

1.请简述商品检验的要求。

2.请按步骤简述商品检验的四个作业环节。

3.请简述数量检验的方法。

4.如何处理商品检验中出现的异常情况。

二、案例研讨

货物入库，有条不紊

恒远零部件制造公司（以下简称恒远公司）对原材料需求量很大，每年采购金额约4亿元，因此对企业而言库存管理和控制至关重要。

恒远公司在总结多年实践经验的基础上，制定了一套出入库管理制度，取得了很好的效果。恒远公司的入库流程分为以下三个环节：

1.到货接运

到货接运是配件入库的第一步。这一环节的主要任务是及时准确地接收入库配件。恒远公司采用的接运方式是由供货商送货到库。在接运时，工作人员要对照货物运单认真检查，做到交接手续清楚、证件资料齐全，为验收工作创造有利条件，避免将已发生损坏或差错的配件入库，给仓库的验收或保管工作制造难题。

2.验收入库

凡要入库的配件，都必须经过严格的验收。配件验收要按照严格的程序，对配件的数量和质量进行检查，以确认其是否符合订货合同。因此，要求验收工作做到及时、准确，在规定期限内完成。验收为配件的保管和使用提供可靠依据。验收记录是仓库对外提出换货、退货、索赔的重要凭证。验收作业按照验收准备、核对资料、实物检验、验收记录四个步骤开展。

（1）验收准备。收集和熟悉验收凭证及有关订货资料，准备并校验相应的验收工具，准备装卸搬运设备、工具及材料；配备相应的人力；根据配件数量及保管要求，确定存放地点和保管方法等。

（2）核对资料。凡要入库的零配件，都应准备齐全下列资料：入库通知单；供货单位提供的质量证明书、发货明细表、装箱单；承运部门提供的运单及必要的证件。

（3）实物检验。实物检验主要包括对配件的数量和质量两个方面的检验。数量验收是核查配件的名称、规格、型号、件数等是否与入库通知单、运单、发货明细表一致。若需要进行技术检验来确定其质量的，则应通知企业技术检验部门检验。

（4）验收记录。配件验收准确无误后，相关当事人在入库单上签字。若验收时发现配件有问题，则应另行做好记录，并送交有关部门处理。

3. 办理入库手续

验收无误后应办理入库手续，即登账、立卡、建档，并妥善保管配件的各种证件、账单资料。

（1）登账。仓库对不同规格和级别的配件应分别建立收、发、存明细账，这是及时、准确地反映配件储存动态的基础资料。登账时，必须以正式的收发凭证为依据。

（2）立卡。物料卡是一种活动的实物标签，它可以反映库存配件的名称、规格、型号、级别、储备定额和实存数量，一般直接挂在货位上。

（3）建档。历年的技术资料及出库资料应存入档案，以备查阅。档案应一物一档，统一编号，方便查找。

结合以上案例，讨论下列问题：

1. 简述恒远公司的入库作业流程。

2. 物料卡在仓储管理中发挥着重要的作用，不同形式的物料卡产生的效果会有所不同，请你设计一张简单实用的物料卡。

三、实战训练

1. 实战技能点

货物验收业务处理、验收异常处理。

2. 实战任务

（1）货物验收业务处理

①宏运贸易公司使用自有货车将一批方便面送至昌荣配送中心，但是昌荣配送中心没有收到该批产品的送货单、产品合格证。作为昌荣配送中心的收货员，你应怎样处理这批货物？

②某供应商将一车食品送至昌荣配送中心，送货单上标明雪饼 50 箱，规格为20 袋/箱（每袋 500g），单价 22 元/袋，440 元/箱；米饼 80 箱，规格为 20 袋/箱（每袋 500g），单价 32 元/袋，640 元/箱。收货时，发现 4 箱雪饼外包装有破损和 3 箱米

饼外包装有水渍。作为昌荣配送中心的收货员，你应怎样处理这批有问题的货物？

③某牛奶公司于5月30日将一批酸奶送至昌荣配送中心，送货单上的数量为500件，规格为24盒/件（每盒250ml），单价2元/盒，48元/件，生产日期是4月16日，保质期为21天。作为收货员，你能不能接收这批货物？为什么？

④请判断下列关于商品验收入库时发生问题的处理是否正确。如果不正确，请你指出其错误的地方，并加以纠正。

A.一批木材到库，但仓管员未收到入库通知单，于是将该批木材安置在待验区。

B.在质量检查时，发现12箱鸡蛋中变质的鸡蛋占到了一半，于是将鸡蛋放在待处理区，通知供货商，并与供货商协商解决。

C.在质量检查时，发现100台惠普笔记本的型号出错，到库的是比入库通知单上标明的型号价格更贵的最新型号，仓管员将其验收入库。

D.1 000双优质皮鞋约定在下午3点到库，却没有准时运到，仓管员打电话联系供货单位，询问原因并催促产品到库。

（2）验收异常处理

2024年1月16日，昌荣配送中心入库两批货物，分别为东北大米10 000kg，规格为25kg/袋，共计400袋；遥控玩具车20辆。

东北大米和遥控玩具车的入库通知单分别见表4-8、表4-9。

表4-8　　　　　　　　　　　　　　　　　入库通知单（1）

单号：240120　　　　　　　　　　　　　到货时间：2024年1月16日

供货单位：五常金灿灿大米有限公司　　　收货单位：昌荣10号大仓

货物编号	货物名称	规格型号	单位	计划数量	单价	金额	备注
8030308	东北大米	金膳道大米	kg	10 000	4.00元	40 000.00元	

会计员：　　　　　　仓库主管：　　　　　　保管员：　　　　　　采购员：

表4-9　　　　　　　　　　　　　　　　　入库通知单（2）

单号：240121　　　　　　　　　　　　　到货时间：2024年1月16日

供货单位：熊宝宝有限责任公司　　　　　收货单位：昌荣8号大仓

货物编号	货物名称	规格型号	单位	计划数量	单价	金额	备注
6030102	遥控玩具车	S05	辆	20	300.00元	6 000.00元	德国进口

会计员：　　　　　　仓库主管：　　　　　　保管员：　　　　　　采购员：

请完成以下任务：

①要对这两批货物（东北大米和遥控玩具车）进行实物验收，应从哪些方面着手？

②这两批货物分别适合采用哪种数量验收方式？

③验收时，发现遥控玩具车的订货合同副本不见了，而其他证件齐全，应怎么处理？

④东北大米的所有证件都已齐全，要求上午9点到库，可是到了下午仍没有送到，应如何处理？

⑤数量检验时，发现抽验的东北大米实际重量为420kg（抽验总量的5%，即500kg），每袋平均只有24kg，超过了允许的磅差范围，应如何处理？

项目5 理货作业

【知识目标】

1. 明确装卸搬运的含义；
2. 明确装卸搬运合理化的重要性；
3. 明确堆码的含义；
4. 明确"五距"的内涵；
5. 掌握常用的堆码方法；
6. 掌握常用的组托方法；
7. 掌握苫盖的方法。

【能力目标】

1. 能设计合理的装卸搬运工艺；
2. 能开展堆码作业；
3. 能开展组托作业；
4. 能开展苫盖作业。

【素养目标】

1. 树立安全作业的职业意识；
2. 培养爱岗敬业的职业精神；
3. 培养吃苦耐劳的职业素养。

任务 5.1　装卸搬运作业

【任务描述】

昌荣物流公司于 3 月 21 日收到德润食品有限公司 60 箱肉松饼干和 40 箱金锣火腿肠，现需要将验收合格的 60 箱肉松饼干和 39 箱金锣火腿肠入库至昌荣 5 号仓，5 号仓为托盘式货架。

要求：请选择合适的装卸搬运设备，根据操作步骤，在有实训条件的情况下进行实操。

【任务知识】

5.1.1　装卸搬运概述

微课 5-1

装卸搬运作业

《物流术语》（GB/T 18354—2021）对装卸和搬运的定义：装卸（loading and unloading）是指在运输工具间或运输工具与存放场地（仓库）间，以人力或机械方式对物品进行载上载入或卸下卸出的作业过程。搬运（handling）是在同一场所内，以人力或机械方式对物品进行空间移动的作业过程。装卸搬运作业是物流的主要环节之一，它贯穿于物流活动的全过程，是物流各项活动中出现频率最高的一项作业活动，其中仓储作业环节穿插着大量的装卸搬运作业。

在同一地域范围内（如车站范围、工厂范围、仓库内部等）以改变"物"的存放、支撑状态的活动称为装卸，以改变"物"的空间位置的活动称为搬运，二者全称为装卸搬运。在特定场合，单称"装卸"或单称"搬运"也包含"装卸搬运"的完整含义。在习惯使用中，物流领域（如铁路运输）常将装卸搬运这一整体活动称为"货物装卸"；在生产领域中，常将这一整体活动称为"物料搬运"。装卸搬运具有以下特点：

1）伴生性

装卸搬运是物流活动开始及结束时必然发生的活动，但常常伴随其他物流活动的发生而发生，因而有时被人忽视。仓库作业中的入库、在库和出库作业，含有大量的装卸搬运活动。

2）保障性

装卸搬运对其他物流活动的有效性具有一定的决定性作用，或者说装卸搬运是其他物流活动顺利开展的主要保障，装卸搬运会影响其他物流活动的质量和速度。例如，装车不当，会引起运输过程中的损失；卸放不当，会造成货物转换成下一步运动的困难。许多物流活动只有在有效的装卸搬运的支持下，才能提高自身效率。

3）衔接性

在任何其他物流活动互相过渡时，都是以装卸搬运来衔接的，装卸搬运是物流各功能之间能否形成有机联系和紧密衔接的关键，而这又是一个系统的关键。建立一个有效的物流系统，关键看这一衔接是否有效。

5.1.2　装卸搬运的类型

1）人力装卸搬运

人力搬运又可分为人力负重搬运和人力设备搬运两种。

（1）人力负重搬运。人力负重能力小、人体容易受伤害、作业不稳定、计量不准、持续时间极短，因而效率低、容易产生差损，正常的作业安排不应依赖人力负重搬运。人力负重搬运只适合堆码、拆码、上架、装拆箱、打码成组等作业，或者应急作业。

（2）人力设备搬运。人力设备搬运是指在用人力搬运时配备相应的搬运设备，如手推车、人力拖车、手动提升机等。采用人力设备搬运应注意控制搬运距离，不能进行长距离搬运；每次搬运负荷控制在适当的范围内，如手推车不得超过500kg；搬运线路的地面应保证平坦，避免在坡度大的场地进行。

2）叉车装卸搬运

叉车装卸搬运是仓库近距离搬运的主要方法，现代仓储中心的大多数作业都由叉车来完成，直接利用叉车的水平移动能力进行搬运。叉车装卸搬运包括直接对大型货物搬运和利用货板、托盘搬运。由于叉车具有提升能力，能够直接进行装卸、搬运、堆码、上架等作业，因此在仓库作业中得到广泛运用。但叉车装卸搬运也存在作业不稳定、容易发生货物滑落等问题，尤其是在地面不平坦及转弯作业时更不稳定，因此在进行叉车作业时应特别关注稳定性，减少出现货物滑落等现象。

3）拖车装卸搬运

利用机动拖车和平板车相结合的搬运，一般适合较远距离、地面不平坦的场地搬运。拖车搬运量较大，可适用于多数商品，包括集装箱的搬运。但拖车搬运需要装卸车作业，只有在两端直接装卸作业时才有效率。

4）输送带装卸搬运

利用输送带将货物从装卸场传输到仓库的搬运方法，可以实现不间断搬运，是效率较高的搬运方式，且搬运质量最佳。输送带是自动化仓库的重要设备，现代化的大型配送中心大量采用输送带实现货物的搬运。

5.1.3　包装储运标志

货物的外包装往往都会有相应的标志，这些标志对搬运作业起着提示作用。《包装储运图示标志》（GB/T 191—2008）列示的包装储运标志名称及含义见表5-1。

微课5-2

包装储运
标志

表5-1　　　　　　　　　　　　　包装储运标志名称及含义

序号	标志名称	标志	含义	序号	标志名称	标志	含义
1	易碎物品	易碎物品	表明运输包装件内装易碎物品，搬运时应小心轻放	2	禁用手钩	禁用手钩	表明搬运运输包装件时禁用手钩

序号	标志名称	标志	含义	序号	标志名称	标志	含义
3	向上	向上	表明该运输包装件在运输时应竖直向上	4	怕晒	怕晒	表明该运输包装件不能直接照晒
5	怕辐射	怕辐射	表明该物品一旦受辐射会变质或损坏	6	怕雨	怕雨	表明该运输包装件怕雨淋
7	重心	重心	表明该包装件的重心位置便于起吊	8	禁止滚翻	禁止翻滚	表明搬运时不能翻滚该运输包装件
9	此面禁用手推车	此面禁用手推车	表明搬运货物时此面禁止放在手推车上	10	禁用叉车	禁用叉车	表明不能用升降叉车搬运的包装件
11	由此夹起	由此夹起	表明搬运货物时可用夹持的面	12	此处不能卡夹	此处不能卡夹	表明搬运货物时不能用夹持的面
13	堆码质量极限	堆码质量极限	表明该运输包装件所能承受的最大质量极限	14	堆码层数极限	堆码层数极限	表明可堆码相同运输包装件的最大层数

序号	标志名称	标志	含义	序号	标志名称	标志	含义
15	禁止堆码	禁止堆码	表明该包装件只能单层放置	16	由此吊起	由此吊起	表明起吊货物时挂绳索的位置
17	温度极限	温度极限	表明该运输包装件应该保持的温度范围				

5.1.4　装卸搬运合理化

搬运作业消耗了大量的人力和时间,因此在物流作业过程中应让搬运作业合理化,提高物流效率。

1) 防止和消除无效作业

所谓无效作业,是指在装卸搬运作业中超出必要的装卸搬运量的作业。为了防止和消除无效作业,可以从以下五个方面入手:

(1) 提高被装卸物品的纯度。物品的纯度是指物品中含有水分、杂质与物品本身使用无关的物质的多少。物品纯度越高,装卸搬运作业的有效程度就越高。所以,应尽量只装卸搬运必要的货物,如去除杂质后再装卸搬运。

(2) 尽量减少装卸次数。物品在整个物流过程中往往要经过多次的装卸作业,要使装卸次数降到最低,尤其要避免没有物流效果的装卸作业次数。

(3) 包装要适宜。包装的轻型化、简单化、实用化会不同程度地减少作用于包装的无效劳动,因此要避免过度包装。

(4) 减少装卸搬运的距离。物品在装卸搬运中,要实现水平和垂直两个方向的位移,选择最短的路线完成这一活动,就可避免这一最短路线以外的无效劳动。

(5) 提高装载率。充分发挥装卸搬运机械设备的能力和装载空间,中空的物件可以填装其他小物品再进行搬运,以提高装载率。

2) 提高物品的装卸搬运活性

货物平时存放的状态是各种各样的,可以是散放在地上,也可以是装箱存放在地上,或放在托盘上等。由于货物存放的状态不同,其装卸搬运的难易程度也不一样。人们把货物从静止状态转变为装卸搬运运动状态的难易程度称为装卸搬运活性。如果很容易转变为下一步的装卸搬运而无需过多装卸搬运前的准备工作,则活性高;反之,则活性低。在装卸搬运整个过程中,往往需要几次装卸搬运作业,为使每一步装卸搬运都能按移动活性要求操作,对不同放置状态的货物进行了不同的活性规定,这就是活性指数。通常活性指数分为五个等级，见表5-2。

表5-2 不同放置状态的活性指数

放置状态	需要进行的作业				活性指数
	整理	架箱	提起	拖运	
散放地上	需要	需要	需要	需要	0
置于一般容器	0	需要	需要	需要	1
集装化	0	0	需要	需要	2
无动力车	0	0	0	需要	3
动力车辆或传送带	0	0	0	0	4

　　散放在地上的货物要运走，需要经过集中（装箱）、搬起（支垫）、装车、运走四次作业，作业次数最多，最不容易进行装卸搬运。也就是说，它的活性水平最低，规定其活性指数为0。集装在箱中的货物，只要进行后三次作业就可以运走，装卸搬运作业相对方便，活性水平高一等级，规定其活性指数为1。依此类推，货物处于装箱后放在托盘或其他支垫上的状态，规定其活性指数为2；货物装在无动力车上，规定其活性指数为3；处于运动状态的货物，因为不需要进行其他作业就能运走，所以其活性指数最高，为4。在装卸搬运作业工艺方案设计中，应充分应用活性理论，合理设计作业工序，不断改善装卸搬运作业，以达到作业合理化。

同步训练 5-1

活性指数

在表5-3中写出货物在不同放置状态下的活性指数。

表5-3 不同放置状态下货物的活性指数

货物放置状态	活性指数
放置于纸箱中的衣服	
4箱放在托盘上的衣服	
50箱已装在货车上的衣服	

3）充分利用重力和消除重力影响，进行少消耗的装卸搬运

　　装卸搬运使物体发生垂直和水平位移，必须通过做功才能完成。由于目前我国的装卸搬运机械化水平还不高，一些装卸搬运作业尚需人工完成，劳动强度大，因此在有条件的情况下，可利用货物的重量，进行有一定落差的装卸搬运。例如，可将设有动力的小型运输带斜放在货车上，依靠货物本身重量进行装卸搬运，使货物在倾斜的输送带上移动，这样就能减轻劳动强度和能量的消耗。

在装卸搬运时，尽量消除或削弱重力的影响，也会获得减轻体力劳动及其他劳动消耗的可能性。例如，重力式货架就是利用重力进行省力化装卸的方式之一。这种重力式货架，因每层均有一定的倾斜度，利用货箱或托盘可将货物沿着倾斜的货架层板滑到输送机械上。为了尽可能减少物品滑行的阻力，通常将货架表面处理得十分光滑，或者在货架层上装上滚轮。

4) 合理利用装卸搬运机械设备

目前，装卸搬运机械设备大多在物品超重、搬运量大、人力难以操作等情况下使用。今后的发展方向是，即使在人可以操作的场合，也应将人力操作转由机械设备来实现。为了提高设备的安全性和使用效率，应做好以下方面的工作：

（1）加强对操作人员的技术训练和考核。必须对操作人员进行技术训练和考核，使他们会使用、保养设备，会排除故障，并且要熟悉设备的性能。

（2）合理安排设备的工作负荷。在安排设备工作量时，要根据设备自身的技术操作要求和物流任务量，经科学计算后合理确定。既要充分发挥其效用，又要防止设备的过度疲劳和磨损，更不允许超负荷运行。

延伸阅读5-1

搬运自动化AGV小车

当前最常见的应用有AGV（Automated Guided Vehicle）搬运机器人或AGV小车，其主要功能为自动物流搬运。AGV搬运机器人通过特殊地标导航自动将物品运输至指定地点，最常见的引导方式为磁条引导、激光引导、RFID引导等。磁条引导是常用的也是成本最低的方式，但是站点设置有一定的局限性，并对场地装修风格有一定的影响；激光引导成本最高，对场地要求也比较高，所以较少采用；RFID引导成本适中，其优点是引导精度高，站点设置更方便，可满足复杂的站点布局，对场所整体装修环境无影响，且RFID引导的安全性、稳定性也较高。

AGV应用领域非常广泛，在仓储方面的应用最为充分。京东、苏宁等企业的智能仓运用拣货机器人、分拣机器人开展货物的分拣工作，大大提高了拣货效率。

资料来源 作者根据相关资料整理所得。

5) 保持物流的均衡顺畅

货物的处理量波动大时会使搬运作业变得困难，但是搬运作业受运输等其他环节的制约，其节奏不能完全自主决定，必须综合各方面的因素妥善安排，使物流量尽量均衡，避免忙闲不均的现象。

6) 合理选择装卸搬运方式，不断改善作业方法

在装卸搬运过程中，必须根据货物的种类、性质、形状、重量来合理确定装卸搬运方式，合理分解装卸搬运活动，并采用现代化管理方法和手段，改善作业方法，实现装卸搬运的高效化和合理化。

7) 推进集装单元化

将货物集中一定数量，使之形成一个单元，利用机械进行装卸，进而形成输送、

保管的集装单元化，是提高装卸搬运效率的有效方式。

5.1.5 装卸搬运工艺设计

装卸搬运工艺设计是指对一次或者同一种类型的装卸作业过程的设备、人员、线路的计划安排，这种安排包括数量和操作方法的确定。装卸组织是指装卸工艺设计和工艺实施的过程，良好的工艺设计是仓库作业高效率、有秩序、充分利用生产资源的保证，也是降低作业成本、防止作业事故的经济管理和安全管理的条件。

1）装卸搬运工艺设计的要求

（1）质量方面。及时完成作业任务，保证安全生产，保证商品质量，减轻工人劳动强度。

（2）数量方面。提高作业效率，节约劳动力，降低作业成本，缩短作业时间，充分利用仓储资源。

（3）时间方面。良好的工艺设计应满足整个仓库作业紧凑、设备利用率高的要求，不出现待时、待工现象，作业不间断，车辆停库时间短等。

2）装卸搬运工艺设计的内容

（1）选择合适的搬运方法。采取不同的搬运方法，将直接影响搬运作业的质量、效果、安全和效率。具体的搬运方法见表5-4。

表5-4　　　　　　　　　　　　　　　搬运方法

序号	分类标准	搬运方法
1	按作业对象	（1）单件作业法，即逐个、逐件地进行搬运和装卸，主要是针对庞大、笨重的物品 （2）集装单元作业法，即对一个集装单元，如一个托盘进行搬运 （3）散装作业法，即对无包装的材料（如水泥、砂石、钢筋等）直接进行装卸和搬运
2	按作业手段	（1）人工作业法，即主要靠人力进行作业，也包括使用简单的器具和工具，如扁担、绳索等 （2）机械作业法，即借助机械设备来完成物品的搬运。这里的机械设备不仅包括简单的器具，还包括性能比较优越的器具，如叉车、手动托盘搬运车（地牛）等 （3）自动作业法，即在计算机的控制下完成物品的搬运，如辊式输送带等
3	按作业原理	（1）滑动法，即利用物品的自重而产生的下滑移动，如滑桥、滑槽等 （2）牵引力法，即利用外部牵引力的驱动作用使物品发生移动，如吊车等 （3）气压输送法，即利用压强产生的作用力进行物品的输送
4	按作业连续性	（1）间歇作业法，即搬运作业按一定的节奏停顿、循环，如起重机、叉车等 （2）连续作业法，即搬运作业不间断地进行，如传送带等
5	按作业方向	（1）水平作业法，即以实现物品产生搬运距离为目的的搬运方法 （2）垂直作业法，即以实现物品产生搬运高度为目的的搬运方法，如把物品从一楼搬运到二楼

（2）确定作业人数。目前，我国的仓储企业自动化、机械化程度还较低，绝大部

分还是以人工操作为主，因此装卸搬运活动中人员的安排是其工艺组织的重要方面。仓库作业的人力工种包括设备操作人员、辅助设备作业人员、打码作业人员和人力装卸搬运作业人员。

① 设备操作人员。设备操作人员与设备为一体，根据设备操作的需要确定人员。当然可以采用换班的停工不停机的方式运行设备，这就需要相应的多组操作人员。设备操作人员必须具有操作设备的资格。

② 辅助设备作业人员。根据设备作业的需要，辅助设备作业人员对设备进行挂钩、脱钩、扶持、定位等人力作业，人数因不同设备有不同要求，但基本稳定地与设备配套。

③ 打码作业人员。打码作业是为设备作业服务的人力作业，一般一个打码组由3~5名工人组成，一个作业点安排一个打码组。作业效率很高的龙门吊等作业点可以安排2~3个打码组。

④ 人力装卸搬运作业人员。人力装卸搬运是需要较多工人的人力作业，作业效率极低，只有在特殊环境下，如偶尔的作业、设备损坏时的应急、冷库内的作业等，才使用这种方式，其他作业尽可能采用机械作业。

人力作业所需人数=作业总量×作业时间÷每人每小时作业量

（3）设计作业线路。装卸搬运作业往往由若干道工序组成，为提高装卸搬运效率、减少重复装卸搬运次数，必须组织好装卸搬运作业各工序间的衔接，确定合理的搬运线路，以达到一次性作业的要求。作业线路应满足以下条件：

① 应该尽可能使作业线路最短；

② 选择的作业线路应能保证搬运设备通畅运行、道路平坦；

③ 作业线路尽可能避免大幅度、大角度转向；

④ 同时进行的不同作业的作业线路不交叉，都保持同一方向运行；

⑤ 作业线路不穿越其他正在进行的作业现场。

（4）设定作业时间。在工艺组织中，利用各环节作业的不同速度、不同作业能力以及一些必要的等待时间，妥善组织、重叠、交错和合成，使整体作业不间断。通过对整个仓库的作业进行系统化安排，使整体资源充分利用，或者使整体作业时间最少，减少车辆等运输工具的停留时间。

（5）合理选择设备。各种作业设备都具有各自的作业特性和作业能力，合理使用设备不仅能发挥其最佳的功用，还能保证作业安全。各作业设备之间的合理配合也是设备使用的重要考虑因素，只有严密地配合，才能保证作业的顺畅以及发挥每一个设备的作用。设备的选用应遵循以下原则：

① 使用标准化的设备；

② 设备功能与商品特性、搬运要求匹配；

③ 搬运设备的载重量最接近被搬运商品的重量；

④ 使用适合作业场地作业的设备。

【任务实施】

步骤1：分析该批货物的特点及入库储存方式，该批货物入库至托盘货架，主要

任务 5.1

实施提示

以托盘为储存单位。因此，该批货物入库主要的设备有手动托盘搬运车（地牛）或电动托盘搬运车、电动托盘堆高车等。

步骤 2：根据任务，需要用手动托盘搬运车（地牛）或电动托盘搬运车将货物搬运至 5 号仓货架，说明手动托盘搬运车（地牛）或电动托盘搬运车的操作步骤。

步骤 3：根据任务，需要用电动托盘堆高车将托盘放置相应的储位，说明电动托盘堆高车的操作步骤。

任务 5.2　堆码作业

【任务描述】

昌荣物流公司于 3 月 22 日收到一批木箱装的罐头食品 360 箱，验收合格，计划入库至平堆库。货物的外包装尺寸为 500mm×500mm×250mm。每箱毛重为 50kg，箱上标识表示最多允许堆放 10 层高，地坪承载能力为 5t/㎡，仓库可用高度为 5.2m，可用宽度为 6m。该批货物按重叠堆码方式就地码放为平台式货垛，请计算出该货垛的垛长、垛宽、垛高。

【任务知识】

5.2.1　垫垛概述

《物流术语》（GB/T 18354—2021）中对堆码的定义：堆码（stacking）是将物品整齐、规则地摆放成货垛的作业。也就是说，根据商品的包装外形、重量、数量、性能和特点，结合地坪负荷、储存时间，将商品分别堆成各种垛形。合理堆码有利于确保商品完好、提高仓容利用率、安全而快速地作业。

垫垛是指在物品码垛前，在预定的货位地面位置，使用衬垫材料进行铺垫。常见的衬垫物有废钢轨、钢板、枕木、木板、水泥墩、垫石、货板架、油毡、帆布、芦席、塑料薄膜等。

1）垫垛的目的

垫垛是仓储保管作业中不可缺少的一个环节，通过将货垛底部货物与地面垫隔并垫高，可隔离地面潮湿，便于通风透气，避免潮气侵入货物而使其受损，提高储存货物的保管养护质量。具体而言，垫垛的作用可以归纳为以下六个方面：

（1）使地面平整。

（2）使堆码物品与地面隔离，防止地面潮气和积水浸湿物品。

（3）通过强度较大的衬垫物使重物的压力分散，避免损害地坪。

（4）使地面杂物、尘土与物品隔离。

（5）形成垛底通风层，有利于货垛通风排湿。

（6）使物品的泄漏物留存在衬垫之内，防止流动扩散，以便收集和处理。

2）垫垛的基本要求

（1）所选衬垫物不会影响库存商品的品质，具有足够的抗压强度。

（2）堆场在使用前，必须平整夯实，衬垫物要铺平放正，保持同一方向。

（3）衬垫物不能露在货垛外面，以防遇水顺着衬垫物内流浸湿商品。

（4）垫底高度应视商品特性、气候条件、库场地理位置等具体情况而定，如无通风要求的商品存放在地面干燥的库房内，可在垛底铺层油毡或帆布。

（5）衬垫物要有足够的高度。一般情况下，库房内衬垫物高度为0.2m，货棚内堆码场地的地坪应高于棚外场地，并做到平整、坚实。堆码时，货垛一般应垫高0.2~0.4m。露天堆场的货垛应高于四周地面，货垛应垫高约0.4m。

3）垫垛方法

常用的垫垛方法主要有码架式、垫木式、防潮纸式三种。

（1）码架式。码架是以垫木为脚，上面钉着木条或木板的构架，专门用于垫垛。采用若干个码架，拼成所需货垛底面积的大小和形状，以备堆码。码架的规格有多种，一般为长度2m、宽度1m。不同储存条件所需的码架高度不同：楼上库房使用的码架高度，一般为0.1m；平库房使用的码架高度，一般为0.2m；货棚、货场使用的码架高度，一般为0.3~0.5m。

（2）垫木式。采用规格相同的若干根枕木或垫石，按货位的大小、形状排列作为垛垫。枕木或垫石一般都为长方体，其宽和高相等，约为0.2m，枕木较长，为2m左右，垫石则较短，为0.3m左右。这种方法的最大优点是拼拆方便，节省储存空间，适合底层库房及货棚、货场垫垛。

（3）防潮纸式。在垛底铺上一张防潮纸作为垛垫，常用芦席、油毡、塑料薄膜等防潮纸。当库房地面干燥，对货物的通风要求又不高时，可在垛底垫一层防潮纸防潮。

此外，当采用货架或自动化立体仓库的高层货架存货时，货垛下面可以不用垫垛。

4）衬垫物数量的确定

衬垫物的使用量除考虑将压强分散为仓库地坪载荷的限度之内外，还需要考虑衬垫物材料消耗所产生的成本。因此，需要确定使压强小于地坪载荷的最少衬垫物数量。

$$衬垫物数量（n）=\frac{物品重量(Q_m)}{衬垫物面积(S)\times 仓库地坪承载能力(q)-衬垫物自重(Q_自)}$$

【例5-1】某仓库内要存放一台自重为30t的设备，该设备底架为2m×0.2m的钢架，该仓库库场单位面积技术定额为3t/m²。若衬垫物的规格为2m×1.5m，自重为0.5t，则需要多少块钢板衬垫。

解：衬垫物数量=$\frac{30}{2\times 1.5\times 3-0.5}\approx 3.53$（块）

因此，需要4块钢板衬垫。

5.2.2 堆码的原则

堆码是仓库作业中的重要内容，堆码合理可以节省空间占用，有利于更好地保管货品等。在开始堆码作业前要明确堆码的要求。

1）合理化

不同商品的性质、规格、尺寸不尽相同，应采用各种不同的垛形。不同品种、产地、等级、单价的商品，应分别堆码，以便收发和保管。货垛的高度要适度，不可压坏底层的商品和地坪，与屋顶、照明灯保持一定距离；货垛的间距，过道的宽度，货垛与墙面、梁柱的距离等都要合理、适度。

2）方便化

货垛行数、层数力求成整数，每垛商品可按5或5的倍数存放，便于清点、收发作业。若过秤货品不成整数时，应分层标注重量。垛形、垛位应便于装卸搬运。

3）整齐化

货垛应按一定的规格、尺寸叠放，排列整齐、规范。所有货品应面向通道，即货品的货位应有一面与通道相连，以便能对货品进行直接作业。货垛以及存放货品的正面（指标注主标志的一面）应面向通道，以便查看货品。

4）节约化

堆码时应注意节省空间位置，适当、合理安排货位的使用，提高仓容利用率。

5）"五距"标准化

"五距"是指顶距、灯距、墙距、柱距和堆距。商品堆码要做到货垛之间，货垛与墙、柱之间保持一定距离，留有适宜的通道，以便商品的搬运、检查和养护。

（1）顶距。顶距是指货垛的顶部与仓库屋顶平面之间的距离。留顶距主要是为了通风，顶距应在50cm以上为宜；人字形屋顶，货垛顶面以不超过横梁为准。

（2）灯距。灯距是指仓库里的照明灯与商品之间的距离。商品与灯的距离一般不应小于50cm，以防止照明灯过于接近商品时产生热量导致火灾。

（3）墙距。墙距是指货垛与墙面之间的距离，墙距又分外墙距与内墙距。一般外墙距为50cm左右，内墙距为30cm左右，以便通风、散潮和防火。一旦发生火灾，可供消防人员出入。

（4）柱距。柱距是指货垛与屋柱之间的距离。留柱距是为了防止商品受潮和保护柱脚，以免损坏建筑物，一般留10~20cm。

（5）堆距。堆距是指货垛与货垛之间的距离。留堆距是便于通风和检查商品，一旦发生火灾，还便于抢救、疏散物资。一般留50~80cm的堆距。

另外，仓库的主要通道为2.5~3m，若涉及叉车叉运，则通道一般设计为4~5m。

延伸阅读5-2

货品堆码标准管理

（1）码包要求：成品正面朝上、缝口朝右、四角平整、线头下垂要在一条直线上，保证整体规范美观。

（2）成品码放高度标准：20kg成品包装按15包高度码放，40kg浓缩料按15包高度码放，50kg包装按13包高度码放。

（3）码包出现歪包、倒包，当事人必须负责返工重新码放。

（4）进入成品仓库的成品缝包线要直，不能有缝双线、跳针等现象。要求：缝线距袋口 3~5cm；线头应保留 5~7cm。

（5）成品入库数据必须登记准确、及时，当产品生产完后由保管员监督入库。成品入库时，生产班组必须与成品保管员对生产完的每一批料进行工作交接，并及时办理包装物的领、退手续，交接双方必须接受包装保管员的监督，交接单无监督人签字无效。

资料来源　佚名. 成品入库、堆码标准管理规定［EB/OL］.［2023-07-25］. https：//wenku. baidu.com/view/0975ad3731126edb6f1a1087.html.

微课 5-3

货垛垛形

5.2.3　堆码的设计

1）垛形设计

垛形是指仓库场地码放的货物外部轮廓形状。按垛底的平面形状，可分为矩形、正方形、三角形、圆形、环形等。按货垛立面的形状，可分为矩形、正方形、三角形、梯形、半圆形，还可以组成矩形-三角形、矩形-梯形等复合形状（如图5-1所示）。

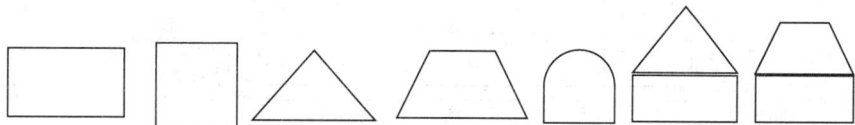

图5-1　垛形平面图

矩形垛、正方形垛易于堆码，盘点计数方便、库容整齐，能充分利用仓库空间，但稳定性较差。梯形垛、三角形垛、半圆形垛的稳定性好、易苫盖、排水性能好，但不易堆码，不便于计数，不能充分利用仓库空间。矩形-三角形、矩形-梯形等复合形货垛恰好兼有二者的优点，多用于露天存货的堆码。垛形的确定应考虑商品的特性及保管的需要，并遵循实施作业方便、迅速和充分利用仓容的原则。仓库常用的垛形有平台垛、起脊垛、行列垛、立体梯形垛、井形垛、梅花形垛等。

（1）平台垛。平台垛是指先在底层以同一个方向平铺摆放一层货物，然后垂直继续向上堆积，每层货物的件数、方向相同，垛顶呈平面，垛形呈长方体（如图5-2所示）。实际操作中并不都是采用层层加码的方式，往往是从一端开始，逐步后移。平台垛适合同一包装规格、能够垂直叠放的方形箱装货物、大袋货物、规则的成组货物、托盘成组货物等。平台垛可用于仓库内和无须遮盖的堆场存放的货物码垛。

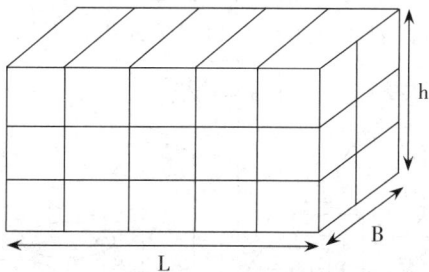

图5-2　平台垛示意图

平台垛具有整齐、便于清点、占地面积小、方便堆码操作的优点。但该垛形的稳定性较差，特别是硬包装、小包装的货物可能存在货垛端头倒塌的危险，所以在必要时，如太高、长期堆存、端头位于主要通道等情况下要在两端采取一定的加固措施。

对于堆放很高的轻质货物，往往在堆码到一定高度后，向内收半件货物后再向上堆码，从而使货垛更加稳固。

标准平台垛的货物件数为：A=L×B×h

式中：A为总件数；L为长度方向件数；B为宽度方向件数；h为层数。

（2）起脊垛。先按平台垛的方法码垛到一定的高度，以卡缝的方式将每层逐渐缩小，最后使顶部形成屋脊形（如图5-3所示）。起脊垛是堆场场地堆货的主要垛形，货垛表面的防雨遮盖从中间起向下倾斜，方便排泄雨水，防止水湿货物。有些仓库由于陈旧或建筑简陋有漏水现象，仓内的怕水货物也应采用起脊垛堆码并遮盖。

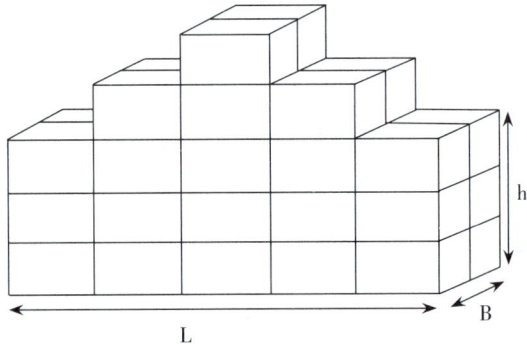

图5-3　起脊垛示意图

起脊垛是为了适应遮盖、排水需要对平台垛的变形，因此具有平台垛操作方便、占地面积小的优点，适用平台垛的货物同样适用起脊垛堆码。但是，由于起脊垛顶部压缝缩小以及形状不规则，造成清点货物不便，顶部货物的清点需要在堆码前以其他方式进行。另外，由于起脊的高度使货垛中间的压力大于两边，因此采用起脊垛时库场使用定额要以脊顶的高度来确定，以免中间底层货物或库场被压坏。

起脊垛的货物件数为：A=L×B×h+起脊件数

式中：A为总件数；L为长度方向件数；B为宽度方向件数；h为未起脊层数。

（3）行列垛。行列垛是指将每批货物按行或列的方式进行摆放，每行或每列为一层或数层高。货垛呈长条形（如图5-4所示）。行列垛适合批量小的货物的码垛，如零担货物。为了避免混货，每批货物单独码放。长条形的货垛使每个货垛的端头都延伸到通道边，作业方便而且不受其他阻挡。但是，每垛的货量较少，垛与垛之间需要留空，垛基小而不能堆高，因此占用较大的库场面积，库场利用率较低。

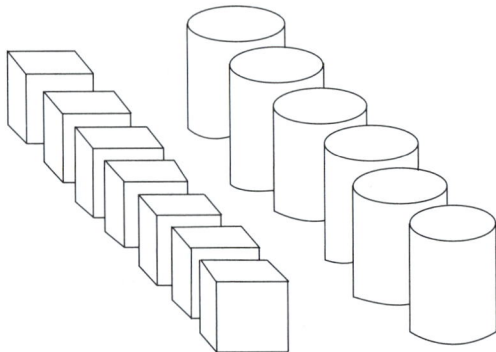

图5-4　行列垛示意图

（4）立体梯形垛。立体梯形垛是在最底层以同一方向排放货物的基础上，向上逐层同方向减数压缝堆码，垛顶呈平面，整个货垛呈下大上小的立体梯形状（如图5-5所示）。立体梯形垛适合包装松软的袋装货物和上层面非平面而无法垂直叠码的货物的堆码，如横放的卷形、桶装、捆包货物。立体梯形垛极为稳固，可以堆放得较高，充分提高仓容利用率。在露天堆放的货物采用立体梯形垛时，为了排水需要可以起脊变形。

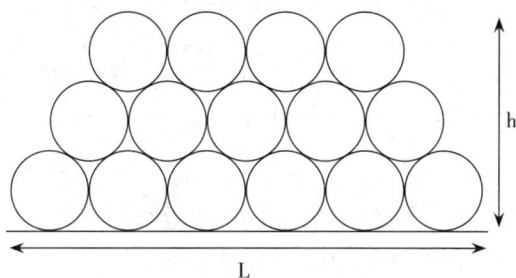

图5-5　立体梯形垛示意图

为了提高立体梯形垛的空间利用率，在堆放可以立直的筐装、矮桶装货物时，底部数层可以采用平台垛的方式堆放，在码放一定高度后再使用立体梯形垛。

每层两侧面（长度方向）收半件（压缝）的立体梯形垛的货物件数为：

$A=（2×L-h+1）×h×B÷2$

式中：A为总件数；L为长度方向件数；B为宽度方向件数；h为层数。

（5）井形垛。井形垛适合长形的钢管、钢材及木方的堆码。它是在以一个方向铺放一层货物后，以垂直方向进行第二层的码放，货物横竖隔层交错、逐层堆放。垛顶呈平面（如图5-6所示）。井形垛垛形稳固，但每垛边上的货物可能滚落，需要捆绑或者收进。井形垛不方便作业，需要不断改变作业方向。

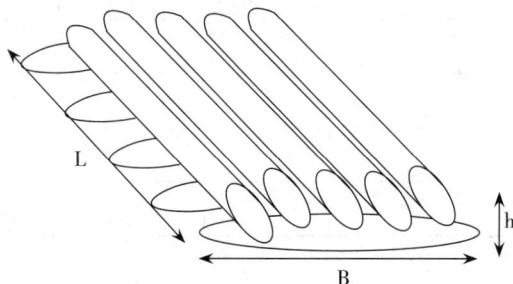

图5-6　井形垛示意图

井形垛的货物件数为：$A=（L+B）×h÷2$

式中：A为总件数；L为纵向方向件数；B为横向方向件数；h为层数。

（6）梅花形垛。对于需要立直存放的大桶装货物，将第一排（列）货物排成单排（列），第二排（列）的每件靠在第一排（列）两件之间的卡缝，第三排（列）同第一排（列）一样，然后每排（列）依次卡缝排放，形状如梅花（如图5-7所示）。这种垛形较为紧凑，充分利用了货物之间的空隙，可以更好地利用仓容面积。

对于能够多层堆码的桶装货物，在码放第二层时，将每件货物压放在下层的三件货物之间，四边都缩小半件，形成立体梅花形垛。

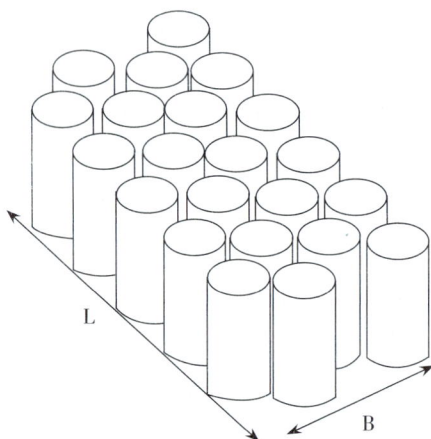

图5-7　梅花形垛示意图

单层梅花形货垛的货物件数为：A=（2×B-1）×L÷2

式中：A为总件数；L为长度方向件数；B为宽度方向件数。

同步训练5-2

垛形的比较

不同的垛形有着各自的优势和劣势，请分析下面六种垛形的优势和劣势，填入表5-5中。

表5-5　　　　　　　　　　　　　　六种垛形的优势和劣势

垛形	优势	劣势
平台垛		
起脊垛		
行列垛		
立体梯形垛		
井形垛		
梅花形垛		

2）货垛参数设计

微课5-4

货垛参数是指货垛的长、宽、高，即货垛的外形尺寸。通常情况下，要先确定货垛的长度，如长条形材料的定尺长度就是其货垛的长度，包装成件商品的垛长应为包装长度或宽度的整数倍。货垛的宽度应根据库存商品的性质、要求的保管条件、搬运方式、数量以及收发制度等确定，一般多以两个或五个单位包装为货垛宽度。货垛高度主要是根据库房高度、地坪承载能力、商品本身及包装的耐压能力、装卸搬运设备

垛形参数
设计

的类型和技术性能、商品的理化性质等因素来确定的。货垛的三个参数决定了货垛的大小，货垛不宜太大，以利于先进先出和加速商品的周转。

5.2.4　堆码作业操作

1)　堆码前的准备工作

（1）码垛可堆高层数、占地面积的确定。商品在堆码前，必须先计算码垛的可堆高层数及占地面积。对于规格整齐、形状一致的箱装商品，可参考以下公式计算：

占地面积=总件数÷可堆高层数×每件商品的底面积

其中，码垛可堆高层数有两种计算方法：

①地坪不超重可堆高层数的计算方法。

货垛的重量必须在建筑部门核定的仓库地坪安全负载范围内（通常以kg/㎡为单位）不得超重，因此商品在堆码前，应预先计算码垛不超重可堆高的最多层数。有以下两种测算方法：

A.以一件商品来计算。

不超重可堆高层数=仓库地坪每平方米核定载重量÷商品单位面积重量

商品单位面积重量=每件商品的毛重÷商品的底面积

B.以整垛商品来计算。

$$不超重可堆高层数=\frac{整垛商品实占面积 × 仓库地坪每平方米核定载重量}{每层商品的件数 × 每件商品的毛重}$$

②码垛不超高可堆高层数的计算方法。

不超高可堆层数=仓库可用高度÷每件货物的高度

在确定码垛可堆高层数时，除了考虑以上两个因素外，还必须注意底层商品的可负担压力，不得超过商品包装上可叠堆的件数。根据上述三个可堆高层数的考虑因素，在计算出的可堆高层数中取最小值，作为堆码作业的堆高层数。

【例5-2】某仓库进了一批木箱装的罐头食品100箱。每箱毛重为50kg，箱底面积为0.25㎡，箱高为0.25m，箱上标识表示最多允许叠堆16层高，地坪承载能力为5t/㎡，仓库可用高度为5.2m。求该批商品的可堆高度。

解：单位面积重量=50÷0.25=200（kg/㎡）=0.2（t/㎡）

不超重可堆高层数=5÷0.2=25（层）

不超高可堆高层数=5.2÷0.25≈20（层）

因为商品箱上标识表示允许堆高16层，即16层<20层<25层，所以该批罐头食品堆码作业最大的叠堆高度为16层，码垛的高度为4m（16×0.25）。若该仓库采用货架堆放，则最多可以堆高20层。

（2）码垛底层排列。码垛底层排列一般应先计算出码垛可堆高层数，再进行码垛底层排列，主要包括两个内容：

①码垛底数计算。底层商品数与货位的面积成正比，与每件商品的占地面积成反比；底层商品数与码垛总件数成正比，与码垛可堆高层数成反比。其计算公式为：

码垛底数=码垛总件数÷可堆高层数

②码垛底形排列。码垛底形排列的方式一般是根据货位面积和每件商品实占面积来综合安排的。码垛底形排列的好坏，直接关系到码垛的稳定性、收发货作业的方便性。

（3）做好机械、人力、材料的准备。垛底应该打扫干净，放上必备的垫墩、垫木等垫垛材料，如果需要密封货垛，则应准备密封货垛的材料等。

2）堆码

堆码的基本方法有重叠式堆码、纵横交错式堆码、仰伏相间式堆码、压缝式堆码、宝塔式堆码、通风式堆码、栽柱式堆码、衬垫式堆码、"五五化"堆码和架式堆码十种。

（1）重叠式堆码。重叠式堆码是指逐件逐层向上重叠码高货垛的一种方法，是机械化作业的主要垛形之一，适合堆码中厚钢板、集装箱等。堆码板材时，可逢十纵横交错，以便计数。

（2）纵横交错式堆码。将长短一致、宽度排列能够与长度相等的商品，一层横放，一层竖放，纵横交错堆码，形成方形垛。长短一致的锭材、管材、棒材，狭长的箱装材料均可用这种垛形。例如，铸铁管、钢锭等一头大、一头小的货品，要大、小头错开，锭材底面、顶面小，可仰伏相间。又如，化工、水泥等货品，如果包装统一，可采用"二顶三""一顶四"等方法，在同一平面内纵横交叉，然后层层纵横交错堆码，以求牢固。这种垛形也是机械堆码的主要垛形之一。

（3）仰伏相间式堆码。对于钢轨、槽钢、角钢等货品，可以一层仰放、一层伏放，仰伏相间相扣，使堆码稳固，也可以伏放几层，再仰放几层，或者仰伏相间组成小组再码成垛。

（4）压缝式堆码。首先将垛底底层排列成正方形、长方形或环形，然后起脊压缝上码。由正方形或长方形形成的垛，其纵横断面呈层脊形，适合堆码阀门、缸、建筑卫生陶瓷等货品。

（5）宝塔式堆码。宝塔式堆码与压缝式堆码类似，但压缝式堆码是在两件物体之间压缝上码，宝塔式堆码则在四件物体的中心上码逐层缩小，如电线电缆的堆码。

（6）通风式堆码。需要防潮通风保管的商品，堆码时每件商品和另一件商品之间须留有一定的空隙，以利于通风。

（7）栽柱式堆码。首先在货垛的两旁栽上两至三根木柱或者钢棒，然后将材料平铺在柱中，每层或间隔几层在两侧相对应的柱子上用铁丝拉紧，以防倒塌。这种堆码方式多用于金属材料中的长条形材料，如圆钢、中空钢的堆码，适合机械堆码。

（8）衬垫式堆码。在每层或每间隔几层商品之间夹进衬垫物，利用衬垫物使货垛的横断面平整，商品互相牵制，以加强货垛的稳固性。衬垫物需要视商品的形状而定。这种堆码方式适合四方整齐的裸装商品，如电动机等。

（9）"五五化"堆码。"五五化"堆码就是以五为基本计算单位，堆码成各种总数为五的倍数的货垛，即大的商品堆码成五五成方，小的商品堆码成五五成包；长的商品堆码成五五成行，短的商品堆码成五五成堆；带眼的商品堆码成五五成串。这种堆码方式过目成数，清点方便，数量准确，不易于出现差错，收发快，效率高，适合按件计量的商品。

（10）架式堆码。架式堆码是利用货架存放商品，主要用于存放零星或怕压的商品。在堆码过程中，零星或怕压的商品遇到的最大问题就是如何提高空间利用率。零星商品数量小、品种杂，很难集中堆码，怕压商品必须降低堆放高度，因此不利于存储空间的充分利用。如果这些商品使用货架储存，就可以提高储存空间的利用率。在库房中的货架上一行一行地排列，中间留有通道以便取放商品。为了进一步提高库房的面积利用率，还可以采用可移动式货架。可移动式货架能够沿着两条导轨进行水平方向的移动，这样就可以减少货架间的通道数量。

延伸阅读 5-3

中粮仓储中心对堆码的要求

（1）严格按照货物规定的堆码方式和高度放置。

（2）严禁货物倒置、斜置等不正确的堆码方式。

（3）保证做到"大不压小""重不压轻""整不压零"。

【任务实施】

步骤1：分析该批货物堆垛的垛形为平台垛，分析平台垛的特点。

步骤2：分析该批货物的垛高，根据货物重量和地坪承重能力计算不超重可堆高层数，根据仓库高度计算不超高可堆高层数。

步骤3：比较不超重可堆高层数、不超高可堆高层数和最高限制堆码层数，选择其中最合适的层数，计算出垛高。

步骤4：根据仓库宽度和货物宽度，计算可堆放的箱数；根据货物总量、垛宽和垛高，计算出垛长。

任务 5.3　组托作业

微课 5-5

组托作业

【任务描述】

3月21日，昌荣物流公司对德润食品有限公司的货物进行了验收，计划入库2号库，2号库为托盘货架区，货架规格为1 600mm×1 000mm×1 100mm，托盘为单面木质托盘，规格为1 200mm×1 100mm×160mm，承重1 000kg，考虑叉车操作货架需要留出顶距100mm。根据验收结果（入库验收单见表5-6）对验收合格的货品进行组托，计算每种货品需要多少托盘。

表 5-6　　　　　　　　　　　入库验收单

供货单位：德润食品有限公司　　　　　　2024年3月21日　　　　　　单号：CR20240321001

商品编号	商品名称	单位	规格	单位重量	应收数量	实收数量	验收结果
6957430906132	肉松饼干	箱	370mm×580mm×220mm	27kg	60	60	合格
6947430906102	金锣火腿肠	箱	460mm×265mm×300mm	20kg	40	39	有一箱外包装有水渍（放置待验区，暂不入库）

验收员：　　　　　　　　　　　　审核人：

【任务知识】

5.3.1 组托的原则

合理地对货物进行组托可以节省托盘和货位的使用量。节省托盘和货位的使用量，是节约成本的重要途径之一。组托时要遵循以下原则：

1）整齐原则

要求货物上下层堆码整齐，不超过托盘边缘。

2）堆高原则

组托时应充分利用托盘面积，尽可能堆高以充分利用其空间。但为了便于叉车的操作，组托最高点距离上层货架一般不小于150mm。

3）牢固原则

货物堆放应保证牢固，可采用奇数层与偶数层交叉摆放等方式提高牢固程度。

4）方便原则

每层货物箱数尽量相同，有利于盘点。

延伸阅读5-4

码垛机的使用

码垛机（如图5-8所示）是将装入包装物的物料以及将经过包装或未经包装的规则物品，按一定排列顺序码放在托盘上，进行自动堆码，可堆码多层，然后推出，便于继续进行下一步包装或者由叉车运至仓库储存。实现智能化操作管理，可大大地减少劳动人员和降低劳动强度。那么码垛机具有什么样的优点呢？

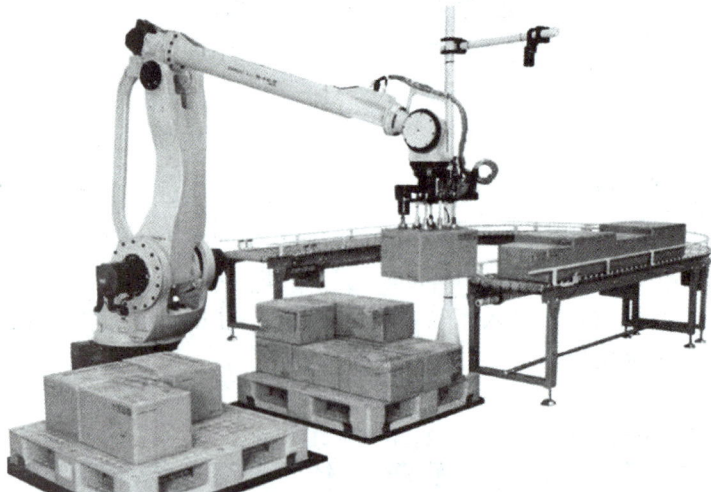

图5-8 码垛机

（1）码垛机一般都是在开敞的环境下进行操作的，它拥有独立的连杆机构，且使用的是直线输送轨迹，所以其作业过程非常平稳，传动的效率也非常高。

（2）码垛机呈现出一个直线的情况，而且只用到一个电机，所以码垛的效果非常好，且操作范围非常大，安全性能好。

（3）码垛机有很多不同规格的产品，从低速到高速品种很多，所以其选择范围也非常广泛。

（4）码垛机的大多数零件都是在底部，手臂相当灵活，电量消耗得也慢，既节能又环保。

（5）码垛机的操作非常容易，只要先设定取物的位置以及托盘的位置，再设计运行轨迹，就可放置操作机器。码垛的位置调整也非常简单，直接在触屏上就能进行操作。如果要换另一种产品，只要在系统中输入新产品的规格，就可进行操作，非常方便。

（6）因为码垛机采用的是直线导轨，输送机是皮带型的标准件，所以即使有损坏，采购和更换也很方便。

资料来源　佚名．码垛机的优势特点［EB/OL］．［2023-09-18］．http://www.foodjx.com/tech_news/detail/169213.html.

5.3.2　组托的方法

组托常用的方法有重叠式组托、纵横交错式组托、旋转交错式组托、正反交错式组托四种。

1）重叠式组托

（1）重叠式组托的方法。各层码放方式相同，上下对应，各层之间不交错堆码。重叠式组托平面图如图 5-9 所示。

（2）重叠式组托的特点。这种方法操作速度快，包装物的四个角和边重叠垂直，承载力大，但各层之间缺少咬合作用，稳定性差，容易发生塌垛。这种方法适合于货物底面积较大、确保有足够的稳定性的情况。如果采用重叠式组托并配以各种紧固方式，不但能保持稳固，而且保留了装卸操作省力的优点。

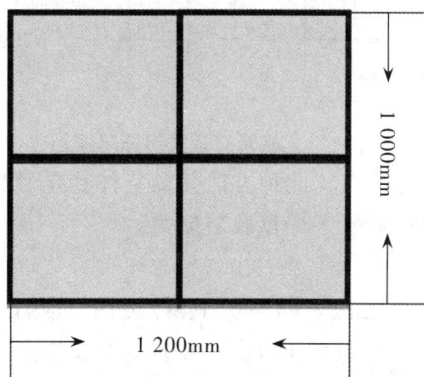

图5-9　重叠式组托平面图

2）纵横交错式组托

（1）纵横交错式组托的方法。相邻两层货物的摆放旋转90度，一层呈横向放置，另一层呈纵向放置，层间纵横交错堆码。纵横交错式组托平面图如图 5-10 所示。

（2）纵横交错式组托的特点。与重叠式组托相比较，这种方法层间有一定的咬合效果，但咬合强度不是特别高。这种方法适合于自动装盘操作。

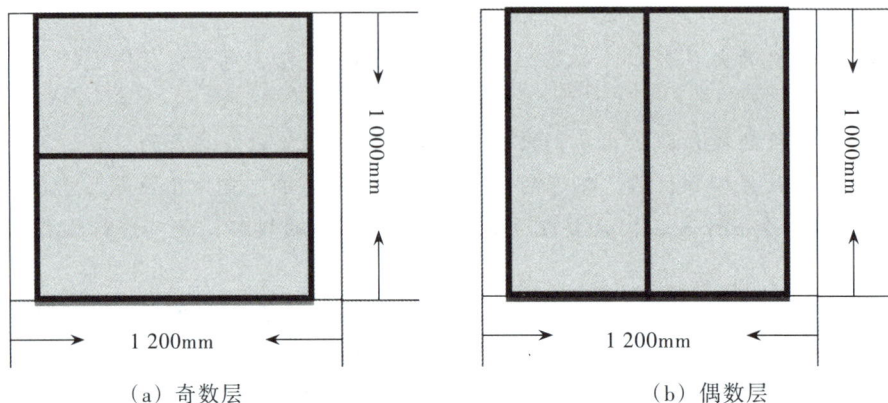

图5-10　纵横交错式组托平面图

3）旋转交错式组托

（1）旋转交错式组托的方法。第一层相邻的两个包装体都互为90度，两层间的码放又相差180度，这样相邻两层之间咬合交叉。旋转交错式组托平面图如图5-11所示。

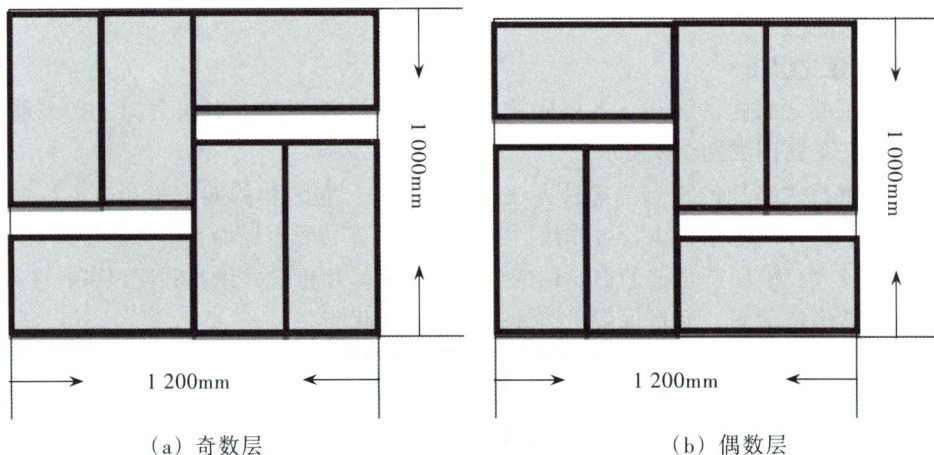

（a）奇数层　　　　　　　　　　　（b）偶数层

图5-11　旋转交错式组托平面图

（2）旋转交错式组托的特点。此种方法托盘货体稳定性较高，不易塌垛，但码放难度大，而且中间形成空穴降低了托盘载装能力。

4）正反交错式组托

（1）正反交错式组托的方法。同一层中不同列的货物以90度垂直码放，相邻两层的货物的码放形式是另一层旋转180度。正反交错式组托平面图如图5-12所示。

（2）正反交错式组托的特点。这种方法不同层间咬合强度较高，相邻层之间不重缝，码放后稳定性很高，但操作较为麻烦。

同步训练5-3

比较纵横交错式组托和正反交错式组托的优缺点。

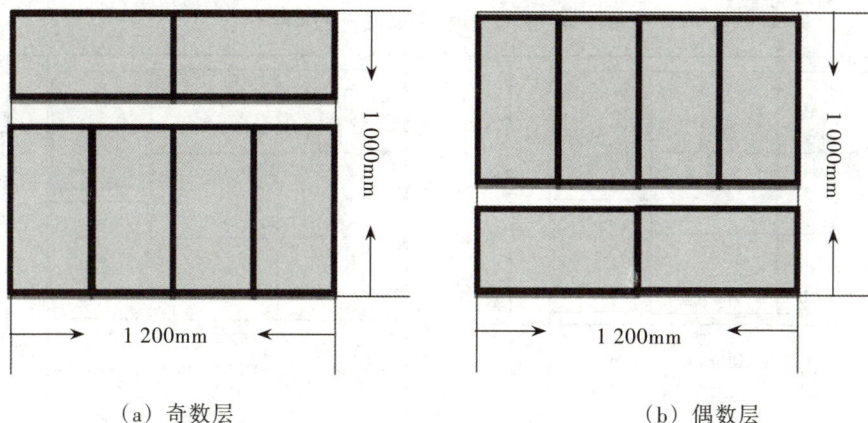

（a）奇数层　　　　　　　　　　　（b）偶数层

图5-12　正反交错式组托平面图

【例5-3】昌荣配送中心接到供应商发来的一批货物（入库单号20240315），货物已通过验收，现在需要进行组托、上架入库至重型货架。托盘规格为1 200mm×1 000mm×150mm，货架每层高度为1 000mm。货物名称、规格、数量和外包装尺寸等信息见表5-7。

表5-7　　　　　　　　　　　　货物信息表（1）

序号	货品条码	货品名称	单价	数量	重量	外包装尺寸
1	6921315905038	巧面馆红烧牛肉面	24.00元/箱	20箱	5kg/箱	395mm×295mm×275mm
2	6939361970108	好的天然水（500ml）	50.00元/箱	20箱	9kg/箱	440mm×320mm×300mm

结合货物包装规格、货架高度及组托原则，计算每个托盘的最大组托数量，并选择合适的组托方法。具体的组托结果如下：

（1）巧面馆红烧牛肉面，395mm×295mm×275mm，共需1个托盘，共2层，每层10箱，其组托俯视图如图5-13所示。

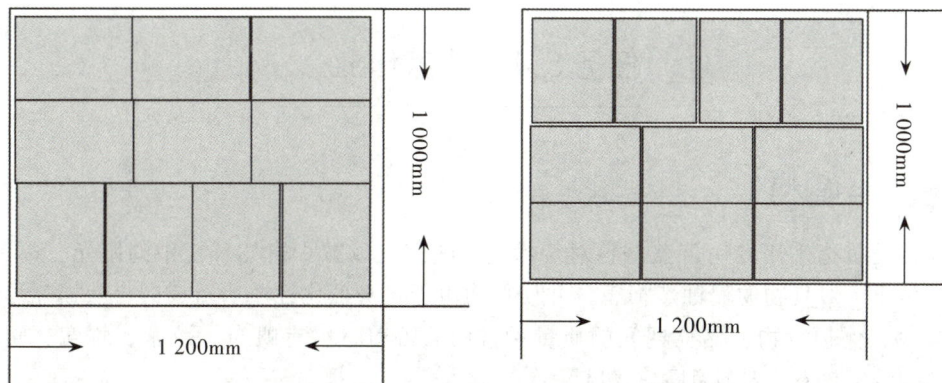

图5-13　巧面馆红烧牛肉面组托俯视图

（2）好的天然水（500ml），440mm×320mm×300mm，共需2个托盘，第一托盘

码放2层，第二托盘码放1层，其组托俯视图如图5-14所示。

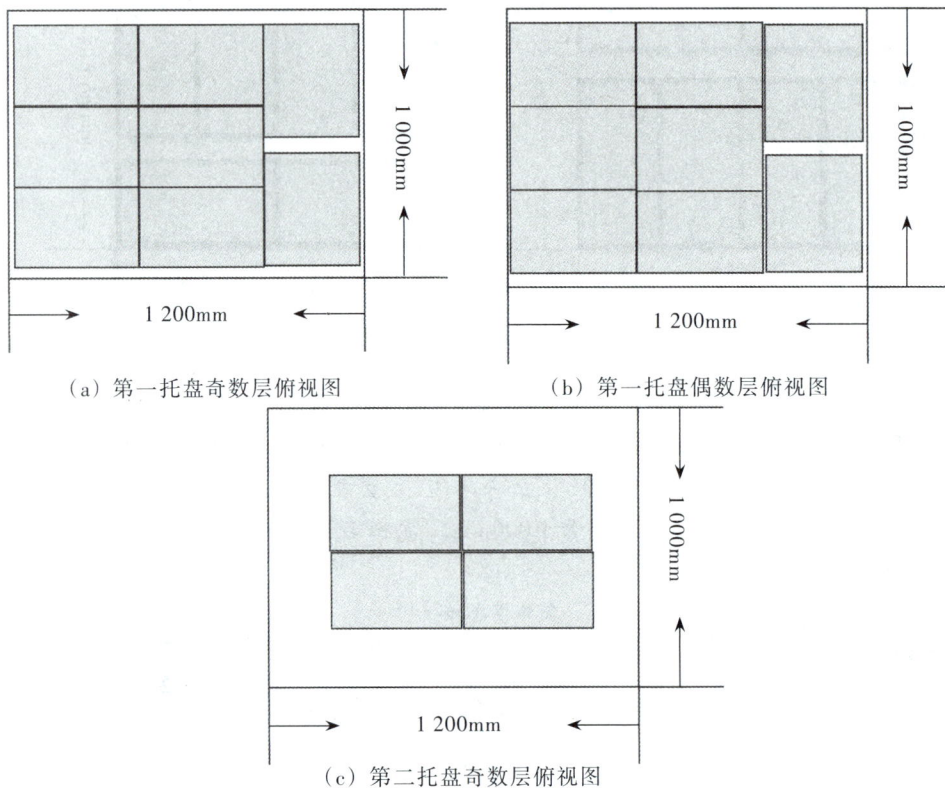

（a）第一托盘奇数层俯视图　　　　　　（b）第一托盘偶数层俯视图

（c）第二托盘奇数层俯视图

图5-14　好的天然水组托俯视图

【任务实施】

任务5.3

实施提示

步骤1：确定托盘的最高码放高度。

步骤2：确定每个托盘能存放的肉松饼干的箱数。

步骤3：确定金锣火腿肠的箱数。

任务5.4　苫盖作业

【任务描述】

　　苫盖是指采用专用苫盖材料对货垛进行遮盖，以减少自然环境中的阳光、雨雪、风、尘土等对货物的侵蚀、损害，并使货物由于自身理化性质所造成的自然损耗尽可能减少，保护货物在储存期间的质量。常用的苫盖材料有帆布、芦席、竹席、塑料膜、铁皮、铁瓦、玻璃钢瓦、塑料瓦等。

　　要求：请用列表法梳理常用的苫盖方法及其优缺点。

【任务知识】

5.4.1 苫盖的要求

苫盖需要满足货物遮阳、避雨、挡风、防尘的要求。其具体要求如下：

1) 选择合适的苫盖材料

选用符合防火、无害的安全苫盖材料，保证苫盖材料不会对货物产生不利影响。苫盖材料不易损坏，能重复使用，没有破损和霉烂，同时应考虑成本问题，使成本尽可能低廉。

2) 苫盖牢固

每张苫盖材料都需要牢固固定，必要时在苫盖物外用绳索、绳网绑扎或者采用重物镇压，确保刮风吹不开。

3) 苫盖接口要紧密

苫盖的接口要有一定深度的互相叠盖，不能迎风叠口或留出空隙；苫盖必须拉挺、平整，不得有折叠和凹陷，防止积水。

4) 苫盖的底部与垫垛平齐

苫盖不能腾空或拖地，应牢固地绑扎在垫垛外侧或地面的绳桩上，衬垫材料不露出垛外，以防雨水顺延渗入垛内。

5) 要注意材质与季节

使用旧的苫盖物或适逢雨水丰沛季节时，垛顶或者风口需要加层苫盖，确保雨淋不透。

5.4.2 苫盖的方法

1) 就垛苫盖法

直接将大面积苫盖材料覆盖在货垛上遮盖，适合起脊垛或大件包装货物，一般采用大面积的帆布、油布、塑料膜等。就垛苫盖法操作便利，但基本不具有通风条件。露天料场苫盖如图5-15所示。

图5-15 露天料场苫盖

2）鱼鳞式苫盖法

将苫盖材料从货垛的底部开始，自下而上呈鱼鳞式逐层交叠围盖。一般使用面积较小的席、瓦等材料苫盖。鱼鳞式苫盖法具有较好的通风条件，但每件苫盖材料都需要固定，操作比较烦琐、复杂。

3）活动棚苫盖法

将苫盖材料制作成一定形状的棚架，在货物堆码完毕后，移动棚架到货垛上进行遮盖，或者采用即时安装活动棚架的方式苫盖。活动棚苫盖法较为快捷，具有良好的通风条件，但活动棚本身需要占用仓库位置，也需要较高的购置成本。

同步训练 5-4

比较三种苫盖法所选用的材料。

延伸阅读 5-5

青岛港"珍珠垛"苫盖作业法顺口溜

篷布上垛看风向，顺风苫盖不慌忙；

垛上人员脚下稳，异口同声拉得紧；

上拉下伸无皱纹，两头压袋才标准。

【任务实施】

任务 5.4

实施提示

步骤1：熟悉苫盖的含义。

步骤2：熟悉苫盖常用的方法。

步骤3：运用列表法分析苫盖方法及其优缺点。

项目回顾

通过本项目的学习，我们明确了装卸搬运、堆码、组托、苫盖等概念的含义，学习了如何进行搬运工艺设计，如何进行堆码、组托及苫盖等工作。

在堆码前，首先要进行垫垛，垫垛可以带来很多益处。比如，可以让地面变得更加平整，让堆码物品与地面隔离，防止地面潮气和积水浸湿物品；可以通过强度较大的衬垫物使重物的压力分散，避免损害地坪；可以使地面杂物、尘土与物品隔离等。因为衬垫物要考虑将压强分散为仓库地坪载荷的限度之内，要能进行衬垫物数量的计算。同时，垫底高度要符合相应的规定。所以，看似简单的工作却蕴含许多科学的道理。

堆码工作同样有许多讲究，特别要注意"五距"，要能进行垛形的设计，要能结合不同物品的特点采用不同的堆码方式，以便更好地保管物品和利用好仓库空间。组托也有许多方法和技巧，合理采用不同的组托方法，能有效利用托盘，降低成本。堆码后，还要能根据不同垛形及物品的特点进行苫盖工作。如果把这一环节的工作做到位，就能为后续的工作节省时间和成本。

课后训练

一、知识检测

（一）不定项选择题

1.活性指数是指货物从静止状态转变为装卸搬运运动状态的难易程度，如果货物的存放状态是散放在地上，则活性指数为（   ）。

A.1　　　　　　　B.2　　　　　　　C.3　　　　　　　D.4

2.垫垛的高度因场所不同其高度要求也不尽相同。一般情况下，库房内衬垫物的高度为（   ）。

A.0.2m　　　　　B.0.5m　　　　　C.1m　　　　　　D.2m

3.垫垛的高度因场所不同其高度要求也不尽相同。一般情况下，露天堆场衬垫物的高度为（   ）。

A.0.2m　　　　　B.0.5m　　　　　C.1m　　　　　　D.2m

4.灯距是指仓库里的照明灯与商品之间的距离，一般为（   ）。

A.10cm　　　　　B.30cm　　　　　C.50cm　　　　　D.100cm

5.墙距是指货堆与墙面之间的距离，外墙距一般为（   ）。

A.10cm　　　　　B.30cm　　　　　C.50cm　　　　　D.100cm

6.货垛稳定性高，不易塌垛，但码放难度大，中间形成空穴降低了托盘载装能力的组托方式是（   ）。

A.重叠式组托　　　　　　　　B.纵横交错式组托

C.旋转交错式组托　　　　　　D.正反交错式组托

7.（   ）具有易于堆码，盘点计数方便，库容整齐，能充分利用仓库空间，但稳定性较差的特点。

A.矩形垛　　　　B.正方形垛　　　C.三角形垛　　　D.立体梯形垛

8.同一包装规格、能够垂直叠放的方形箱装货物、大袋货物、规则的成组货物适合的货垛是（   ）。

A.平台垛　　　　B.梅花形垛　　　C.行列垛　　　　D.立体梯形垛

9.现代仓库一般都采用叉车叉运，对通道的宽度要求也会高一些，考虑叉车操作，通道宽度为（   ）。

A.1~2m　　　　　B.2~3m　　　　　C.3~4m　　　　　D.4~5m

10.（   ）方式能过目成数，清点方便，数量准确，不易于出现差错。

A.宝塔式堆码　　　B.压缝式堆码　　　C.重叠式堆码　　　D."五五化"堆码

（二）判断题

1.装卸搬运的活性指数越大，说明搬运作业越容易开展。　　　　　　　（　　）

2.货物装箱后放在托盘或其他支垫上的状态，其活性指数为2，说明这种状态下的货物已经完成了集中和搬起两个环节的作业。　　　　　　　　　　　（　　）

3.组托常用的方法有是重叠式组托、纵横交错式组托、旋转交错式组托、正反交错式组托四种。其中，重叠式组托各层之间缺少咬合作用，稳定性差，容易发生塌垛。　　　　　　　　　　　　　　　　　　　　　　　　　　　　　（　　）

4.架式堆码可提高空间利用率，适合存放零星或怕压的商品。　　　　（　　）

5."五距"是指顶距、灯距、墙距、柱距和堆距，为了节省仓库空间，"五距"的距离应尽量小，只保留10~20cm。　　　　　　　　　　　　　　　　　（　　）

6.顶距是指货堆的顶部与仓库屋顶平面之间的距离。留顶距主要是为了让堆码不至于太高，避免倒塌。　　　　　　　　　　　　　　　　　　　　　　（　　）

7.柱距是指货垛与屋柱之间的距离。留柱距是为了防止商品受潮和保护柱脚，以免损坏建筑物。　　　　　　　　　　　　　　　　　　　　　　　　　（　　）

8.虽然旋转交错式组托的稳定性好，但容易形成空穴，降低了托盘载装能力。
　　　　　　　　　　　　　　　　　　　　　　　　　　　　　　　　（　　）

9.堆场堆货的主要垛形采用起脊垛，货垛表面的防雨遮盖从中间起向下倾斜，方便排泄雨水，防止雨水浸湿货物。　　　　　　　　　　　　　　　　　（　　）

10.不同的苫盖方式具有不同的优缺点，其中鱼鳞式苫盖法的通风性较好。（　　）

（三）简答题

1.如何实现装卸搬运的合理化？

2.请简述堆码的要求。

3.请简述组托常用的方法。

4.请简述苫盖的要求。

二、案例研讨

联华先进实用的装卸搬运系统

随着新形势的发展，联华连锁超市发展势头迅猛，以每月新开60家门店的速度急剧扩张。但是，随着联华连锁超市经营规模的不断扩大，也带来了新的问题——传统的物流已经不能为其销售网络中商品的顺畅流通提供保障。建立现代化物流系统、降低物流成本成为联华连锁超市在竞争中掌握先机的关键。然而，由于超市商品价格低、物流中心投资有限，如何兼顾需求和投资的合理性是项目成功的决定性因素。

联华连锁超市决定把现有的建筑物改建成物流中心，采用WMS（仓库管理系统）实现整个配送中心的全电脑控制和管理，在具体操作中实现半自动化。这个方案既导入了先进的物流理念，提升了物流管理水平，又兼顾了超市配送商品价值低、物流中心投资额有限的实际情况。在整个方案的设计上，设计方没有一味追求一步到位的先进性，而是力求使合理的投入得到较高的回报。

联华连锁超市配送中心总面积为8 000m²，建筑物共有4层。由于是多层结构，因此设计方对各层平台间的搬送自动化做了特别的考虑，采用了托盘垂直升降机和笼车垂直升降机。其中，两台托盘垂直升降机能对以托盘为单位的进货物品进行各层平台自动分拣，并将空托盘自动回收至一层的进货区域。空笼车另有专用电梯送往各层平台。

为了提高拣选效率，配送中心被分成了17个分拣区域，利用笼车良好的流动性设计了区域拣选方式。在各个区域的起始位置装有商店号码显示器，拣选时将显示出库单上的商店号，因此可多人进行拣选作业，即使逢年过节工作量增加也能大量出货。配送中心采用托盘货架与流动式货架为主的布局设计。托盘货架保管整箱货物，流动式货架保管非整箱货物。为了提高分拣作业效率和正确率，托盘货架的最下端和流动式货架的外侧都装有数码拣选显示器。

改建后的联华连锁超市配送中心的业务流程为：

1.进货入库

进货后，立即由WMS进行登记处理，生成入库指示单，同时发出是否能入库的指示。如果仓库容量已满，无法入库，系统将发出向附近仓库入库的指示。接到系统发出的入库指示后，工作人员将货物堆放在空托盘上，并用手持终端对该托盘的号码及进货品种、数量、保质期等数据进行进货登记输入。

在入库登记处理后，工作人员用手动叉车将货物搬运至入库品运载装置处。按下入库开始按钮，入库运载装置开始上升，将货物送上入库输送带。在货物传输过程中，系统将对货物进行称重和检测，不符合要求的货物（如超重、超长、超宽等），系统将指示其退出；符合要求的货物，才可输送至运载升降机。

根据输送带侧面安装的条码阅读器，对托盘条码进行确认，计算机将对托盘货物的保管和输送目的地发出指示。接到向第一层搬送指示的托盘在经过升降机平台时，不再需要上下搬运，将直接从当前位置经过一层的入库输送带自动分配到一层入库区等待入库。接到向第二层至第四层搬送指示的托盘，将由托盘垂直升降机自动传输到所需楼层。当升降机到达指定楼层后，由各层的入库输送带自动搬运货物到入库区。

货物在下平台前，根据入库输送带侧面设置的条码阅读器，将托盘号码输入计算机，并根据该托盘情况，对照具体货位，发出入库指示，然后由叉车从输送带上取下托盘。叉车作业者根据手持终端指示的货位号将托盘入库，经确认后，在库货位数将进行更新。

2.商品拣选

当根据订单进行配货时，WMS会发出出库指示，各层平台上设置的激光打印机根据指示打印出货单。在出库单上，货物根据拣选路径依次打印。这时系统中的商店号码显示器显示需要配送的商店号，数据显示器显示需要拣选的数量，同时工作人员在空笼车上的塑料袋里装好出库单，在黑板上写上楼层号和商店号，并将空笼车送到仓库。做好以上准备后，就能进行商品拣选工作。

工作人员在确认笼车在黑板上记载的商店号与商店号码显示器显示的一致后，开始进行拣选工作。根据货位上数码显示器显示拣选的数量，依次进行拣选。数码显示器配备的指示灯可以显示三种不同颜色，分别对应箱、包、件三种不同的拣选单位，以满足各种拣选需求。区域内拣选结束后，区域拣选"完成"指示灯会自动闪亮，工作人员按下区域拣选"完成"按钮，便可继续进行下一个区域的拣选工作。当各个区域内所有拣选工作结束后，系统将自动显示下一个商店的拣选数据。

3. 笼车出库

当全部区域拣选结束后，装有商品的笼车由笼车垂直升降机送至一层。工作人员将不同商店分散在多台笼车上的商品归总分类，附上交货单，依照送货平台上显示器显示的商店号将笼车送到等待中对应的运输车辆上。计算机配车系统将根据门店远近，合理安排配车路线。

4. 托盘回收

出货完成后，工作人员将空托盘堆放在各层的空托盘平台返回输送带上，然后由垂直升降机将空托盘传送至第一层，并由第一层进货区域的空托盘自动收集机收集起来，随后送到进货区域的平台上堆放整齐。

资料来源　佚名. 案例——上海联华配送中心［EB/OL］.［2023-08-12］. http: //3y.uu456. com/bp_76kc81ibca5zpak1bu8m_2.html.

结合以上案例，讨论下列问题：

1. 分析案例中联华连锁超市配送中心采用的装卸搬运设施设备。

2. 案例中联华连锁超市配送中心是如何实现在四层楼之间的装卸搬运作业的？

3. 结合案例资料绘制配送中心的流程图。

三、实战训练

1. 实战技能点

货物组托。

2. 实战任务

背景资料：昌荣配送中心接到供应商发来的一批货物（入库单号20231215），货物已通过验收，现在需要进行组托、上架入库至重型货架。托盘规格为1 200mm×1 000mm×150mm，货架每层高度为1 000mm。货物名称、规格、数量和外包装尺寸等信息见表5-8。

表5-8　　　　　　　　货物信息表（2）

序号	货品条码	货品名称	单价	数量	重量	外包装尺寸
1	6921317905038	康师傅矿物质水	24.00元/箱	20箱	13kg/箱	360mm×200mm×270mm
2	6939261900108	好娃娃薯片	196.00元/箱	18箱	9kg/箱	330mm×245mm×280mm
3	6901521103123	诚诚油炸花生仁	172.00元/箱	46箱	10kg/箱	275mm×215mm×200mm
4	6921200101102	旺旺饼干	486.00元/箱	26箱	12kg/箱	320mm×220mm×320mm
5	6921100369990	联想台式电脑	3 800.00元/箱	10箱	25kg/箱	595mm×395mm×340mm

根据给定的信息，完成每种商品的组托，并画出组托俯视图。

项目6　上架作业

【知识目标】

1. 明确物动量 ABC 分析的原则；
2. 掌握物动量分析的方法；
3. 明确储位分配的原则；
4. 掌握常用的储位策略；
5. 掌握储位管理的方法。

【能力目标】

1. 能开展物动量 ABC 分析；
2. 能进行合理有效的储位分配；
3. 能进行科学的储位编号；
4. 能灵活运用储位策略；
5. 能有效地开展储位管理工作。

【素养目标】

1. 养成严谨细致的职业态度；
2. 培养规范做事的职业习惯；
3. 培养成本节约意识；
4. 培养数字化思维。

任务 6.1　物动量分析

【任务描述】

　　物动量 ABC 分类法是储位分配的重要依据。昌荣物流公司杭州配送中心为提高仓储管理效率，合理分配储位，决定开展物动量 ABC 分类。确定物动量 ABC 分类的比例，累计周转量前 80% 的货品为 A 类，累计周转量 80%~90% 的货品为 B 类，累计周转量 90%~100% 的货品为 C 类。仓储部对 1 号仓库的货品周转量进行了汇总，每种货品的周转量见表 6-1。

　　要求：根据表 6-1 的数据，对昌荣物流公司的 1 号仓库的货品进行物动量 ABC 分类。

表 6-1　　　　　　　　　　　　　1号仓库货品周转量汇总表

货物名称	单位	出库量
MATE 手机自拍杆	件	548
TP-LINK 无线路由器	件	392
晨光按动子弹头中性笔	件	252
晨光改正液	件	12 024
晨光原木 HB 铅笔	件	324
防风煤油打火机	件	238 800
朗利洁软毛牙刷	件	17 292
雷达电热蚊香液	件	150 700
罗技鼠标	件	13 440
美甲指甲油	件	14 172
欧莱雅女士护肤面霜	件	8 544
枪手无味杀虫气雾剂	件	7 872
沙宣摩丝	件	14 604
英雄学生练字钢笔	件	5 880
樱之花防蛀防霉樟脑丸	件	7 668

【任务知识】

6.1.1　物动量 ABC 分类概述

微课 6-1

物动量分析

　　ABC 分类法，又称 ABC 分析法，是根据事物在技术或经济方面的主要特征，进行分类排队，分清重点和一般，从而有区别地确定管理方式的一种分析方法。物动量 ABC 分类，又称物动量 ABC 分析，其依据是根据物品在仓库中的周转量来确定 A 类、B 类和 C 类物品。周转量大的品类，为 A 类；周转量小的品类，为 C 类；介于二者之间的为 B 类。一般认为，A 类物品的累计周转量占总周转量的 60%~80%，品类占总品类的 5%~15%；C 类物品的累计周转量占总周转量的 10%~20%，品类占总品类的 60%~80%；B 类物品的累计周转量占总周转量的 20%~30%，品类占总品类的 20%~30%。值得注意的是，这个比例并不是确定不变的，企业可根据自己的实际需要进行调整。

延伸阅读 6-1

帕累托分析法

帕累托分析法由意大利经济学家维尔弗雷多·帕累托首创。1879 年，帕累托在研究个人收入的分布状态时，发现少数人的收入占全部人收入的大部分，而多数人的收入却只占全部收入的一小部分。该分析方法的核心思想是在决定一个事物的众多因素中分清主次，识别出少数的但对事物起决定作用的关键因素和多数的但对事物影响较少的次要因素。后来，帕累托分析法被应用于管理的各个方面。1951 年，管理学家戴克将帕累托分析法应用于库存管理，命名为 ABC 法。1951—1956 年，约瑟夫·朱兰将 ABC 法引入质量管理，用于质量问题的分析，被称为排列图。1963 年，彼得·德鲁克将这一方法推广用于全部社会现象，使 ABC 法成为企业提高效益的普遍应用的管理方法。

微课 6-2

仓储数据处理：VLOOKUP 的应用

微课 6-3

仓储数据处理：合并计算

微课 6-4

仓储数据处理：数据透视表的创建

6.1.2 物动量 ABC 分析

物动量 ABC 分析可分为以下四个步骤：

第一步，统计物品的周转量，根据配送中心相关资料进行统计；

第二步，根据周转量从大到小排序；

第三步，计算物品的累计周转量；

第四步，根据累计周转量的比例确定 A 类、B 类和 C 类物品。

在进行物动量 ABC 分析时，运用 Excel 相关函数计算会简单很多。

同步训练 6-1

用流程图画出物动量 ABC 分析的步骤。

【例 6-1】荣昌配送中心 2023 年 1—6 月配送到各门店商品的周转量见表 6-2。

结合案例中的资料，进行物动量 ABC 分析。其具体过程如下：

（1）商品周转量排序。在实际业务中，企业管理系统一般有对商品周转量进行汇总的功能，也可以运用 Excel 数据透视表功能进行汇总，例题已对各商品的总周转量进行了汇总。周转量汇总后，按照从大到小排序，见表 6-3。

（2）用 Excel 计算各商品周转量占总周转量的百分比，见表 6-4。

表6-2 　　　　　　　　　　　　　　　　　　商品周转量

序号	商品	周转量（箱）
1	绿盛牛肉粒（100g）	497
2	达能牛奶饼干（130g）	4 860
3	亨仕利盐津葡萄（180g）	425
4	伊利早餐奶（麦香）（250ml）	281
5	雕牌洗衣粉（300g）	217
6	高露洁美白牙膏（90g）	194
7	高露洁牙刷	148
8	格力高双层百力滋	519
9	海天白米醋（450ml）	27
10	海天味极鲜酱油（1L）	156
11	可口可乐（355ml）	161
12	六神花露水	216
13	鲁花菜籽油（1L）	15
14	梅林午餐肉罐头	165
15	农夫山泉天然水（500ml）	2 800
16	枪手无味杀虫气雾剂	297
17	巧面馆红烧牛肉面	513
18	清风手帕纸	237
19	雀巢麦片（高钙）	221
20	雀巢麦片（燕麦）	200
21	三辉法式香奶面包	238
22	舒蕾洗发水（1L）	272
23	苏泊尔电饭锅	149
24	索芙特保湿啫喱水	176
25	旺旺雪饼	3 702
26	维达餐巾纸	210
27	新达利香辣牛肉桶装米线	1 950
28	醒目（255ml）	180
29	一次性打火机	215

表6-3　　　　　　　　　　　　　商品周转量排序表

序号	商品	周转量（箱）
1	达能牛奶饼干（130g）	4 860
2	旺旺雪饼	3 702
3	农夫山泉天然水（500ml）	2 800
4	新达利香辣牛肉桶装米线	1 950
5	格力高双层百力滋	519
6	巧面馆红烧牛肉面	513
7	绿盛牛肉粒（100g）	497
8	亨仕利盐津葡萄（180g）	425
9	枪手无味杀虫气雾剂	297
10	伊利早餐奶（麦香）（250ml）	281
11	舒蕾洗发水（1L）	272
12	三辉法式香奶面包	238
13	清风手帕纸	237
14	雀巢麦片（高钙）	221
15	雕牌洗衣粉（300g）	217
16	六神花露水	216
17	一次性打火机	215
18	维达餐巾纸	210
19	雀巢麦片（燕麦）	200
20	高露洁美白牙膏（90g）	194
21	醒目（255ml）	180
22	索芙特保湿啫喱水	176
23	梅林午餐肉罐头	165
24	可口可乐（355ml）	161
25	海天味极鲜酱油（1L）	156
26	苏泊尔电饭锅	149
27	高露洁牙刷	148
28	海天白米醋（450ml）	27
29	鲁花菜籽油（1L）	15
合计		19 241

表6-4 商品周转量百分比

序号	商品	周转量（箱）	周转量百分比（%）
1	达能牛奶饼干（130g）	4 860	25.26
2	旺旺雪饼	3 702	19.24
3	农夫山泉天然水（500ml）	2 800	14.55
4	新达利香辣牛肉桶装米线	1 950	10.13
5	格力高双层百力滋	519	2.70
6	巧面馆红烧牛肉面	513	2.67
7	绿盛牛肉粒（100g）	497	2.58
8	亨仕利盐津葡萄（180g）	425	2.21
9	枪手无味杀虫气雾剂	297	1.54
10	伊利早餐奶（麦香）（250ml）	281	1.46
11	舒蕾洗发水（1L）	272	1.41
12	三辉法式香奶面包	238	1.24
13	清风手帕纸	237	1.23
14	雀巢麦片（高钙）	221	1.15
15	雕牌洗衣粉（300g）	217	1.13
16	六神花露水	216	1.12
17	一次性打火机	215	1.12
18	维达餐巾纸	210	1.09
19	雀巢麦片（燕麦）	200	1.04
20	高露洁美白牙膏（90g）	194	1.01
21	醒目（255ml）	180	0.94
22	索芙特保湿啫喱水	176	0.91
23	梅林午餐肉罐头	165	0.86
24	可口可乐（355ml）	161	0.84
25	海天味极鲜酱油（1L）	156	0.81
26	苏泊尔电饭锅	149	0.77
27	高露洁牙刷	148	0.77
28	海天白米醋（450ml）	27	0.14
29	鲁花菜籽油（1L）	15	0.08

（3）累计周转量百分比计算。在周转量百分比的基础上，计算累计周转量百分比。累计周转量百分比是指各商品周转量百分比之和，计算结果见表6-5。

表6-5　　　　　　　　　　商品累计周转量百比分

序号	商品	周转量（箱）	周转量百分比（%）	累计周转量百分比（%）
1	达能牛奶饼干（130g）	4 860	25.26	25.26
2	旺旺雪饼	3 702	19.24	44.50
3	农夫山泉天然水（500ml）	2 800	14.55	59.05
4	新达利香辣牛肉桶装米线	1 950	10.13	69.18
5	格力高双层百力滋	519	2.70	71.88
6	巧面馆红烧牛肉面	513	2.67	74.55
7	绿盛牛肉粒（100g）	497	2.58	77.13
8	亨仕利盐津葡萄（180g）	425	2.21	79.34
9	枪手无味杀虫气雾剂	297	1.54	80.88
10	伊利早餐奶（麦香）（250ml）	281	1.46	82.34
11	舒蕾洗发水（1L）	272	1.41	83.75
12	三辉法式香奶面包	238	1.24	84.99
13	清风手帕纸	237	1.23	86.22
14	雀巢麦片（高钙）	221	1.15	87.37
15	雕牌洗衣粉（300g）	217	1.13	88.50
16	六神花露水	216	1.12	89.62
17	一次性打火机	215	1.12	90.74
18	维达餐巾纸	210	1.09	91.83
19	雀巢麦片（燕麦）	200	1.04	92.87
20	高露洁美白牙膏（90g）	194	1.01	93.88
21	醒目（255ml）	180	0.94	94.82
22	索芙特保湿啫喱水	176	0.91	95.73
23	梅林午餐肉罐头	165	0.86	96.59
24	可口可乐（355ml）	161	0.84	97.43
25	海天味极鲜酱油（1L）	156	0.81	98.24
26	苏泊尔电饭锅	149	0.77	99.01
27	高露洁牙刷	148	0.77	99.78
28	海天白米醋（450ml）	27	0.14	99.92
29	鲁花菜籽油（1L）	15	0.08	100.00

（4）结合累计周转量百分比与品类的比例，确定累计周转量前70%的，为A类；累计周转量百分比为70%~90%的，为B类；累计周转量百分比为90%~100%的，为C类。物动量ABC分析见表6-6。

表6-6　　　　　　　　　　物动量ABC分析

序号	商品	周转量（箱）	周转量百分比（%）	累计周转量百分比（%）	ABC分类
1	达能牛奶饼干（130g）	4 860	25.26	25.26	A类
2	旺旺雪饼	3 702	19.24	44.50	
3	农夫山泉天然水（500ml）	2 800	14.55	59.05	
4	新达利香辣牛肉桶装米线	1 950	10.13	69.18	
5	格力高双层百力滋	519	2.70	71.88	B类
6	巧面馆红烧牛肉面	513	2.67	74.55	
7	绿盛牛肉粒（100g）	497	2.58	77.13	
8	亨仕利盐津葡萄（180g）	425	2.21	79.34	
9	枪手无味杀虫气雾剂	297	1.54	80.88	
10	伊利早餐奶（麦香）（250ml）	281	1.46	82.34	
11	舒蕾洗发水（1L）	272	1.41	83.75	
12	三辉法式香奶面包	238	1.24	84.99	
13	清风手帕纸	237	1.23	86.22	
14	雀巢麦片（高钙）	221	1.15	87.37	
15	雕牌洗衣粉（300g）	217	1.13	88.50	
16	六神花露水	216	1.12	89.62	
17	一次性打火机	215	1.12	90.74	
18	维达餐巾纸	210	1.09	91.83	C类
19	雀巢麦片（燕麦）	200	1.04	92.87	
20	高露洁美白牙膏（90g）	194	1.01	93.88	
21	醒目（255ml）	180	0.94	94.82	
22	索芙特保湿啫喱水	176	0.91	95.73	
23	梅林午餐肉罐头	165	0.86	96.59	
24	可口可乐（355ml）	161	0.84	97.43	
25	海天味极鲜酱油（1L）	156	0.81	98.24	
26	苏泊尔电饭锅	149	0.77	99.01	
27	高露洁牙刷	148	0.77	99.78	
28	海天白米醋（450ml）	27	0.14	99.92	
29	鲁花菜籽油（1L）	15	0.08	100.00	

【任务实施】

打开Excel，可用数据透视表、绝对引用、相对引用、排序等进行操作。

任务6.1

实施提示

步骤1：对货物周转量进行排序。

步骤2：计算货品周转量百分比。

步骤3：计算累计周转量百分比。

步骤4：判断货品的ABC类，根据累计周转量，前80%的货品为A类，累计周转量80%~90%的货品为B类，累计周转量90%~100%的货品为C类。

任务6.2　储位分配

【任务描述】

现代仓储管理与传统仓储管理相比，更加注重仓储的时效性，是一种动态的管理。商品在入库前应做好合理的储位分配，使每种商品都能处于最合适的位置，为拣货出库提供良好的条件，从而提高拣货效率。

昌荣物流公司1号仓库为重型托盘货架，共有10个货架，每个货架3层，每层6个货位。图6-1为3号货架示意图，物动量ABC分析结果显示，雷达电热蚊香液为A类货品，枪手无味杀虫气雾剂为B类货品。

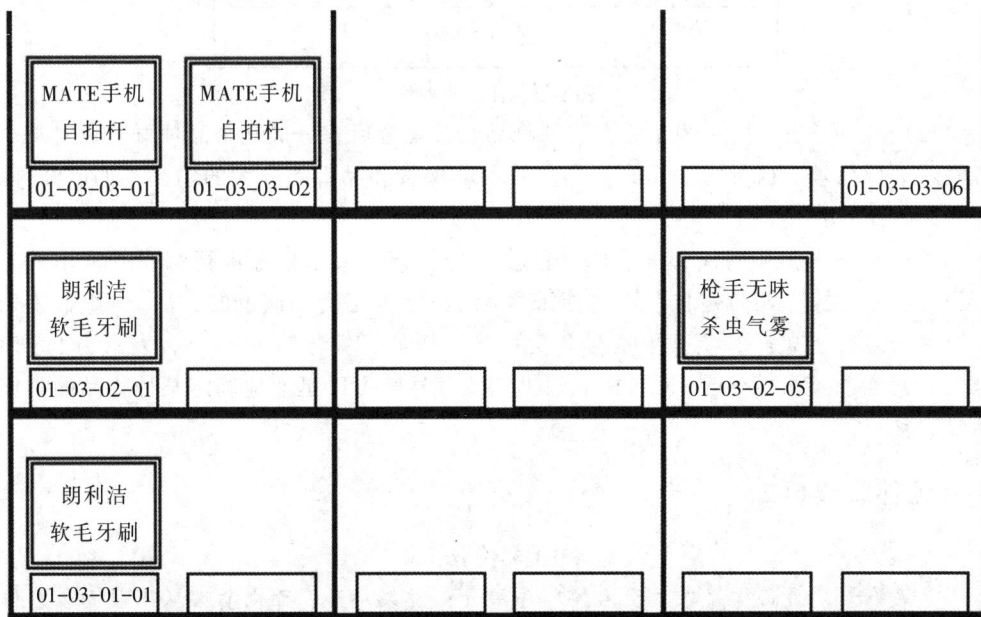

图6-1　3号货架示意图

要求：根据储位分配原则，为新入库的雷达电热蚊香液（3个托盘）、枪手无味杀虫气雾剂（1个托盘）选择合适的储位，并对这两种货品对应的储位进行编号，将货品名称和储位编号标注在相应的储位上。

【任务知识】

6.2.1 储位编号

科学合理的储位编号在整个仓储管理中具有重要的作用。在物品保管过程中，根据储位编号可以对库存物资进行科学合理的养护，有利于对物品采取相应的保管措施；在物品收发作业过程中，按照储位编号可以迅速、准确、方便地进行查找，不但能提高作业效率，而且能减少差错。

1) 储位编号方法

储位编号应按一定的规则和方法进行。首先，确定编号的先后顺序规则，规定好库区、编排方向和排列顺序。其次，采用统一的方法进行编排，要求在编排过程中所用的代号、连接符号必须一致，每种代号的先后顺序必须固定，每一个代号必须代表特定的位置。储位编号应达到"标志明显易找，编排规律有序"的要求。常见的储位编号方法有区段法、品类群法和地址法三种。

（1）区段法。把储存区分成几个区段，再对每个区段编号。这种方法以区段为单位，每个号码代表的储区较大，区段式编号适合单位化物品和量大而保管期短的物品，比较适合流通型仓储。区域大小根据物流量大小而定。区段式编号如图6-2所示。

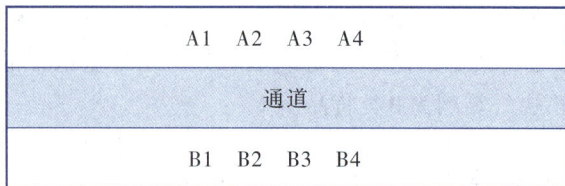

A1　A2　A3　A4
通道
B1　B2　B3　B4

图6-2　区段式编号

（2）品类群法。把一些相关性强的物品经过集合后，分成几个品项群，再对每个品项群进行编号。这种方法适合容易按物品群保管和品牌差异大的物品，如服饰群、五金群、食品群等。

（3）地址法。利用保管区仓库、区段、排、行、层、格等进行编码，常用的有"四号定位"法。"四号定位"法是指采用4组数字确定货物储位的方法，4组数字依次为库房号、货架号、货架层次号和货位号。例如，编号1-11-1-5，表示为1号库房，第11个货架，第1层，第5格。根据储位编号就可以迅速地确定某种物品的具体存放位置。

延伸阅读6-2

编号方法

货架编号，面向货架从左至右按顺序编号；货架层号，面向货架从下层向上层依次编号；货架列号，面向货架从左侧起横向依次编号。

需要注意的是，当商品入库后，应将商品所在储位的编号及时登记在账册上或输入计算机系统中。当商品所在货位有变动时，应及时在账册上或计算机系统中作出相应的调整。一般而言，一个储位对应一种商品，如果以托盘为储存单位，则一个托盘一个储位，每个托盘上放置同类商品。为了提高储位的利用率，有时可以在同一储位上存入不同规格的商品，但必须配备明显的标志，以免造成差错。

同步训练 6-2

某仓库采用"四号定位"法进行储位编号，如某一储位编号为 3-03-05-11，请说明该储位的位置。

2）标志制作

储位编号完成后，应进行标志制作。一般统一使用阿拉伯数字制作货位编号标志。在制作库房和过道标志时，可在阿拉伯数字外辅以圆圈。之后，应将标志放置在适当的地方，以易于寻找。一般而言，库房的标志可写在库门上或在库门外挂牌。货场货位标志，可竖立标牌。多重建筑库房的直道、支道、段位的标志，可直接刷在水泥或木板地坪上。存放粉末类、软性笨重类货物的库房，其标志可印置在天花板上。泥土地坪的简易货棚的货位标志，可利用柱、墙、顶、梁等位置，刷置或悬挂标牌。

6.2.2　储存策略

储位分配要与储存策略紧密结合，才能对储位进行符合实际的合理分配。储存策略是指决定商品在储存区域存放位置的方法或原则。良好的储存策略可以减少出入库移动的距离，缩短作业时间，充分利用储存空间。常见的储存策略有定位储存策略、随机储存策略、分类储存策略、分类随机储存策略、共同储存策略等。

1）定位储存策略

（1）定位储存策略的含义。定位储存是指每一项储存商品都有固定储位，商品之间不能互用储位，因此必须规定好每一项商品的储位容量，而且这个量不能小于其可能的最大库存量。

（2）定位储存的优点。定位储存的优点表现在：一是每种商品都有固定的储存位置，便于拣货人员熟悉商品储位，易于管理；二是商品的储位按周转率高低安排，以缩短出入库搬运距离，所需要的总搬运时间较少。

（3）定位储存的缺点。储位容量必须按各类商品的最大在库量设计，需要较大的储存空间，储区空间平时的使用率较低，会出现储位闲置现象。

2）随机储存策略

（1）随机储存策略的含义。随机储存是指每一种商品被分配的储存位置都是随机的，而且可以经常改变。也就是说，任何商品都可以被存放在任何可利用的位置上。一般由储存人员按习惯来存放，并且通常与靠近出入口的原则综合使用，按商品入库的时间顺序放在靠近出入口的储位上，或者可以随机哪儿有空放哪儿。随着信息系统及手持终端等拣货设备的使用，越来越多的企业采用随机储存策略。

（2）随机储存的优点。由于储位共用，因此只要按照所有库存商品的最大在库量设计即可，储区的空间利用率较高。

（3）随机储存的缺点。随机储存的缺点表现在：一是商品的出入库管理及盘点工作较困难；二是周转率高的商品可能被存放在离出入口较远的位置，增加了出入库的搬运距离；三是相互影响的商品可能放在相邻位置上，造成商品损坏变质。

3）分类储存策略

（1）分类储存策略的含义。分类储存是指所有储存商品可以按照一定特性进行分类，每一类商品都有固定的存放位置，而同属一类的不同商品又按一定的规则来分配储位。

（2）分类储存的优点。分类储存具有定位储存的各项优点，各分类储存区域可根据商品特性重新设计，有助于商品的在库管理。

（3）分类储存的缺点。分类储位的缺点与定位储存相似，储位需要按商品最大在库量设计，储区空间的平均利用率较低。

4）分类随机储存策略

分类随机储存是指每一类商品都有固定存放的储区，但在各类储区内，每个储位的分配是随机的。这种策略具备分类储存的优点，可节省储位数量，提高储区利用率，但是其出入库管理及盘点工作的难度较高。

5）共同储存策略

共同储存是指在可以确定各类商品进出库时间的情况下，不同的商品可共用相同的储位。虽然这种策略能够提高储位的利用率，但是其管理难度大，较容易造成混乱。

6.2.3 储位分配的原则及考虑的因素

1）储位分配的原则

在进行储位分配时，应遵循以下三条原则：

（1）以物动量ABC分析为基础。储位分配应以物动量ABC分析的结果为基础，一般情况下，A类商品的储位应离出货区近，在货架的下层；可以将较偏的、上层的货架分配给C类商品；B类商品居于A类与C类商品之间。

（2）下重上轻原则。笨重的货物或液体货物，其储位应在货架下层及接近出货区，便于搬运，也较为安全；较轻的货物，其储位应在货架上层或离出货区较远的位置。

（3）下大上小原则。体积较大的货物，其储位应在货架下层及接近出货区；体积较小的货物，其储位应在货架上层或离出货区较远的位置。

2）储位分配考虑的因素

（1）储存策略。储存策略会在很大程度上影响储位的分配。如果采用的是随机储存策略，则无须开展储位分配；如果采用的是共同储存策略，则需要特别考虑商品特性等因素。因此，在进行储位分配前需要确定企业的储存策略。

（2）商品因素。储位的分配还需要考虑与商品本身有关的一些因素，这些因素包括：

①供应商。商品的供货渠道，是自己生产的还是外购的。

② 商品特性。商品的体积大小、重量、单位、包装、周转率、季节性的分布及自然属性，对温湿度的要求，对气味的影响等。

③ 数量的影响。商品的生产量、进货量、库存量、安全库存量等。

④ 进货要求。商品的采购前置时间、采购作业特殊要求。

⑤ 商品种类。商品的种类类别、规格大小等。

（3）储存单位。仓库的存储单位有件、箱、托盘三类，最小的储存单位是件，最大的储存单位是托盘。在进行储位分配时应明确商品的储存单位。

（4）储位空间。仓库从功能上一般可分为仓储型仓库和流通型仓库。现代仓储更多以流通型仓库为主。对于仓储型仓库，主要是仓库保管空间的储位分配，因此较少考虑拣货的便利性。对于流通型仓库，则是为了便于拣货及补货进行储位分配。以物动量ABC分析为基础的储位分配主要是针对流通型仓库而言的。

【任务实施】

步骤1：结合物动量ABC分析结果，明确雷达电热蚊香液、枪手无味杀虫气雾剂ABC分类情况。

步骤2：结合储位分配原则，考虑A类货品应放置容易进出库的位置，B类和C类货品应放置离出入口较远的位置。结合下重上轻、下大上小、同类货品放在相邻位置等原则，确定储位。

任务6.2

实施提示

任务6.3 储位管理

【任务描述】

储位管理就是利用储位使商品处于"被保管状态"，并且能够明确显示所储存的位置，同时当商品的位置发生变化时能够准确记录，使管理者能够随时掌握商品的数量、位置、去向。目前，昌荣物流公司在储位管理中存在以下问题：一是库存数量不准确，库存记录与实际库存不一致，导致过量采购或缺货；二是仓储空间利用率低，部分仓储区域未被充分利用，造成资源浪费；三是货物存取效率低，储位分配不合理导致作业员花费过多时间在存取货物上。

微课6-6

储位管理

要求：结合储位管理的相关知识对昌荣物流公司的储位管理提出改进建议。

【任务知识】

6.3.1 储位管理的原则

1）储位标志明确

将储存区域详细划分，并加以编号，让每一种预备存储的商品都有位置可以存放。此位置必须很明确，不可以是边界含糊不清的位置，如过道、楼上、角落或某商品旁等。需要指出的是，仓库的过道不能当成储位来使用，虽然短时间会得到一些方便，但会影响商品的进出，违背了储位管理的基本原则。

2）商品定位有效

依据商品保管方式的不同，应该为每种商品确定合适的储存单位、储存策略、分配规则，把货品有效地配置在先前所规划的储位上。例如，冷藏的商品就应该放入冷藏库，流通速度快的商品就应该放置在靠近出口处。

3）变动更新及时

当商品被有效地配置在规划好的储位上之后，接下来的工作就是对储位的维护。也就是说，当商品不管是因拣货取出，还是被淘汰，或是受其他作业的影响使得商品的位置或数量发生了改变时，必须及时地对变动情况加以记录，以使记录与实物数量能够完全吻合，如此才能进行有效的储位管理。由于此项变动登记工作非常烦琐，仓库管理人员在繁忙的工作中会产生惰性，使得这个原则成为储位管理中实施起来最困难的部分，也是目前各仓库储位管理作业成败的关键所在。

6.3.2 分区储位管理

在仓库的所有作业中，所用到的保管区域均是储位管理的范围。根据作业方式不同，储区分为预备储区、保管储区、动管储区。不同储区的管理方法和要求也不尽相同。

1）预备储区

预备储区是商品进出仓库时的暂存区，分为进货暂存区和出货暂存区，其特点是商品在此区域的停留时间是短暂的。虽然商品在此区域停留的时间不长，但是也不能在管理上疏忽大意，给下一作业程序带来麻烦。在预备储区，不仅要对商品进行必要的保管，还要将商品打上标志、分类，再根据要求归类，摆放整齐。

对于进货暂存区，在商品进入暂存区前先分类，暂存区域也应进行标示区分，并且配合看板上的记录，商品依据分类或入库上架顺序，分配到预先规划好的暂存区储存。对于出货暂存区，所要配送的商品，每一车或每一区域路线的配送商品必须摆放整齐并且加以分隔，摆放在事先标示好的储位上，再配合看板上的标示，按照出货单的顺序进行装车。

2）保管储区

保管储区是仓库中最大、最主要的保管区域，商品在此区域的保管时间最长，且以比较大的存储单位进行保管，是整个仓库的管理重点。为了最大限度地增大储存容量，要考虑合理运用储存空间，提高使用效率。为了对商品的摆放方式、位置及存量进行有效控制，应考虑储位的分配方式、储存策略等是否合适，并选择合适的搬运设备，以提高作业效率。

3）动管储区

动管储区是在拣货作业时所使用的区域，此区域的商品大多会在短时期内被拣取出货，因为商品在储位上流动频率很高，所以称为动管储区。为了减少拣货时间、缩短拣货人员的行走距离、降低拣货差错率，拣货人员就必须在拣选商品时方便、迅速地找到商品所在的位置，因此对于储位的标示或位置的指示就非常重要，可利用灯光、颜色对商品的储位进行区分。现代化的仓储中心借助电脑辅助拣货系统、自动拣货系统等，大大地提高了拣货效率。京东、亚马逊等企业已开始采用机器人分拣商品或者采用"货到人"的分拣方式。有关拣选的内容将在模块4中详细介绍。

【任务实施】

步骤1：熟悉储位管理的相关知识点，如储位管理的原则、储位策略、分区储位管理等知识点和技能点。

步骤2：分析昌荣物流公司储位管理中存在问题的原因。

步骤3：结合存在的问题和问题存在的原因，提出相应的改进措施。

任务6.3

实施提示

项目回顾

通过本项目的学习，我们明确了物动量ABC分析的含义，掌握了物动量ABC分析的方法，在开展物动量ABC分析时，我们可以利用Excel等工具进行数据的处理。储位在仓库中是一个重要的概念，大家应学会储位编号的方法，结合储位策略和物动量ABC分析的结果，进行合理的储位分配，达到每一类商品都处于最合适的储位上。一个仓库是否规范有序在很大程度上取决于对储位的管理，因此要按照储位管理的原则，对预备储区、保管储区、动管储区进行有效管理。

课后训练

一、知识检测

（一）不定项选择题

1.物动量ABC分析的主要依据是（　　）。

A.货物的周转量　　　　　　　　　　B.货物的库存量

C.货物的安全库存量　　　　　　　　D.货物的采购量

2.物动量ABC分析中的C类商品是指（　　）的商品。

A.周转量大　　　　B.周转量小　　　　C.库存量大　　　　D.库存量小

3.下列累计周转量百分比最符合物动量ABC分析中A类商品的是（　　）。

A.10%~20%　　　　B.30%~50%　　　　C.40%~60%　　　　D.60%~80%

4.下列累计周转量百分比最符合物动量ABC分析中C类商品的是（　　）。

A.10%~20%　　　　B.30%~50%　　　　C.40%~60%　　　　D.60%~80%

5.下列各项中，属于储位编号方法的有（　　）。

A.区段法　　　　B.品类群法　　　　C.地址法　　　　D."四号定位"法

6.某仓库采用"四号定位"法设计储位编号，有一组编码为1-11-2-5，则该商品的库房为（　　）号。

A.1　　　　　　B.11　　　　　　C.2　　　　　　D.5

7.某仓库采用"四号定位"法设计储位编号，有一组编码为2-03-2-5，则该商品应放置在第（　　）个货架。

A.1　　　　　　B.3　　　　　　C.2　　　　　　D.5

8.以下选项中，能够提高仓库空间利用率的是（　　　）。

A.随机储存策略　　　　B.定位储存策略　　　　C.分类储存策略

D.分类随机储存策略　　　E.共同储存策略

9.储位管理的范围包括仓库内所用到的物品的所有保管区，根据作业方式不同，一般可分为（　　　）。

A.预备储区　　　　B.保管储区　　　　C.动管储区　　　　D.出货区

10.在储位分配中，一般将靠近出口、在下层的货架分配给（　　　）。

A.A类商品　　　　B.B类商品　　　　C.C类商品　　　　D.以上都不对

（二）判断题

1.在物动量ABC分析中，A类商品是指周转量大的商品，其品类比重也是最大的。　（　　　）

2.在物动量ABC分析中，A类、B类和C类商品周转量的比例并不是确定不变的，每个企业应结合实际情况而定。一般情况下，A类商品的周转量和品类所占的比例都是最大的。　（　　　）

3.在储存策略中，随机储存过于随意，所以在实际工作中不应采用。　（　　　）

4.仓库的储存单位有件、箱和托盘三种，最大的储存单位是箱。　（　　　）

5.某商品的编号为5-3-2-11，表示该商品存放在5号库房、3号货架、第211号货位。　（　　　）

6.储位编号应达到"标志明显易找，编排规律有序"的要求。　（　　　）

7.为了增加仓库的利用率，应该在过道上设置相应的储位，放置即将出货的商品。　（　　　）

8.为了增加储位的利用率，一个储位上可以放置不同种类的商品，但必须配备明显的标志，以免造成差错。　（　　　）

9.在储存策略中，定位储存最好管理，储位最清晰，是最佳的储存策略。　（　　　）

10.在储存策略中，共同储存是指不同的货物共用同一个储位，这种策略能充分利用储位空间，但管理难度非常大。　（　　　）

（三）简答题

1.什么是物动量ABC分析？

2.储位分配的原则是什么？

3.请简述五种储存策略的优缺点。

4.请简述储位编号的三种方法。

5.储位管理的原则是什么？

6.请简述如何进行预备储区、保管储区和动管储区的储位管理。

二、案例研讨

箭牌分销中心储位管理实施

箭牌分销中心储位管理分两个阶段进行，分别是准备阶段和实施阶段。

1.储位实施前期准备

（1）储位数量。根据分销中心库房的具体状况，以1m×1.2m卡板（即托盘）为标准对仓库现有可利用面积进行储位定义，并最终绘制成一幅储位编码的简易平面规划图。

（2）摆放策略。结合储位规划图，根据货品分类、货品流量等更新现有货品摆放区域，并在规划图上标注。例如，功能区、存货区、备货区、退货区等；存货区继续细分为箭牌产品、益达产品、劲浪产品、儿童产品、陈列架、广告品等。

（3）堆码标准。货架管理必须执行公司统一要求。

为了提高仓库利用率，可适当调整堆码高度，因此已经实施储位管理的分销中心均采用实际测算后的统一标准。在完成以上准备工作后，进行系统后台设置。

通过前期准备，我们可以基本了解：仓库共有多少位置可用，每一位置大致放什么样的货品，货品堆码数量、高度等信息。初步建立起仓库货品摆放的基础模型。

2.储位实施具体步骤

（1）开展培训工作。结合仓库运作特点，按照标准操作流程对分销中心的职员进行储位管理培训，内容涉及入库、出库、库位移动、储位规划等。

（2）安排保管员进行盘点（要求清点货品的品种、数量、批号，记录货品实际摆放储位）。系统操作员完成数据录入工作，进行系统后台正式切换。

（3）正式实施储位管理，并按照储位要求进行仓库作业、系统操作。对未能精确管理的货品进行记录，作出必要调整。

（4）根据储位编码，制作储位指示板，并在仓库地面喷绘相关储位标志。

3.特别注意事项

（1）建议统一使用1m×1.2m标准卡板。

（2）堆仓管理的储位设计、定义储位编码均有技巧。

（3）当货品储位变化时，仓库保管员与数据管理人员必须第一时间沟通，保证实际摆放与系统保持一致。

（4）仓库保管员的业务能力有利于储位规划，并在具体运作中起关键作用。

资料来源　佚名．箭牌分销中心储位管理实施［EB/OL］．［2023-11-09］．http：//info.10000link.com/newsdetail.aspx？doc=2009110900025.

结合以上案例，讨论下列问题：

1.你认为应如何开展储位管理工作？

2.尝试设计一份储位指示板。

三、实战训练

1.实战技能点

物动量ABC分析。

2.实战任务

背景资料：昌荣配送中心1—6月商品的出库情况见表6-7至表6-12，请结合相关数据资料进行物动量ABC分析，并编制一张物动量ABC分类表。

表6-7　　　　　　　　　　　　　　出库作业月报（1月份）

货品编码/条码	货品名称	出库量（箱）
6911989331808	联想便携式电脑	60
6921317905038	康师傅矿物质水	150
6939261900108	好娃娃薯片	900
6901521103123	诚诚油炸花生仁	146
6920907800173	休闲黑瓜子	122
6932010061914	丘比沙拉酱	88
6902563688999	奥利奥夹心饼干	475
6901424333948	王老吉凉茶	720
6932010061860	金谷精品杂粮营养粥	0
6921200101102	旺旺饼干	80
6922100321100	罗技键盘	400
6925011022012	红牛方便面	397
6922266437342	戴尔台式电脑	342
6922654700112	喜洋洋背包	100
6920226613033	精灵鼠标	30
6921100369990	联想台式电脑	37
6920380201108	创意记事本	21

表6-8　　　　　　　　　　　　　　出库作业月报（2月份）

货品编码/条码	货品名称	出库量（箱）
6911989331808	联想便携式电脑	25
6902563688999	奥利奥夹心饼干	200
6901424333948	王老吉凉茶	850
6932010061860	金谷精品杂粮营养粥	42
6922266437342	戴尔台式电脑	107
6932010061914	丘比沙拉酱	30
6921200101102	旺旺饼干	47
6921317905038	康师傅矿物质水	76
6939261900108	好娃娃薯片	806
6901521103123	诚诚油炸花生仁	56
6920907800173	休闲黑瓜子	41
6920226613033	精灵鼠标	30
6921100369990	联想台式电脑	38
6920380201108	创意记事本	0
6922100321100	罗技键盘	36
6925011022012	红牛方便面	120
6922654700112	喜洋洋背包	45

表 6-9   出库作业月报（3月份）

货品编码/条码	货品名称	出库量（箱）
6920226613033	精灵鼠标	50
6921100369990	联想台式电脑	25
6920380201108	创意记事本	0
6922100321100	罗技键盘	59
6921317905038	康师傅矿物质水	167
6932010061914	丘比沙拉酱	10
6921200101102	旺旺饼干	189
6901521103123	诚诚油炸花生仁	1 270
6939261900108	好娃娃薯片	655
6920907800173	休闲黑瓜子	59
6925011022012	红牛方便面	39
6922654700112	喜洋洋背包	25
6911989331808	联想便携式电脑	0
6902563688999	奥利奥夹心饼干	25
6901424333948	王老吉凉茶	920
6932010061860	金谷精品杂粮营养粥	0
6922266437342	戴尔台式电脑	113

表 6-10   出库作业月报（4月份）

货品编码/条码	货品名称	出库量（箱）
6932010061914	丘比沙拉酱	50
6921200101102	旺旺饼干	125
6920226613033	精灵鼠标	40
6921100369990	联想台式电脑	80
6920380201108	创意记事本	100
6922100321100	罗技键盘	26
6921317905038	康师傅矿物质水	250
6911989331808	联想便携式电脑	176
6902563688999	奥利奥夹心饼干	220
6901424333948	王老吉凉茶	580
6932010061860	金谷精品杂粮营养粥	45
6922266437342	戴尔台式电脑	269
6901521103123	诚诚油炸花生仁	450
6939261900108	好娃娃薯片	400
6920907800173	休闲黑瓜子	139
6925011022012	红牛方便面	25
6922654700112	喜洋洋背包	80

表 6-11　　　　　　　　出库作业月报（5月份）

货品编码/条码	货品名称	出库量（箱）
6902563688999	奥利奥夹心饼干	50
6901424333948	王老吉凉茶	420
6932010061860	金谷精品杂粮营养粥	60
6921100369990	联想台式电脑	63
6920380201108	创意记事本	97
6922100321100	罗技键盘	0
6921317905038	康师傅矿物质水	230
6911989331808	联想便携式电脑	97
6920907800173	休闲黑瓜子	227
6925011022012	红牛方便面	46
6922654700112	喜洋洋背包	40
6922266437342	戴尔台式电脑	82
6901521103123	诚诚油炸花生仁	200
6939261900108	好娃娃薯片	517
6932010061914	丘比沙拉酱	43
6921200101102	旺旺饼干	154
6920226613033	精灵鼠标	27

表 6-12　　　　　　　　出库作业月报（6月份）

货品编码/条码	货品名称	出库量（箱）
6901521103123	诚诚油炸花生仁	150
6939261900108	好娃娃薯片	1 250
6932010061914	丘比沙拉酱	50
6921200101102	旺旺饼干	458
6921317905038	康师傅矿物质水	148
6911989331808	联想便携式电脑	27
6920226613033	精灵鼠标	0
6902563688999	奥利奥夹心饼干	217
6920907800173	休闲黑瓜子	74
6925011022012	红牛方便面	45
6922654700112	喜洋洋背包	44
6922266437342	戴尔台式电脑	243
6920380201108	创意记事本	100
6922100321100	罗技键盘	65
6901424333948	王老吉凉茶	100
6932010061860	金谷精品杂粮营养粥	12
6921100369990	联想台式电脑	17

模块 3
在库管理

与传统的仓库相比，在仓配一体化的发展态势下，现代货品的在库状态更具有动态变化的特点，管理的难度更大，重要性也更加突出。需要说明的是，从教材完整性上讲，在库管理还应包括商品养护这部分内容，但考虑到商品养护的内容繁多，且专门独立编写商品养护的教材也较多，因此本教材对商品养护不再赘述。本模块的内容包括3个项目，分别是盘点作业、库存控制和现代仓储技术应用，内容架构图如下：

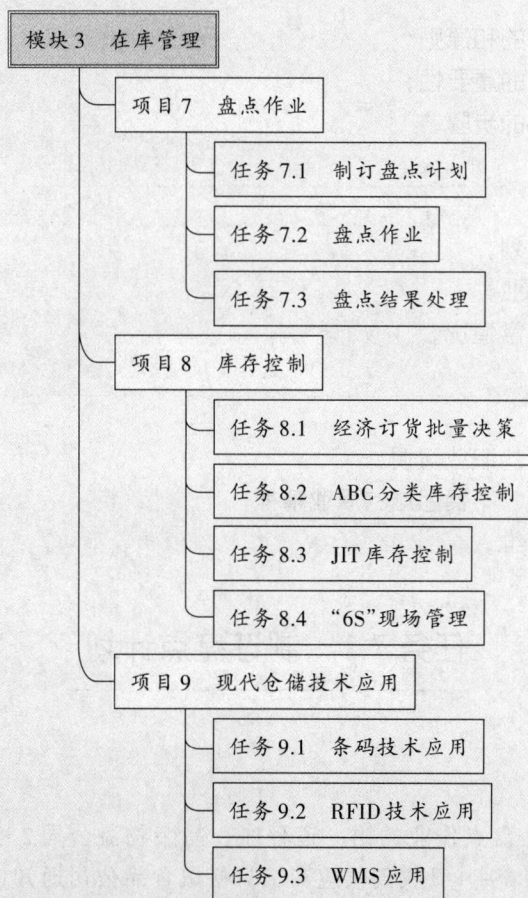

```
模块3  在库管理
   │
   ├─ 项目7  盘点作业
   │     ├─ 任务7.1  制订盘点计划
   │     ├─ 任务7.2  盘点作业
   │     └─ 任务7.3  盘点结果处理
   │
   ├─ 项目8  库存控制
   │     ├─ 任务8.1  经济订货批量决策
   │     ├─ 任务8.2  ABC分类库存控制
   │     ├─ 任务8.3  JIT库存控制
   │     └─ 任务8.4  "6S"现场管理
   │
   └─ 项目9  现代仓储技术应用
         ├─ 任务9.1  条码技术应用
         ├─ 任务9.2  RFID技术应用
         └─ 任务9.3  WMS应用
```

项目7 盘点作业

学习目标

【知识目标】

1.明确盘点的目的和原则；
2.了解盘点计划的重要性；
3.掌握盘点工作的步骤。

【能力目标】

1.能制订盘点计划；
2.能开展盘点作业；
3.能处理盘点异常情况。

【素养目标】

1.养成规范做事的职业习惯；
2.培养勇于创新、不畏困难的职业精神；
3.培养数字化思维。

微课 7-1

盘点计划
编制

任务 7.1 制订盘点计划

【任务描述】

　　制订盘点计划是盘点作业的第一道程序。昌荣物流公司2号仓库以储存食品为主，仓储主管张胜利6月1日收到供应商三只松鼠食品公司通知，要求7月10日前提交6月份库存的盘点报表。三只松鼠食品公司供应商对盘点绩效提出以下要求：提供2024年1—6月份商品的库存周转率，系统数量与实际数量相符程度及差异原因分析，储位准确率（供应商目标考核的比率为100%）。

要求：根据供应商的通知要求，制订一份盘点计划。

【任务知识】

盘点是企业定期或临时对储存物品的实际状况进行具体清点，并依此结果对物品库存数量与实存数之间的差异做出详细分析，以便有效地控制和掌握物品的数量与质量。为了有效控制货品数量，要定期或临时对库存物品的实际数量进行清查、清点，对仓库现有物品的实际数量与保管账上记录的数量进行核对，检查有无残缺和质量问题，以便准确地掌握物品保管数量，进而核对金额。保证储存物品达到账、物、卡相符的作业，称为盘点作业。

7.1.1 盘点的目的和内容

1) 盘点目的

（1）确定现存量。通过盘点可以查清实际库存数量，并确认库存物品实际数量与账面库存数量的差异。账面库存数量与实际库存数量不符的主要原因通常是出入库作业中产生的误差，如记录库存数量时多记、误记、漏记；作业中导致的物品损坏、遗失；验收与出库时清点有误；盘点时误盘、重盘、漏盘等。当发现盘点的实际库存数量与账面库存数量不符时，应及时查清问题原因，并做出适当的处理。

（2）确认企业损益。库存物品的总金额直接反映企业库存资产的使用情况，库存量过大，将增加企业的库存成本。通过盘点，可以定期核查企业的库存情况，从而提出改进库存管理的措施。

（3）核实物品管理成效。通过盘点，可以发现呆废品及其处理情况、存货周转率以及物品保管、养护、维修情况，从而采取相应的改善措施。

2) 盘点内容

盘点的内容主要包括数量盘点、质量盘点、账实核对、保管条件等。在盘点中如发现问题，要做好记录，并应逐一进行分析，找出原因，协商对策，纠正账目中的错误。

（1）查数量。通过盘点查明库存物品的实际数量，核对账面库存数量与实际库存数量是否一致，这是盘点的主要内容。

（2）查质量。检查在库物品质量有无变化，包括受潮、锈蚀、发霉、干裂、鼠咬甚至变质情况；检查有无超过保管期限和长期积压现象；检查证件是否齐全，证物是否相符；必要时，还要进行技术检验。

（3）查保管条件。检查库房内外储存空间与场所利用是否恰当；储存区域划分是否明确，是否符合作业情况；货架布置是否合理；物品进出是否方便、简单、快速；工作联系是否便利；搬运是否方便；传递距离是否太长；通道是否宽敞；储区标志是否清楚、正确，有无脱落或不明显情况；有无废弃物堆置区；温湿度是否控制良好。检查堆码是否合理稳固，苫垫是否严密，库房是否漏水，场地是否积水，门窗通风是否良好等，即检查保管条件是否与各种物品的保管要求相符合。

（4）查设备。检查各项设备的使用和养护是否合理；是否定期保养；储位、货架标志是否清楚明确，有无混乱现象；储位或货架是否充分利用；检查计量器具和工具，如皮尺、磅秤以及其他自动装置等是否准确，使用与保管是否合理，检查时要用标准件校验。

（5）查安全。检查各种安全措施和消防设备、器材是否符合安全要求；检查使用工具是否齐备、安全；药剂是否有效；物品堆放是否安全，有无倾斜；货架头尾防撞杆有无损坏变形；检查建筑物是否损坏而影响物品储存；对地震、水灾、台风等自然灾害有无紧急处理对策等。

同步训练 7-1

列举盘点包含的内容。

7.1.2 盘点种类

库存盘点分为账面盘点及现货盘点两种。

1）账面盘点

账面盘点就是把每天入库及出库物品的数量及单价记录在电脑或账簿上，而后不断地累计加总算出账面上的库存量及库存金额。

2）现货盘点

现货盘点又称实地盘点，也就是实地去点数，调查仓库内物品的库存数，再依据物品单价计算出库存金额的方法。

因此，如要得到最正确的库存情况并确保盘点无误，最直接的方法是确定账面盘点与现货盘点的结果完全一致。如存在差异，即产生账货不符的现象，就应分析寻找错误的原因，弄清究竟是账面盘点记错还是现货盘点点错，划清责任归属。

7.1.3 盘点方法

1）动态盘点法

动态盘点法又称永续盘点法，是对有动态变化的物品即发生过出入库的物品，及时核对该批物品的余额是否与账、卡相符的一种盘点方法。动态盘点法有利于及时发现差错并及时处理。

2）重点盘点法

重点盘点法是对进出动态频率高的，或者是易损耗的，或者是昂贵物品的一种盘点方法。

3）全面盘点法

全面盘点法是对在库物品进行全面盘点清查的一种方法，通常多用于清仓查库或年终盘点。其工作量大，检查的内容多，要把数量盘点、质量检查、安全检查结合在一起进行。

4）循环盘点法

循环盘点法是指在每天、每周按顺序一部分一部分地进行盘点，到了月末或期末需要对每项物品至少完成一次盘点的方法，即按照物品入库的前后顺序，不论是否发生过进出业务，有计划地循环进行盘点的方法。采用循环盘点法时，日常业务照常进行，按照顺序每天盘点一部分，所需的时间和人员都比较少，发现差错也可及时分析和修正。其优点是对盘点结果出现的差错很容易及时查明原因，可以节约经费。

5）定期盘点法

定期盘点法又称期末盘点法，是指在期末一起清点所有物品数量的方法。期末盘点时，必须关闭仓库做全面的物品清点，因此对物品的核对十分方便和准确，可减少盘点中的许多错误，简化存货的日常核算工作。其缺点是必须关闭仓库、停止业务，会造成损失，并且动用大批员工从事盘点工作，加大了期末的工作量；不能随时反映存货收入、发出和结存的动态，不便于管理人员掌握情况；容易掩盖存货管理中存在的自然的和人为的损失；不能随时结转成本。

定期盘点法与循环盘点法的差异比较，见表7-1。

表7-1　　　　　　　　　　定期盘点法与循环盘点法的差异比较

比较项目 盘点方式	定期盘点法	循环盘点法
盘点时间	期末	日常、每天或每周
耗费时间	长	短
盘点所需人员	全体人员	专门人员
盘点差错情况	差错多但发现晚	差错少且发现早
对业务的影响	停止作业	不影响作业
差错原因判定	困难	容易

延伸阅读7-1

双向盘点

盘点一般为单向盘点，一个人或一组人从头盘到尾，除了复盘，不会对同一个产品进行二次盘点。

双向盘点，又称复式盘点。是由两个人或两组人，从相反的方向对向盘点，盘点结束后相互复核盘点结果。也可以是同一个人或一组人从相对的方向盘点两次，再进行两次盘点的结果比对。

7.1.4 盘点范围和时间

盘点的范围包括成品、半成品、原材料等，凡是在库的材料或产品都应包括在内，盘点时间包括季度盘点、半年盘点、年度盘点等。盘点的范围和时间可参考表7-2。

表 7-2 盘点的范围和时间

项目	内容
盘点的范围	（1）成品 （2）半成品 （3）原材料 （4）在制品（生产部门负责） （5）客户寄存的成品、半成品、原材料 （6）办公用品、促销品 （7）消耗品备件 （8）固定资产
盘点的时间	（1）季度、半年、年度盘点，全部盘点，停止作业 （2）月末盘点的时间以财务当月关账时间节点为准，不影响正常的生产经营 （3）循环盘点按计划进行

7.1.5 盘点组织机构和盘点计划

盘点涉及的部门繁多，不同的盘点方式涉及的机构也有所不同。盘点工作涉及的准备工作也非常繁杂，一个盘点计划包括诸多要素。盘点组织机构和盘点计划具体见表 7-3。

表 7-3 盘点组织机构和盘点计划

项目	内容
盘点组织机构	（1）盘点委员会：总经理或财务部经理主持季度、半年、年终盘点；仓储部经理主持月末盘点；仓储主管或班长主持循环盘点 （2）初盘：仓储部员工 （3）复盘：由财务部员工及其他部门业务熟练的员工负责，由初盘人指引 （4）抽盘：由各部门主管负责 （5）后备人员：各部门自行安排，防止当天缺岗或意外发生 （6）循环盘点：仓储部员工和财务部员工 （7）数据录入校对：财务人员，结束后汇报盘点结果
盘点计划	（1）成立盘点委员会，决定盘点日期，制订盘点计划 （2）盘点前一周进行培训 （3）准备盘点工具 （4）制作盘点表或盘点卡颜色：成品、半成品、原材料、在制品为白色；办公用品、劳保用品、促销品为黄色；消耗备品备件为蓝色；固定资产为粉色；编号相连且不能重复 （5）制作区域平面图，划分区域和区域负责人，不要有空白点；提前熟悉情况，逐一盘点，不要漏盘 （6）仓储部提前一周准备，整理、整顿、清扫、清洁、素养的"5S"管理时刻要到位 （7）财务部在盘点前处理完所有票据，保证票据流和物流同步，令盘点数和结存数能够对应 （8）采购部通知供应商盘点，前一天少供货，并且当天不供货也不退货 （9）销售部通知客户，盘点前一天备好第二天的货，盘点当天不出库 （10）生产部在盘点前一天下班前完成清线工作，生产线上不允许有在制品，滞留的物品要入库或退库 （11）行政部门提前盘点固定资产，包括账外资产、闲置设备和报废资产

【任务实施】

步骤1：明确盘点计划包含的要素（5W1H）。
步骤2：分析供应商三只松鼠食品公司对盘点绩效的要求。
步骤3：制订对供应商三只松鼠食品公司商品的盘点计划。

任务7.1

实施提示

任务7.2　盘点作业

【任务描述】

　　盘点作业需要严格按照盘点计划进行，盘点操作时要严格按照盘点要求进行，准确无误地填写盘点的各种表格，落实盘点责任人，以确保盘点工作准确有序进行。昌荣物流公司仓储主管张胜利收到供应商三只松鼠食品公司的盘点通知后，制订了盘点计划，组织员工开展了盘点作业。盘点货品情况见表7-4，货品的储位与系统显示全部一致，系统数量与实际数量有差异的商品：三只松鼠脆藕150g，系统上显示为180包，储位上实际货物为175包。

微课7-2

盘点作业

表7-4　　　　　　　　　　　　**盘点货品情况**

序号	商品条码	商品名称	库区	储位	库存数量
1	6956511934782	三只松鼠酸辣粉130g桶装速食方便面	3号仓库	1A01-03-21	288
2	6956511919826	三只松鼠红宝石蔓越莓干100g果干蜜饯	3号仓库	1A01-06-11	200
3	6956511915262	三只松鼠什锦水果罐头200g	3号仓库	1A02-02-11	144
4	6956511923045	三只松鼠番茄味马铃薯片	3号仓库	1A03-02-11	120
5	6956511915132	三只松鼠奥尔良味小鸡腿160g	3号仓库	1A04-07-42	120
6	6956511930647	三只松鼠黄桃干88g	3号仓库	1A12-03-12	120
7	6956511918775	三只松鼠小零食蛋糕点心	3号仓库	1A14-12-41	120
8	6956511918331	三只松鼠蜀香牛肉（麻辣味）100g	3号仓库	1A02-08-12	200
9	6956511904259	三只松鼠草莓干106g	3号仓库	1A02-08-22	160
10	6956511918041	三只松鼠脆藕150g	3号仓库	1A03-05-12	180
11	6956511921812	三只松鼠每日坚果750g	3号仓库	1A03-05-51	135
12	6956511918775	三只松鼠足迹面包网红早餐营养食品	3号仓库	1A10-01-51	120
13	6956511918775	三只松鼠足迹面包网红早餐营养食品	3号仓库	1A10-01-52	120
14	6956511904518	三只松鼠老爹鱼豆腐180g	3号仓库	1A04-02-22	240
15	6956511907915	三只松鼠猪肉脯100g	3号仓库	1A04-02-22	525
16	6956511918331	三只松鼠蜀香牛肉（麻辣味）100g	3号仓库	1A04-04-11	150
17	6956511918331	三只松鼠蜀香牛肉（麻辣味）100g	3号仓库	1A04-04-22	350
18	6956511904358	三只松鼠猪肉脯210g	3号仓库	1A04-06-11	160
19	6956511942329	三只松鼠千页豆腐120g	3号仓库	1A05-01-12	140
20	6956511907892	三只松鼠开心果100g	3号仓库	1A05-01-31	400

要求：根据盘点数据，填制6月份供应商三只松鼠食品公司的盘点报表。

【任务知识】

7.2.1 盘点作业的流程

1）制订盘点计划

盘点前的准备工作是否充分，关系到盘点作业能否顺利进行。事先对可能出现的问题，对盘点工作中易出现的差错进行周密的研究和准备是相当重要的。准备工作主要包括：

（1）确定盘点的程序和具体方法。

（2）配合会计人员做好盘点准备。

（3）准备好盘点所用表格及库存资料，且盘点人员熟悉盘点表格。

（4）准备盘点使用的基本器具。

（5）确定并培训盘点人员。

（6）对盘点时物品的进出进行控制。

2）确定盘点时间

一般情况下，盘点时间选择在月末或财务决算前。从理论上讲，在条件允许的情况下，盘点的次数越多越好。但每一次盘点都要耗费大量的人力、物力和财力，因此应根据实际情况确定盘点时间。存货周转率比较低的企业，可以半年或一年进行一次盘点。

存货周转量大的企业与库存品种比较多的企业可以根据商品的性质、价值大小、流动速度、重要程度来分别确定不同的盘点时间，可以是每天、每周、每月、每季、每年盘点一次不等。如可按ABC分类法将货物分为不同的等级，分别制定相应的盘点周期，重点的A类商品每天或每周盘点一次，一般的B类商品每两周或三周盘点一次，重要性最低的C类商品可以每个月甚至更长时间盘点一次。

3）确定盘点方法

不同的储存场所对盘点的要求不尽相同，盘点方法也会有所差异，为尽可能快速、准确地完成盘点作业，必须根据实际需要确定盘点方法。

4）培训盘点人员

盘点结果取决于作业人员的认真程度和程序的合理性。为保证盘点作业顺利进行，必须对参与盘点的所有人员进行集中培训。培训的主要内容是盘点方法及盘点作业的基本流程和要求，通过培训使盘点工作人员对盘点的基本要领、表格及单据的填写非常清楚。

5）场所清理

盘点工作开始时，首先要对储存场所及库存商品进行一次清理。清理工作主要包括：

（1）对尚未办理入库手续的商品，应予以标明不在盘点之列。

（2）对已办理出库手续的商品，要提前通知有关部门运到相应的配送区域。

（3）账卡、单据、资料均应整理后统一结清。

（4）整理商品堆码、货架等，使其整齐有序，以便于清点计数。

（5）检查计量器具，使其误差符合规定要求。

（6）确定在途运输商品是否属于盘点范围。

盘点人员按照盘点单到指定库位清点商品，并且将数量填入盘点单中实盘数量处。使用盘点机进行盘点，可以采用以下两种方式：一是输入商品编码及数量；二是逐个扫描商品条码。

6）盘点中作业

盘点中作业可分为三步，即初点作业、复点作业和抽点作业。

首先，进行员工分组，明确各小组盘点的物品与区域。然后，各小组到指定区域或物品存放处清点货物品种、数量并查看物品外观质量。

（1）初点作业。先由第一盘点人清点所负责区域的物品，将清点结果填入盘点单的第一部分。初点作业时应注意：通常先点仓库，后点卖场（若在营业中盘点，卖场内先盘点购买频率较低且售价较低的商品）；盘点货架或冷冻、冷藏柜时，要依序由左而右、由上而下进行盘点；每一台货架或冷冻、冷藏柜都应视为一个独立的盘点单元，使用单独的盘点表，以利于按盘点配置图进行统计整理。盘点单上的数据应填写清楚，以免混淆；不同特性商品的盘点应注意计量单位的不同；盘点时应顺便观察商品的有效期，过期商品应随即取下，并做记录。

（2）复点作业。由第二盘点人复点，填入盘点单的第二部分。复点作业时应注意：复点作业可在初点作业进行一段时间后再进行，第二盘点人应手持初点作业的盘点单，依序检查，把差异填入差异栏；第二盘点人需用红色圆珠笔填表；复点作业时应再次核对盘点配置图是否与现场实际情况一致。

（3）抽点作业。由复核人核对，检查前两人的记录是否相同且正确。抽点作业时应注意，抽点办法可参照复点办法。抽点的商品可选择位于仓库死角或不易清点到的商品，或单价高、金额大的商品；对初点与复点作业差异较大的商品要加以实地确认。

同步训练 7-2

请比较初点作业、复点作业、抽点作业的区别。

7）单据整理

将盘点单交给盘点管理组长，合计物品库存数量，与账册资料进行对照。为了尽快获得盘点结果（盘盈或盘亏），盘点前应注意将进货单据、进货退回单据、变价单据、销货单据、报废品单据、赠品单据、移库商品单据及前期盘点单据等整理好。

延伸阅读 7-2

无人机盘点

无人机可以通过快速飞行并利用搭载的高像素摄像头或激光传感器对货物进行拍摄或扫描，将数据实时传到中控系统，从而实现快速高效的盘点。无人机盘点根据使用场景不同，应用的识别技术也有所不同。如果是室内环境，在光线较好的情况下可以考虑采用条码/二维码+无人机识别的方式；若光线不足，可以采用无人机+RFID的盘点方式；如果是室外环境且货物体积较大，则可采用无人机+图像识别的盘点方式。

7.2.2 盘点管理常用文件

1) 查库记录表（见表7-5）

表7-5 查库记录表

仓库名称：

序号	时间	物品号	查库情况	数量	保管员	处理意见	检查员

2) 物品盘点卡（见表7-6）

表7-6 物品盘点卡

编号： 盘点区号： 组别： 日期： 年 月 日

物资分类	□ 原料　□ 在制品　□ 废料　□ 成品			
编号				
品名				
规格		单位		
盘点时所处位置				
盘点数量		更正		
存货状况	良料	呆滞料	废料	其他
备注				
盘点员		复核员		记录员

3) 物品盘点记录表（见表7-7）

表7-7 物品盘点记录表

盘点范围：　　　　　　　　　　　　　　盘点日期：　　年　月　日

责任人	盘点项目			数量						
	品种	入库	出库	账面数量	实际盘点数	差量	批次	票号	出库率	
备注										

4) 物品盘存单（见表7-8）

表7-8 物品盘存单

编号：　　　　　　　　　日期：　　年　月　日

第一联			
物资名称		填写日期	
物资编号		存放货位号	
单位		数量	
填写人		盘点单号	
第二联			
物资名称		填写日期	
物资编号		存放货位号	
单位		数量	
核对人		填写人	盘点单号

注：盘存单一式两联，盘点人员应将清点后的数量记于第一联上，第二联供复盘人员填写。

5) 盘盈盘亏记录表（见表7-9）

表7-9 盘盈盘亏记录表

编号：　　　　　　　　　日期：　　年　月　日　　　　　　　　　金额单位：元

品名	规格	账面资料		实盘资料		盘盈		盘亏		差异原因	对策
		数量	金额	数量	金额	数量	金额	数量	金额		

主管副总：　　　　　　财务部经理：　　　　　　仓储部经理：　　　　　　制表人：

注：第一联仓库留存，第二联为财务账联。

6) 盘点与账面调节表（见表7-10）

表7-10 　　　　　　　　　　　　　　　盘点与账面调节表 　　　　　　　　金额单位：元

盘点单编号	存货编号	品名规格	单位	库存数量			单价	金额	账面数量	差异			备注
				盘点	加	减	调整后				数量	单价	金额	

注：第一联送财务部，第二联由仓储部保管。

7) 破损报告单（见表7-11）

表7-11 　　　　　　　　　　　　　　　破损报告单

报废单位：　　　　　　　　　日期：　　年　月　日　　　　　　金额单位：元

报废原因							
货物类别	品名	规格	单位	数量		估计价值	备注
				退回	实收		

会计：　　　　　　　　　主管：　　　　　　　　　填表人：

8）库存积压物资处理相关表（见表7-12至表7-17）

表7-12　　　　　　　　　　库存积压物资处理审批表（一）

日期：　年　月　日　　　　　　　　　　金额单位：元

序号	积压物品名称	数量	金额	积压原因	处理意见

部门主管：　　　　　　　　　　　　审批人：

表7-13　　　　　　　　　　库存积压物资处理审批表（二）

日期：　年　月　日　　　　　　　　　　金额单位：元

品名规格	入库时间	单位	本月出售数量	出售损益									
				单位损益					损益总额				
				账面	时价	售价	账面损益	售价与时价差异	账面	时价	售价	账面损益	售价与时价差异

处理专人：

表7-14   滞货品发生及处理汇总表   金额单位：元

品类	上月结存（账面金额）	本月发生（账面金额）	本月处理								本月结存
			出售					利用（账面金额）	合计（账面金额）		
			账面	时价	售价	账面损益	售价与时价差异				

滞货品处理专人：

表7-15   滞货品处理单

交办单编号		催办事项	
经办部门			
原预定完成时间	年　月　日		
拟延期完成时间	年　月　日		
逾期原因		处理对策	
主办		催办	主管	经办

表7-16   滞货品库存月报表

月份：   金额单位：元

货物编号	名称	规格	入库日期	单位	发生情况						本月处理			本月结存	
					数量	单价	金额	原因	日期	拟处理方式代码	处理方式代码	数量	金额	数量	金额

表 7-17　　　　　　　　　　　　　　　呆料处理月报表　　　　　　　　　　　　金额单位：元

序号	物品名称	编号	料别	数量	原单价	原价值	处理方式	处置	
								费用	收入

填表人：

7.2.3　盘点相关人员职责

1）填表者工作职责

（1）填表者拿到盘存表后，应注意是否有重叠。

（2）填表者和盘点者分别在盘存表上签名。

（3）填表者盘点时，必须先核对货架编号。

（4）填表者应复诵盘点者所念的各项名称及数量。

（5）对于某些内容已预先填写的盘存表，填表者应在货号、品名、单位、金额等核对无误后，再将盘点者所获得的数量填入盘存表。

（6）盘存表只可填写到指定的行数，空余行数以留作更正用。

（7）填表者对于写错需更正的行次，必须划去，并在审核栏写"更正第××行"。

（8）填表者填写的数字必须正确清楚，绝对不可涂改。

2）盘点者工作职责

（1）盘点者盘点前和填表者分别在盘存表上签名。

（2）盘点者对一个货架开始盘点前，先读出货架编号、盘存表号码、张数，让填表者核对。

（3）盘点者盘点时原则上由左而右、由上而下，不得跳跃盘点。

（4）盘点者盘点的顺序（针对同一物品）为物品货号、物品名称、价格、数量。

（5）盘点者在盘点中应特别注意各角落，避免遗漏物品。

（6）盘点者在盘点物品时，数量必须正确，不可马虎。

（7）盘点者在盘点中，遇到标价不同或没标价时应找其他同种类物品的价标或询问负责该部门的售货员。

3）核对者工作职责

（1）应注意盘点者的盘点数量、金额是否正确。

（2）应核对填表者的填写是否正确。

（3）核对者应监督错误的更正是否符合规定。

（4）核对者应于每一货架盘点完后，在货架编号卡右上角打"√"。

（5）核对者在盘点仓库物品时，应对每一种物品进行盘点，核对无误后即在存货计算卡上打"√"。

（6）核对者应于物品盘存表全部填写完毕并核对无误后，在审核栏内核对处打"√"，右边留作更正、签名及抽查员打"√"用。

（7）核对者审核打"√"，应在合计与单位的空白栏间，从右上角至左下角画斜线并在核对者栏签名。

（8）核对者在盘点期间应如实核对，以发挥核对的作用。

4）抽查员工作职责

（1）抽查员应先了解盘存货架的位置、物品摆放的情形及其他知识。

（2）抽查员接受总督导的指挥调派，在建立配合抽查组织后，开始进行对各组盘存的抽查工作。

（3）抽查员检查已盘点完成的货架物品，核对其货号、品名、单位、金额及数量是否按规定填写。

【任务实施】

任务 7.2

实施提示

步骤1：通过盘点作业，进行实际储位与系统储位核对，实际数量与账面数量核对。

步骤2：填制盘点报表。

步骤3：分析盘点差异产生的原因。

任务 7.3　盘点结果处理

【任务描述】

微课 7-3

盘点结果
处理

盘点作业后，需要及时对盘点结果进行统计和分析，分析盘点中差异出现的原因，对账面的数字和实际数字不一致的情况进行分析，对盘盈盘亏进行处理。根据对三只松鼠食品公司1—6月份的盘点报表，发现盘点差异的原因是出库时系统出库订单输入的数量有误。

要求：对三只松鼠食品公司货品的盘点异常进行处理。

【任务知识】

理论上，账面数字和实际数字应该是一致的，但在实际盘点时往往发生不相符的情况。即便物品账面价值与现有物品一致，然而由于风化、锈蚀、光照等原因，物品质量下降，有的已经成为不能使用的劣质品，或质量虽然未变化，但随着时间的推移却成为过时的旧型号物品，这些物品的价值也必然下降。因而要准确掌握质量低下的劣质品或陈旧品的数量，查找质量下降的原因，以便采取措施，防止类似事件的发生。同时，应征得上级同意，将这些物品及早处理。

7.3.1　统计盘点结果

盘点单是盘点实际库存数量的原始记录，在盘点结束后要打印出各个仓（储）位编号的盘点记录单，并填写相应的表格。

1）盘点差异分析表（见表7-18）

表7-18　　　　　　　　　　　　　　　盘点差异分析表

日期：　　年　月　日　　　　　　　　　　　　金额单位：元

物品编号	存储库位	单位	原存数量	实盘数量	差异数量	差异比（%）	单价	金额	差异原因	累计盘盈（亏）数量	累计盘盈（亏）金额	建议对策

制表人：　　　　　　　　　　　　　　审核人：

2）盘点异动报告表（见表7-19）

表7-19　　　　　　　　　　　　　　　盘点异动报告表

日期：　　年　月　日　　　　　　　　　　　　金额单位：元

盘点日期	物品编号	物品名称	盘盈数量	盘亏数量	盘盈（亏）金额	原存数量	实盘数量	累计盘盈（亏）数量	单价	累计盘盈（亏）金额

制表人：　　　　　　　　　　　　　　审核人：

7.3.2　盘点差异分析

将盘点所得资料与账目进行核对，发现账物不符的，仓库主管应及时追查原因，面对盘点发现的问题，应该本着不回避矛盾、积极解决问题的态度来处理。

（1）查明差异，分析原因。

（2）认真总结，加强管理。

（3）上报批准，调整差异。

盘点差异产生的原因是多方面的，常见的原因见表7-20。

表7-20　　　　　　　　　　　　　　　盘点差异的原因

序号	差异类别	表现形式
1	账目错误	登记账簿错误 数量计算错误 登记账簿时漏记，造成亏或盈 物品数量登记时发生错误
2	库内作业错误	接收物品时点交错误 接收时没有开箱检查，事后发现原装箱数量减少 储存中物流标志损坏或遗失导致物品混淆 编号错误
3	物料本身发生变化	原装箱物品本身变质或损坏 保管不当，物品遗失或损坏 交接时，检验人员对物品的鉴别有误 基于需要，对物品进行装配或拆分
4	盘点方法	盘点中有重盘、漏盘、误盘等错误出现

同步训练 7-3 ————————————

列举可能引起盘点差异的 3 个以上的原因。

7.3.3　盘点差异的处理

盘点差异的处理主要包括 3 个方面：

1) **对账实不一致的处理，应该确认是否确实出现实物的丢失**

（1）账务记录是否失误，或因进料、发料单据丢失而少记账。

（2）盘点时是否出现差错，多盘或少盘。

（3）对盘点的整个程序进行检查，是否由于盘点制度或流程的缺陷造成盘盈或盘亏。

（4）盘盈、盘亏是否在允许的误差范围内。

2) **盘点后的修补完善措施**

（1）依据管理绩效考核，对分管人员进行奖惩。

（2）料账、料卡的账面纠正。

（3）损失太大，造成物品不能满足供应时，及时补充订购。

（4）呆、废料迅速处理，以减少仓储费用，释放储存空间，加速资金周转。

3) **完善制度，堵塞漏洞**

（1）物品盘点工作完成以后，对所发生的差额、错误、变质、呆滞、盈亏和损耗应分别予以处理，并防止此类情况再次发生。

（2）呆料比重高，要提高认识，加强制度管理，尽可能降低其比重。

（3）库存周转率低或供应不及时率高，设法强化物品需求计划和库存管理与采购的配合。

（4）料架、堆码和储位管理足以影响物品管理绩效的，宜通过物流工程的优化方法，研究改进。

（5）库存物品成本过大，应探讨原因，降低采购价格或寻找廉价代用品。

7.3.4　处理盘盈、盘亏

经过盘点，并查明盘盈、盘亏的原因后，仓库主管应安排仓管人员做适当调整与处理。除盘盈、盘亏之外，有的物品存放过久，品质会受到影响形成呆料、不合格品、报废品，物品自然随之减价，这种减价也应该与盘亏一并处理。

盘点时，盘盈、盘亏与价格的增减都必须在经过上级主管认定后，填写盘点盈亏及价格增减更正表（见表 7-21）。

表7-21 盘点盈亏及价格增减更正表

日期： 年 月 日 金额单位：元

货物名称	单位	账面资料			盘点实存			库存量盈亏				价格增减				差异原因	责任人	备注
								盘盈		盘亏		增价		减价				
		数量	单价	金额	数量	单价	金额	数量	金额	数量	金额	数量	金额	数量	金额			

填表人： 负责人：

延伸阅读7-3

关于账务处理

盘点流程的最后一步是账务处理。仓库的账务处理存在于仓库作业流程的整个过程之中，不管是入库、出库，还是盘点，最后一步都是账务处理，都需要进行账务处理。盘点的账务处理主要是对账实不符进行账务调整，账务调整必须要有经审批的账实不符原因分析表或调整申请表。

【任务实施】

步骤1：分析供应商三只松鼠食品公司1—6月份盘点报表。

步骤2：分析三只松鼠脆藕150g，数量差异原因是出库时系统输入有误。

步骤3：准备盘点差异分析表，确定差异处理方法，填制盘点差异分析表。

任务7.3

实施提示

项目回顾

通过本项目的学习，我们明确了盘点作业在库管理中的重要作用，只有通过盘点，才能做到对仓库中的货品了如指掌。作为一个管理者，首先，要能制订一个科学的盘点计划。大多数情况下，由于货品繁杂，因此在盘点时要结合实务选择不同的盘点方法。其次，对于盘点结果要能正确有效地进行处理。

课后训练

一、知识检测

（一）不定项选择题

1.盘点的目的有（ ）。

A.确定现存量　　　　　　　　　　B.确认企业损益

C.确定未来量　　　　　　　　　　D.核实物品管理成效

2.盘点的内容有（　　　）。

A.查数量　　　　B.查设备　　　　C.查安全　　　　D.查质量

3.库存盘点的种类包括（　　　）。

A.账面盘点　　　　B.系统盘点　　　　C.现货盘点　　　　D.人工盘点

4.盘点中的作业可以分为（　　　）。

A.初点作业　　　　B.抽点作业　　　　C.复点作业　　　　D.计划作业

5.抽盘的实施人员是（　　　）。

A.各部门主管　　　B.财务部员工　　　C.仓储部员工　　　D.总经理

6.库存盘点的方法包括（　　　）。

A.动态盘点法　　　B.重点盘点法　　　C.全面盘点法　　　D.循环盘点法

7.需要关闭仓库进行全面物品清点的盘点方法为（　　　）。

A.定期盘点法　　　B.期末盘点法　　　C.循环盘点法　　　D.动态盘点法

8.下列盘点方法中，差错原因容易查找的是（　　　）。

A.定期盘点法　　　B.期末盘点法　　　C.循环盘点法　　　D.动态盘点法

9.盘点时，需要对（　　　）进行盘点。

A.成品　　　　B.原材料　　　　C.半成品　　　　D.固定资产

10.盘点差异的原因包括（　　　）。

A.账目错误　　　　　　　　　　B.库内作业错误

C.盘点方法　　　　　　　　　　D.物料本身发生变化

（二）判断题

1.盘点的内容不包括查保管条件。　　　　　　　　　　　　　　　　（　　）

2.账面盘点操作简单方便，但是盘点准确度相对较低。　　　　　　　（　　）

3.动态盘点法不利于及时发现差错。　　　　　　　　　　　　　　　（　　）

4.重点盘点法比较适合昂贵物流的盘点。　　　　　　　　　　　　　（　　）

5.期末盘点时，必须关闭仓库做全面的物品清点。　　　　　　　　　（　　）

6.月末盘点时间以财务当月关账时间节点为准，不影响正常的生产经营。（　　）

7.初盘一般由仓储部员工完成。　　　　　　　　　　　　　　　　　（　　）

8.从理论上讲，在条件允许的情况下，盘点的次数越多越好。　　　　（　　）

9.盘盈时不需要查明原因，可以直接调整。　　　　　　　　　　　　（　　）

10.对账实不一致的处理，应该确认是否确实出现实物的丢失。　　　（　　）

（三）简答题

1.现货盘点有哪些优缺点？

2.盘点的方法有哪些？

3.请比较期末盘点法与循环盘点法的差异。

4.盘点计划包含哪些内容？

5.请简述盘点作业的流程。

6.盘点中出现差异时，应该如何处理？

二、案例研讨

盘点方式的改进

传统盘点方式面临的挑战:

对大型连锁零售企业的仓储管理而言,传统管理方式主要是人工手动记账进行库存盘点,操作工作量大且烦琐、耗时长,由于人为因素导致盘点数据不准确,错盘、漏盘等情况时有发生,而且传统的盘点无法实时传输共享数据以及进行库存差异对比,导致管理难度加大。如何利用信息技术解决仓储盘点耗时长、准确率低的难题,成为大型仓储企业的一大挑战。

现代盘点方式对入库的每件货物,使用便携式标签打印机打印出条码,粘贴到货物上,并把条码信息扫描到数据库中。结合 ERP 可视化数据库软件,形成一套从入库到移库、盘点、出库的全方位和全程的可视化跟踪系统。可以精确定位每一件物品的具体存放位置,精确统计货物数量或规格,精确管理入库、出库流程。

现代盘点方式的优势:

盘点:对入库的每件货物,边清点边使用便携式标签打印机打印出条码,逐一粘贴,并把条码信息储存在数据采集器中。

发货:发货员收到配货指令,开始配货,并通过条码扫描,记录和确认货物种类与数量,装入包装箱,使用便携式标签打印机打印出包装箱内各货物的条码号,贴在包装箱上。无须频繁检查和填写各类表格,加快了发货速度。

提升员工效率:为员工提供了带有条码扫描器和移动打印机的移动数据终端,从而确保其高效而准确地完成点货、定价等任务,即使是刚上岗的新员工也能很好地胜任工作。

及时补货:由于所有库存货品都被准确而一致地贴上了标签,员工就能更轻松地找到货品,确保货品总是及时到位,从而提高效率。

收货:收货员收到货物后,只需扫描包装箱上的条码信息和包装箱内各货物的信息,对比是否一致,并使用便携式标签打印机赋予货物新的条码,或者直接沿用原有的条码。

整理存放:把新接收的货物存放好后,使用便携式标签打印机打印出存放点的条码信息并粘贴在包装箱上。

结合以上案例,讨论下列问题:

1.请分析可以采用哪些现代技术手段提升盘点效率。

2.请分析如何避免盘点中的错误。

三、实战训练

1.实战技能点

盘点工作。

2.实战任务

请对校内的物流实训室的资源进行一次全面盘点,对盘点结果进行处理,并将相关表格装订成册。建议以小组为单位。

项目 8　库存控制

【知识目标】

1. 掌握 EOQ 的计算方法；
2. 掌握 ABC 库存控制的方法；
3. 明确 CVA 库存管理的方法；
4. 明确 JIT 库存控制的方法；
5. 明确"6S"现场管理的实施步骤。

【能力目标】

1. 能使用 EOQ 方法确定订货量；
2. 能使用 ABC 库存控制法控制库存；
3. 能使用 CVA 库存管理法控制库存；
4. 能灵活运用 JIT 的方法；
5. 能实施"6S"现场管理。

【素养目标】

1. 培养严谨细致的职业态度；
2. 培养规范做事的职业习惯；
3. 培养数字化思维。

任务 8.1　经济订货批量决策

【任务描述】

经济订货批量决策通过计算出最优的订货量，使得总库存成本最低，是实现降本增效的主要途径。昌荣物流公司的 6 号库为汽车配件库，A 区储存商品是汽车雨刮器，根据计划，每年采购量为 30 000 副，采购单价为 20 元，每次采购成本是 240 元，每年的仓储保管成本是价格的 50%。

　　要求：计算该批雨刮器的最佳经济订货批量。间隔多长时间采购一次（一年按360 天计算）？

【任务知识】

　　库存是指处于储存状态的物品。为了保证企业的正常经营，库存是必要的，但库存同时又占用了大量的资金。既要保证经营活动的正常进行，又要使流动资金的占用量最小，即在期望的顾客服务水平和相关的库存成本之间寻找平衡，是库存管理人员最关注的问题。若不对库存进行控制，要么满足不了经营的需要，要么造成大量商品的积压，占用大量的资金。

　　定量订货法是预先确定一个订货点，在日常管理中连续不断地监控库存水平，当库存水平降至订货点时发出订货通知的方法。这种库存控制方法必须连续不断地检查库存物品的数量，所以有时又称为连续库存检查控制法。定量订货法主要解决两个关键问题：一是订货点的问题，即库存量到达哪个点时需要订货；二是订货量的问题，即每次订购多少数量。

8.1.1　订货点的确定

　　在定量订货法下，当库存数量降到某个库存水平时就发出订货信息；发出订货信息时仓库里该品种保有的实际库存量称为订货点。订货点是一个决策变量，它是直接控制库存水平的关键。订货点要适中，如果订货点太低，可能导致订货物资还没到，库存物资就没有了，造成缺货；如果订货点太高，则可能导致订货物资已入库，而原有的库存物资还没有卖完，造成库存量过高。

微课 8-1

经济订货
批量

　　1）影响订货点的主要因素

　　（1）需求速率。它用单位时间内的平均需求量 R 来表示。需求速率越高，则订货点越高。

　　（2）订货提前期。它是指从发出订货通知到所订货物到达所需要的时间，用 T 来表示。时间越长，订货点就越高。T 取决于供货时间、运输路途和运输速度。在订货提前期内，按照需求速率将有一定的需求量，这个量称为订货提前期需求量，用 D 表示，即：

　　$D = T \times R$

　　　=平均提前时间×平均日需求量

　　（3）安全库存。它是在订货提前期需求量之上附加的一个保险容量。

　　2）订货点的确定

订货点 = 订货提前期需求量 + 安全库存量 = 平均提前时间 × 平均日需求量 + 安全库存量 = 平均交货时间 × 全年需求量 ÷365 + 安全库存量

　　其中：安全库存量=（预计日最大消耗量−平均日需求量）×平均提前时间

　　【例 8-1】企业某种物资的订购量为 3 000 个，平均提前时间为 5 天，平均日需求量为 40 个，预计日最大消耗量为 90 个，试求其订货点。

解：安全库存量=（90-40）×5=250（个）

订货点=5×40+250=450（个）

当仓库里的货物存储数量降到450个时，仓库需要发出订单订货。

8.1.2 订货批量的确定

订货批量的确定，即解决一次订货多少合适的问题。确定订货批量要考虑需求速率和经营费用。订货批量就是一次订货的数量，其直接影响库存量的高低，同时也直接影响物资供应的费用。订货批量过小，减少了库存量及其相关成本，但不一定能满足用户的需要；订货批量过大，虽然可以较充分地满足用户的需要，但库存成本较高。

独立需求下库存控制的一种基本方法是经济订货批量（economic order quantity，EOQ）法，自1915年美国学者F.W.哈里斯首次提出EOQ的公式以来，该方法被广泛地应用于库存控制中。

数学推导的各种严格假设，并未限制经济订货批量法的广泛应用，只要稍作修改，它就可以应用于存在数量折扣、非同时补充订货以及通货膨胀等多种现实情况时的库存控制。此外，经济订货批量法还使得分类和归集储存成本及订货成本数据的工作变得不再那么棘手。

1）基本假设

推导经济订货批量公式基于以下假设：

（1）需求率是恒定的并具有确定性。

（2）订货提前期为零。从订单发出至货到补充库存的提前期是已知和固定的，为了简化推导，暂时假定其为零。

（3）不允许出现缺货现象。由于需求和提前期是常数，故可以准确地确定什么时候应发出订单及时补充库存。

（4）材料以批量的形式订购或生产，全部一次到货入库。

（5）订货成本固定不变。订货成本与订货量无关，没有折扣，且储存成本与平均库存水平成比例。

（6）产品只是单一品种，暂不考虑多品种的情况。

2）确定性需求下库存控制的关键

有效的库存控制要求尽可能准确地估算以下三种主要的库存成本：

（1）储存成本。储存成本有以下三个主要的发生来源：

① 所占用资金的机会成本。通常，根据投资报酬率确定存货占用资金的机会成本，在简化的情况下，可以用银行相应期限的利息率代替。

② 仓库设施的折旧费、保险费等。

③ 存货的失效、损坏和丢失费用等。这部分费用因存货的性质不同而可能有很大的差别，如电子产品的过时费用就很高，而食品的变质费用可能很低。

（2）订货成本。订货成本是处理一笔订货业务的平均成本，包括簿记、通信、谈判、必要的产品技术资料费用和订货人员工资等。其特点是与订货的数量无关。

（3）缺货成本。缺货成本是指由于缺货造成的损失。在销售过程中，缺货会造成订单的丢失，以及对企业声誉的无形损害等，其数额的估算带有一定的主观性。在生产过程中，缺货会造成停工待料、在制品积压、交货期延迟或导致加班等，其成本可依据相应的活动影响分别估算。

库存控制主要是在上述三种成本中做出抉择。例如，一方面，如果我们增加订货量，则周转库存量就会上升；但另一方面，由于每次的订货量增加，因此每年订货次数减少，从而使订货成本下降。类似地，如果安全库存和订货点水平定得比较高，缺货成本就会降低，但储存成本会上升。所以，库存控制就是要在这些相互矛盾的因素中做出最佳的选择。订货成本和储存成本的关系如图8-1所示。

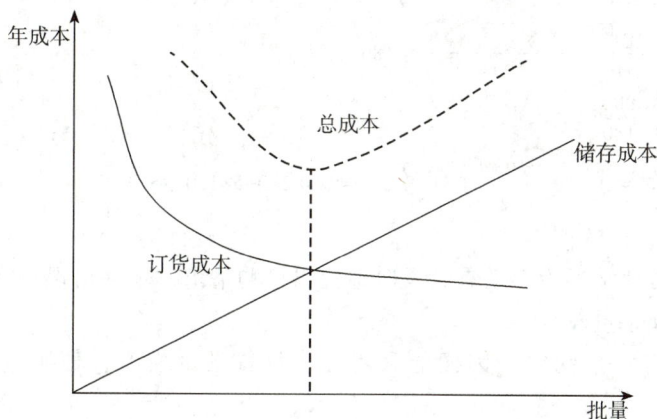

图8-1 订货成本和储存成本的关系

3）经济订货批量的计算公式

假定年需求量为恒定值R，每次订货量为Q，则相邻两次订货的间隔时间为Q/R；相应地，年订货次数为R/Q。在上述假定下，库存水平随时间的变化特性如图8-2所示。因此，年订货成本为$\frac{R}{Q} \times C$，年库存成本为$\frac{Q}{2} \times H$。

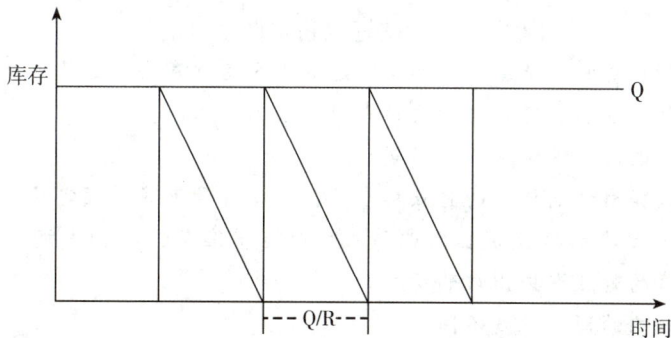

图8-2 库存水平与时间的关系

年库存总成本=年购置成本+年订货成本+年库存成本

即：$TC = R \times P + \frac{R}{Q} \times C + \frac{Q}{2} \times H$

式中：TC为年库存总成本；R为年需求量或年用量；P为单位商品的价格；C为处理一次订货业务的平均成本；Q为每次订货量；H为保存一个单位存货的年成本，一般和商品的价格有关，$H=P \times F$，F为单位商品年储存成本占价格的比重。

经济订货批量就是使库存总成本达到最低时的订货数量，最终推导得出的公

式为:

$$EOQ=\sqrt{\frac{2RC}{H}}=\sqrt{\frac{2RC}{PF}}$$

年订货次数$n=\frac{R}{Q}$

【例8-2】 某公司根据计划每年需要采购某零件900个。该零件的单位购买价格为200元,每次订购的成本为180元,每个零件每年的仓储保管成本为10元。试计算该零件的经济订货批量。

解:$EOQ=\sqrt{\frac{2RC}{H}}=\sqrt{\frac{2\times900\times180}{10}}=180$(件)

订货次数$n=\frac{R}{Q}=\frac{900}{180}=5$(次)

库存总成本$TC=R\times P+\frac{R}{Q}\times C+\frac{Q}{2}\times H=900\times200+5\times180+180\div2\times10=181\,800$(元)

4) 定量订货法的优点

(1) 能经常地掌握库存动态,及时地提出订购请求,不易出现缺货现象。

(2) 保险储备量较少。

(3) 每次订购量固定,因而能采用经济订货批量模型,便于包装运输和保管作业。

5) 定量订货法的缺点

(1) 必须不断核查仓库的库存量。

(2) 订购时间不稳定,不利于编制严密的采购计划,难以享受到合并订购的好处。

延伸阅读8-1

用定量订货法还是用定期订货法?

企业在进行订货时,是结合实际情况选择不同的订货法,还是可能将不同的方法结合使用? 定量订货法和定期订货法存在以下较大的不同:

(1) 提出订购请求的时点标准不同

定量订货法提出订购请求的时点标准是,当库存量下降到预定的订货点时,即提出订购请求;而定期订货法提出订购请求的时点标准是,按预先规定的订货间隔周期,到了该订货的时点即提出订购请求。

(2) 请求订购的商品批量不同

定量订货法每次订购商品的批量相同,都是事先确定的经济批量;而定期订货法每到规定的请求订购期,订购的商品批量都不相同,通常根据库存的实际情况计算后确定。

(3) 库存商品管理控制的程度不同

定期订货法要求仓库作业人员对库存商品进行严格的控制、精心的管理,经常检查、详细记录、认真盘点;而定量订货法对库存商品只要求进行一般的管理、简单的记录,不需要经常检查和盘点。

（4）适用的商品范围不同

定量订货法适合品种数量小、平均占用资金多、需重点管理的 A 类商品；而定期订货法适合品种数量大、平均占用资金少、只需进行一般管理的 B 类、C 类商品。

8.1.3　批量折扣定量库存控制法

供应商为了吸引顾客一次购买更多的商品，往往会采用批量折扣的方法，即一次购买数量达到或超过某一数量标准时给予价格上的优惠。这个事先规定的数量标准，称为折扣点。在批量折扣的条件下，由于折扣之前的购买价格与折扣之后的购买价格不同，因此，需要对原经济订货批量模型做必要的修正。

在多重折扣点的情况下，先依据确定条件下的经济订货批量模型，计算出最佳订货批量 Q^*，而后分析并找出多重折扣点条件下的经济订货批量。表 8-1 为多重折扣价格表。

表 8-1　　　　　　　　　　　　多重折扣价格表

折扣区间	0	1	...	t	...	n
折扣点	Q_0	Q_1	...	Q_t	...	Q_n
折扣价格	P_0	P_1	...	P_t	...	P_n

其计算步骤如下：

（1）用确定型经济批量的方法，计算出最后折扣区间（第 n 个折扣点）的经济批量 Q_n^*，与第 n 个折扣点 Q_n 比较，如果 $Q_n^* \geq Q_n$，则取最佳订货量 Q_n^*；如果 $Q_n^* < Q_n$，就转入下一步骤。

（2）计算第 t 个折扣区间的经济订货批量 Q_t^*。若 $Q_t \leq Q_t^* < Q_{t+1}$，则计算经济订货批量 Q_t^* 和折扣点 Q_{t+1} 对应的总库存成本 TC_t^* 和 TC_{t+1}，并比较它们的大小。若 $TC_t^* \geq TC_{t+1}$，则令 $Q_t^* = Q_{t+1}$；否则就令 $Q_t^* = Q_t$。如果 $Q_t^* < Q_t$，则令 t=t+1，再重复步骤（2），直到 t=0，其中 $Q_0 = 0$。

【任务实施】

步骤 1：设该批雨刮器的最佳经济订货批量为 Q。

步骤 2：分析雨刮器的年采购成本和年储存成本的表达式。

步骤 3：根据最佳经济订货批量的本质，即采购成本等于储存成本时实现经济订货批量，计算雨刮器的经济订货批量。

步骤 4：根据经济订货批量和年需求量两个指标，计算年采购次数，再计算间隔采购时间。

任务 8.1

实施提示

任务 8.2　ABC 分类库存控制

【任务描述】

昌荣物流公司 7 号库为物料库，储存的 10 种物料的基本信息见表 8-2。为提高物料管理的时效性，仓储主管张胜利决定对 10 种物料进行 ABC 分类管理，其中 A 类物料占资金总额的 70% 左右，品类数占总品类的 20% 左右；C 类物料占资金总额的 10% 左右，品类数占总品类的 50% 左右，B 类物料在资金总额和总品类中的占比约为 20% 和 30%。

要求：对 10 种物料进行 ABC 分类，并提出 ABC 分类管理的策略。

表 8-2 物料基本信息表

物料序号	物料每年使用量（件）	单价（元/件）
A-01	40 000	0.07
A-02	195 000	0.11
B-01	4 000	0.1
C-01	100 000	0.05
C-02	2 000	0.14
C-03	240 000	0.07
D-01	16 000	0.08
F-01	80 000	0.06
F-02	10 000	0.07
F-03	5 000	0.09

【任务知识】

8.2.1 ABC 分类管理法的基本原理

微课 8-2

ABC 分类管理法

ABC 分类管理法在项目 6 的物动量分析中已有提到，与库存管理中 ABC 分类管理的思想是一样的，但划分的标准有所不同。物动量 ABC 分析以周转量为划分依据，而库存管理 ABC 分类主要以货物所占用的资金为划分依据。一般来说，仓库的库存物资种类繁多，每个品种的价格不同，库存量也不等。有的物资品种、数量不多但价值很大，而有的物资品种、数量很多但价值却不高。为了使有限的时间、资金、人力等资源得到更有效的利用，需要对库存物资进行分类管理，将管理的重点放在重要的库存物资上，即依据库存物资重要程度的不同分配相应的资源，分别进行管理，这就是库存 ABC 分类管理法。

ABC 分类管理法又称为重点管理法，是指将库存物资按品种和占用资金的多少分为特别重要的库存（A 类）、一般重要的库存（B 类）和不重要的库存（C 类）3 个等级，然后针对不同等级分别进行控制。属于 A 类的是数量少、价值高的最重要的物资，这类物资品种少，大约只占全部库存物资总品种数的 10%，而金额却很大，大约占到全部库存物资总金额的 70%。属于 C 类的是为数众多的低值物资，其特点是，从品种数来看，这类物资的品种数大约占到全部物资总品种数的 70%，而金额大约只占全部物资总金额的 10%。B 类物资则介于这两者之间，从品种数和金额看，大约都只占全部物资的 20%。在管理、控制库存时，对于金额高的 A 类物资，应作为重点加强管理与控制；对于 B 类物资，应进行一般的管理和控制；而 C 类物资品种数繁多，但价值不高，只需稍加管理和控制。A、B、C 三类物资的品种及金额比例见表 8-3。

表 8-3　　　　　　　　　　　　　A、B、C 三类物资的品种及金额比例

类别	品种比例	金额比例
A 类	10%	70%
B 类	20%	20%
C 类	70%	10%

8.2.2　ABC 分类管理法的操作步骤

仓库如果采用 ABC 分类管理法对库存进行控制，一般有以下实施步骤：

1）分析收集的库存数据

根据仓库的账面或者仓储管理信息系统中的库存数据，找出需要分类管理的库存物资的有关信息，主要包括每种商品的单价、商品年销售量或者库存量等。

2）处理数据

对收集到的原始数据进行整理汇总并按要求进行计算，即把各种库存物资全年平均耗用量分别乘以它的单价，计算出各种物资耗用总量以及总金额。按照各品种物资占用金额的大小顺序重新排列，并分别计算出各种物资总数量和所占用总金额的比重，即百分比，然后算出累计百分比。

同步训练 8-1

列举 ABC 分类处理数据时可能用到的函数。

3）编制 ABC 分析表

在总品种数不太多的情况下，可以用大排队的方法将全部品种逐个列表。按销售额的大小，由高到低对所有品种按顺序排列；将必要的原始数据和经过统计汇总的数据填入表中并加以计算，编制出 ABC 分析表（见表 8-4）。

表 8-4　　　　　　　　　　　　　　　　ABC 分析表

物品名称	品种数累计	品种数累计百分比	物品单价	平均库存	物品单价乘以平均库存	平均资金占用额累计	平均资金占用额累计百分比	分类结果

4）绘制 ABC 分析图

以库存品种数累计百分比为横轴，以年销售额累计百分比为纵轴，在坐标图上描

点，并连接各点，则得到ABC曲线。按ABC分类管理法对应的分类标准，将画出的ABC曲线分成A、B、C三个区域，则哪个品种的点落在哪个区域就为哪一类，由此确定库存物资的A、B、C类分别为哪些品种。

5）确定重点管理方式

根据ABC分析的结果，对A、B、C三类商品采取不同的管理策略。

8.2.3 ABC库存管理措施

ABC库存管理措施见表8-5。

表8-5 ABC库存管理措施

类别	管理措施
A类	1.勤进货，最好买了就用，用完再买，宁缺勿多，以降低库存量，减少资金占用，提高资金周转率； 2.同供应商建立良好的关系，关注进货价格，保证进货质量和供货及时； 3.注意储存条件，确保商品的保存质量； 4.经常检查，严加控制
B类	1.采用比A类货物相对简单的管理方法； 2.可以采用定期订货方式或定期与定量混合的订货方式； 3.进行一般检查、一般控制即可，库存量可大一些
C类	1.将一些货物不列入日常管理的范围，如螺丝等数量大且价值低的货物不作为日常盘点的货物，并可规定最少出库的批量，以减少处理的次数； 2.由于货物价值较低，安全库存量可以大一些，以减少订购次数，降低费用； 3.减少这类货物的盘点次数； 4.给予最低的优先作业次序

延伸阅读8-2

"双堆法"库存管理

"双堆法"是指将存货分别放在两个空间中（如两堆、两箱、两桶等）。当第一个空间的存货用完后，即发出订货单，并同时从第二个空间开始供货。当第二个空间的存货用完后，第一个空间的货物到货，开始供应。如此交替存货，不断往复循环，以满足生产和经营上的需要。

8.2.4 CVA库存管理法

1）CVA库存管理法的提出

企业在生产经营过程中需要用到多种物料，其中有一部分物料属于关键物料，具有不可替代性，对生产经营具有重要意义。如果这些关键物料缺货，会严重影响正常的生产经营，甚至会导致生产停工待料，经济损失巨大。尤其是B类物品和C类物品，在管理中可能不被重视，其中的关键物料就有可能产生上面的问题，给企业带来不必要的风险；有的物品虽然价值不高，在ABC分类法中属于C类物品，控制库存时不被重视，但却是生产中必不可少的关键物品，如果缺少了它，则无法正常生产。因此，从生产经营的角度看，有的物品属于设备的关键零部件，虽然价值不高，但是缺了它，生产将无法继续进行。这反映出了 ABC 分类管理法存在的缺陷，即部分关键物料得不到应有的重视。因此有必要针对 ABC 库存进行更细的分类：将 A 类物品再分为关键的和次要的；将 B 类物品分为关键的、次要的和不重要的；将 C 类物品也分为关键的、次要的和不重要的。对于关键物料，按照 ABC 分类法，即使是 C 类物品，也应该加强管理，保证供应，避免缺货。这就是 CVA 库存管理法。

2）CVA 库存管理法的基本思想

CVA 库存管理法，即关键因素分析法（critical value analysis，CVA）。CVA 的基本思想是按照物品对生产经营的关键性或客户的重要性将物品或客户需求分成 3 ~ 5 类，即最高优先级、较高优先级、中等优先级和较低优先级等。不同等级的物品在生产经营中的地位不同，需要采取不同的管理策略，具体见表 8-6。

表 8-6　　　　　　　　　　　　　　CVA 库存管理法

管理类别	优先级	说明	管理策略
最高优先级	Ⅰ	生产经营中的关键物品或 A 类客户的需求	不允许缺货
较高优先级	Ⅱ	生产经营中的基础性物品或 B 类客户的需求	允许偶尔缺货
中等优先级	Ⅲ	生产经营中比较重要的物品或 C 类客户的需求	允许在合理范围内缺货
较低优先级	Ⅳ	生产经营中需要但可替代的物品	允许缺货

CVA 库存管理法比 ABC 分类法有更强的目的性。CVA 库存管理法在实际使用中，不应确定太多的高优先级物品，否则会导致高优先级物品因太多而得不到重视。

【任务实施】

步骤 1：计算年度使用金额（年度使用金额=物品每年使用量×单价），并按年度使用金额大小排序。

步骤 2：计算年度使用金额的百分比（年度使用金额的百分比=每种物品的使用金额/总使用金额）。

步骤 3：计算使用金额累计百分比。

步骤 4：计算品类百分比和累计品类百分比。

步骤 5：根据使用金额累计百分比和累计品类百分比两个指标，确定 ABC 分类。

步骤 6：根据 ABC 分类管理的原则，对 A 类实施重点管理，B 类实施一般管理，C 类实施简单管理。

任务 8.2

实施提示

任务 8.3　JIT 库存控制

【任务描述】

JIT 库存控制来源于准时制生产，实行生产同步化，使工序间在制品库存接近于零，追求一种无库存生产。昌荣物流公司为进一步控制库存成本，减少库存，计划引入 JIT 管理理念，并由仓储主管张胜利负责库存控制优化工作，为顺利推进这一工作，张胜利计划先对 JIT 管理做调研分析。

要求：协助仓储主管张胜利用思维导图等工具梳理 JIT 管理的思想和方法。

【任务知识】

8.3.1 JIT 的产生

微课 8-3

JIT 管理

JIT 是准时制生产方式的简称，又称为零库存生产方式，是 20 世纪 70 年代日本丰田公司创造的一种库存管理和控制的现代管理思想，取得了巨大的成效。JIT 反映了生产制造业订单驱动的一种理念，JIT 通过看板管理和工厂的"拉动系统"，把供、产、销紧密地衔接起来，使物资储备、产成品库存以及在制品库存大为减少，提高了生产效率。JIT 的目标是彻底消除无效劳动和浪费，即有计划地消除从原材料到产成品的整个过程中的一切浪费，强调零库存，以零缺陷为目标提高产品质量。丰田公司的 JIT 采用的是多品种、少批量、短周期的生产方式，大大减少了库存，优化了生产和物流，减少了浪费。

JIT 生产系统与传统生产系统主要的不同之处在于：

1) 生产流程化

传统生产系统是一种生产由前向后推动式的系统，即由原材料仓库向第一个生产程序供应原材料，把它们加工成在制品、半成品，转入第一个生产程序的在产品、半成品仓库，然后再由此仓库向第二个生产程序供应半成品，进行深加工，如此向后推移，直到制成产成品转入产成品仓库，等待销售。在传统生产系统中，大量原材料、在产品、产成品的存在必然导致生产资金的占用和浪费。而 JIT 生产系统则与此相反，它以需求拉动产品的生产，因此，JIT 生产系统也称为拉动式生产系统。企业以订单的要求为出发点，即企业由后向前全面安排生产，后一道生产程序决定前一道生产程序的内容。JIT 生产系统要求企业的供、产、销各环节紧密配合，大大降低了库存，从而降低了成本，提高了生产的效率和效益。

2) 生产均衡化

生产均衡化，即将一周或一日的生产量按分秒进行平均，所有生产流程都按此来设计，这样，一条流水线上每个作业环节单位时间必须完成多少作业、完成何种作业就有了标准定额，所有环节都按标准定额组织生产，也即要按此生产定额均衡地组织物资的供应，安排物品的流动。JIT 是按周或按日平均的生产方式，与传统的按批量生产的方式不同，JIT 的均衡化生产中无批次生产的概念。

3) JIT 中的库存控制策略

JIT 在最初引起人们的注意时，曾被称为"丰田生产方式"。JIT 自诞生以来，经过几十年的发展，已由最初作为库存管理的工具，演变成今天一个复杂的、涉及控制企业生产经营全过程的管理体系。它的基本思想是"只有在需要的时候，才按需要的量，生产需要的产品"。其核心是追求一种无库存生产，或使库存达到最小。其出发点是减少或消除从原材料投入到产成品产出全过程的库存及各种浪费，建立起平滑且更有效的生产过程。

JIT实现的是适时适量生产，即在需要的时候生产所需的产品。也就是说，产品生产出来的时间就是顾客所需要的时间；同样，材料、零部件到达某一工序的时刻，正是该工序准备开始生产的时候，没有不需要的材料被采购入库，也没有不需要的制品及产成品被加工出来。

JIT实行生产同步化，使工序间在制品库存接近于零，工序间不设置仓库，前一工序加工结束后，立即转移到下一工序中去，装配与机械加工几乎同时进行，产品被一件件连续地生产出来。在制品库存的减少可使设备发生故障、次品及人员过剩等问题充分暴露出来，并针对问题提出解决方法，从而提高生产效率。

同步训练8-2

分小组探讨，JIT管理的核心思想是什么？

8.3.2　JIT库存控制的方法和策略

1) JIT控制的方法

（1）看板管理。看板是一张卡片，看板上的信息通常包括零件号码、产品名称、制造编号、容器形式、容器容量、看板编号、移送地点和零件外观等。看板有"领料看板"和"生产看板"两种基本形式。这两种卡片随同存放材料或零部件的存料箱一起在上下两道工序之间往返传送。

（2）零库存管理。零库存是指某种或某些种物品的在库储存数量为"零"或接近"零"，即某种或某些种产品无库存或有极少库存，但不表示企业没有库存；不以库存形式存在的产品可以免去仓库存货的一系列问题。

延伸阅读8-3

看板管理

看板管理是JIT生产的"法宝"，JIT生产得以实施和运转有一个先决条件，每一个部门和工序之间的要求都必须清晰传递，要求不明、指令不清，会让整条流水线阻塞。丰田汽车公司的看板管理规定，所有生产指令均通过看板作为媒介进行向上传递，没有看板不能生产也不能搬运。前工序只能生产取走的部分，前工序按收到看板的顺序进行生产，看板必须和实物一起，严格执行制度，保障JIT不会陷入形式主义。随着时代的发展，看板已被信息化、数字化取代，许多企业引进了MRP系统更高效地传输指令与信息，但其本质与内核仍然没变。

2) JIT控制策略

JIT控制策略包括零库存、缩短备货期、多批次小批量、高质量零缺陷，见表8-7。

表 8-7   JIT控制策略

项目	内容
零库存	1.零库存管理法是一种现代库存管理方法，它基于在准确的时间将准确数量的物资送达的思想，超过的部分就是浪费； 2.仓储人员应做好库存计划，确保订单处理及时，并消除多余库存
缩短备货期	可以采用小批量和较短供货周期的方式供货，以缩短备货时间和生产提前期，降低成本
多批次小批量	可以采用多批次小批量的供货方法，以减少或避免存货，这样当发现问题的时候也容易改进
高质量零缺陷	1.消除各种引起浪费的不合理行为，使整个生产过程中的每一项操作都精益求精； 2.将质量管理引入每一项操作中，对产品质量进行及时检测和处理

【任务实施】

任务 8.3

实施提示

步骤1：准备好思维导图工具。

步骤2：通过网络查找JIT的管理思想、管理方法等内容和相关案例。

步骤3：概括JIT管理思想和方法，分别用思维导图形象展现其核心内容。

任务8.4   "6S"现场管理

【任务描述】

"6S"管理是指在物品保管现场通过规范现场，营造一目了然的工作环境，其最终目的是提升人的品质，培养员工良好的工作习惯。昌荣物流公司自推行"6S"管理后，仓库管理变得规范有效。速达物流公司也准备开始推行"6S"管理，邀请昌荣物流公司仓储主管张胜利为他们做"6S"管理的讲座。

要求：请协助张胜利用思维导图等相应的工具整理"6S"管理的要点。

【任务知识】

8.4.1   "6S"管理的由来

微课 8-4

仓库 "6S" 管理

"6S"管理是由"5S"管理衍生而来的。"5S"管理是指在物品保管现场，按步骤进行整理（seiri）、整顿（seiton）、清扫（seiso）、清洁（seiketsu）和素养（shitsuke）。"5S"是由5个词语的日语罗马拼音的第一个字母组成的。"5S"管理起源于日本，我国的海尔公司根据需要，在"5S"的基础上又增加了安全（safety），即形成了"6S"管理。

1）整理

整理是把要与不要的物品分开，再对不需要的物品加以处理。其要点是对仓库内的各种物品进行分类，区分什么是需要的，什么是不需要的，对不需要的物品坚决清理掉。因此，整理的重点在于坚决把仓库内不需要的东西清理掉。整理的目的是节省空间。

2）整顿

通过前一步的整理，对需要留下的物品进行科学合理的布置和摆放，以便用最快的速度取得所需之物。通过整顿，仓库环境整齐明快，从而可以缩短寻找物品的时间。整顿的目的是便于查找。

3）清扫

清扫是指将库区清扫干净。在整理、整顿后，对库区要进行彻底清扫，杜绝污染源。清扫的目的是消除库区脏污，保持库区干净明亮。

4）清洁

清洁是指库区随时保持整洁，是将上面"3S"的做法制度化、规范化，维持整理、整顿、清扫工作的成果。清洁的目的是通过制度化来维持成果。

5）素养

素养是指每位员工都养成良好的工作习惯和文明礼貌习惯，遵守规则，积极主动。其目的是提升员工的品质，使其成为对任何工作都认真的人。

整理、整顿、清扫、清洁、素养并不是各自独立，互不相关的。它们之间是一种相辅相成、缺一不可的关系。整理是整顿的基础，整顿又是整理的巩固，清扫是显现整理、整顿的效果，而清洁和素养，则使企业形成一种整体的环境改善氛围。

6）安全

安全是指采取系统的措施保证人员、场地、物品等的安全，及时发现安全隐患并予以消除或采取有效的预防措施。安全是前面"5S"实施的前提。

同步训练 8-3

区分"整理"和"整顿"，"清扫"和"清洁"。

8.4.2　"6S"管理的推行要领

1）整理

（1）整理的推行要领：

① 对库区（范围）做全面检查，包括看得到和看不到的。

② 制定"要"和"不要"的判别基准。

③ 将不要的物品清除掉。

④ 对要的物品调查使用频度，决定日常用量。

⑤ 每日自我检查。

（2）因为不整理而发生的浪费：

① 空间的浪费。

② 使用货架或柜橱的浪费。

③ 零件或产品变旧而不能使用的浪费。

④ 放置处变得窄小。

⑤ 管理不要的东西带来的浪费。

⑥ 库存管理或盘点时间的浪费。

2）整顿

（1）整顿的推行要领：

① 落实整理工作。

② 对需要的物品明确放置场所。

③ 摆放整齐、有条不紊。

④ 地板画线定位。

⑤ 场所、物品标示。

⑥ 制定废弃物处理办法。

（2）整顿的重点：

① 整顿的结果要达到任何人都能立即取出所需要的东西的状态。

② 要站在新人、其他岗位员工的立场来看，使得什么东西该放在什么地方更为明确。

③ 要想办法使物品能立即取出使用。

④ 使用后要能容易恢复到原位，或者没有恢复或误放时能马上知道。

3）清扫

清扫的推行要领：

① 建立清扫责任区。

② 开始一次彻底的大清扫。

③ 每个地方都清洗干净。

④ 调查污染源，予以杜绝或隔离。

⑤ 建立清扫标准作为规范。

4）清洁

清洁的推行要领：

① 落实前面的"3S"工作。

② 制定"6S"实施办法。

③ 将好的方法与要求纳入管理制度与规范中，明确责任，由突击行动转化为常规行动。

④ 制定奖惩制度，加强执行。

⑤ 高层主管经常带头检查，带动全员重视"6S"管理。

5）素养

素养的推行要领：

① 制作服装、臂章、工作帽等识别标志。

② 制定公司的有关规则、规定。

③ 制定礼仪守则。

④ 教育训练。

⑤ 推行各种激励活动。

⑥ 遵守规章制度。

⑦ 培养打招呼等文明礼貌行为。

6）安全

安全的推行要领：

① 电源开关、风扇、灯管损坏及时报修。

② 物品堆放、悬挂、安装、设置不存在危险状况。

③ 特殊工位无上岗证严禁上岗。

④ 给正在维修或修理的设备贴上标识。

⑤ 危险物品、区域、设备、仪器、仪表特别提示。

⑥ 制定防伤病、防污、防火、防水、防盗、防损等保障措施。

仓库管理应做到保障库内财产安全，保证员工在生产过程中的健康与安全，杜绝事故苗头，避免事故发生。

延伸阅读8-4

仓库管理这样做，让它整整齐齐

"两齐"：库容整齐、堆放整齐；

"三清"：数量、质量、规格清晰；

"三洁"：货架、货物、地面整洁；

"三相符"：账、卡、物一致；

"四定位"：区、架、层、位对号入座。

8.4.3　"6S"管理的实施

1）定点摄影对比

定点摄影是指站在同一地点，朝同一方向、同一高度，用相机（或摄像机）将改善前、后的情况拍摄下来，再将改善前、后的对比照片在目视板上体现出来。其作用是保存资料，便于宣传；同时，让员工看到改善前、后的对比效果，鼓励员工积极改善。

2）红牌管理

红牌管理指的是在库区内找到问题点并悬挂红牌，让大家都看到并积极地去改善，从而达到整理、整顿的目的。"6S"红牌表格见表8-8。

表8-8　　　　　　　　　　　　　　　"6S"红牌表格

责任单位				编号	
项目区分	□物料　　□地面　　□办公设备	□产品　　□墙壁　　□运输设备	□电气　　□门窗　　□更衣室	□作业台　　□文件　　□厕所	□机器　□看板　□其他
红牌原因	问题现象简述				
	理由				
发现人				发现日期	
改善责任人				改善期限	
处理方案				处理结果	
效果确认	□可行　　□不可行			确认人	

3）检查表

制定库区"6S"操作规范，并进行定期或不定期的检查，发现问题及时采取纠正措施。可以使用库区"6S"管理规范表进行检查，见表8-9。

表8-9　　　　　　　　　　　　　　库区"6S"管理规范表

微课8-5

仓库目视
管理

序号	项目	规范内容	检查结果
1	整理	对废品进行处理	
		近期不需要的物品放到指定位置	
		近期要用的物品放到易取位置	
2	整顿	根据仓库总体规划图进行区域性标识	
		物品按类别进行区域性标识	
		物品按规划放置，规划物品放置位置	
		物品放置应整齐，容易收发	
		物品在显著位置要有明显的标识，容易辨认	
		作业通道要畅通，不能堵塞	
		工具使用后应摆放整齐	
		消防器材放置到易取位置	
3	清扫	仓库要经常清扫，物品上面不能有积尘	
		物品不能裸露摆放，包装要清扫干净	
		工具要定期进行清理、加油	
		物品存储区要通风，光线要好	
		水源、油污管等要进行修护	
4	清洁	每天上下班花3分钟做"6S"工作	
		随时自我检查、互相检查，定期或不定期进行检查	
		对不符合要求的情况及时纠正	
		整理、整顿、清扫、安全保持得非常好	
5	素养	员工戴工牌、穿工服，工服整洁得体，仪容、仪表整齐大方	
		员工言谈举止文明，有礼貌，对人热情大方	
		员工工作精神饱满	
		员工作业时小心谨慎，以防碰伤	
		员工有团队精神，互帮互助，积极参加"6S"活动	
		员工时间观念强	
6	安全	电气设备处于正常状态	
		物品堆放不能存在安全隐患	
		消防设施与设备符合要求，消防器材要容易拿取	
		安全防范措施落实到位	

设置合理的"6S"检查表，可以更好地开展"6S"管理。表8-10可供参考使用。

表8-10   "6S"检查表

责任区域		检查日期			检查人				
项目	检查内容	评分					问题点陈述		
		1	2	3	4	5			
整理	1.仓库无不用的物资								
	2.仓库无废弃的物资								
	3.仓库无物料凌乱、混装现象								
	4.周转架、运输工具无破坏或不良								
	5.仓库内无物料散落地面								
整顿	1.物资、货架有明确标识								
	2.分类明确、规范，标识统一、清楚								
	3.物资定置摆放，无压线								
	4.包装箱码放高度不超过2m								
	5.通道畅通，无阻塞现象								
清扫	1.货架和物资无积尘、杂物、脏污，物品封装防尘								
	2.容器、货架、包装箱无破损及严重变形								
	3.产生污垢时能及时彻底地进行清扫								
	4.无不要物、杂物和卫生死角								
	5.长期不使用的物资能及时处理								
清洁	1.办公桌、货架、地板干净亮丽								
	2.入库物资有明确的时间标识，并严格进行先进先出管理								
	3.有温湿度记录表，有值日表								
	4.有各种工作记录，且有相关人员确认								
	5.正确悬挂及张贴各种物资卡和标志								
素养	1.员工无聊天、打瞌睡现象								
	2.员工着工作衣，工作牌整齐端正								
	3.员工举止及用语文明								
	4.员工明白物资卡或标识的内容								
	5.仓库里无私人物品，无抽烟现象								
安全	1.所有的电源开关正常、安全，下班关闭办公照明，并断开电源								
	2.仓库门窗无损坏，可正常开关及上锁								
	3.仓库内无漏雨现象								
	4.易燃、易爆物品定点放置								
	5.所有安全隐患已记录上报								
总分				责任人确认					
注	单项分（优秀：5分；良好：4分；一般：3分；不合格：2分；差：1分） 总分（优秀：120~150分，良好：90~119分，一般：60~89分，不合格：30~59分，差：低于30分）								

【任务实施】

任务8.4

实施提示

步骤1：准备好思维导图工具。

步骤2：分析"6S"管理的核心思想和要点。

步骤3：概括"6S"管理的核心思想和要点，用思维导图呈现相关内容。

■ 项目回顾

库存管理涉及多方面的问题，包括订货数量、安全库存等，我们应掌握经济订货批量法，并能运用ABC分类管理法、CVA库存管理法等一些非常好用的方法，能将JIT库存控制运用到实务中。"6S"管理是非常高效的一种管理思想和管理方法，作为一个现代仓储主管，掌握并运用它，一定能将仓储管理工作做得更好。

■ 课后训练

一、知识检测

（一）不定项选择题

1.影响订货点的主要因素有（　　）。

A.需求速率　　　　B.订货提前期　　　　C.安全库存　　　　D.货品的质量

2.控制库存时需要注意的成本包括（　　）。

A.储存成本　　　　B.订货成本　　　　C.缺货成本　　　　D.资金成本

3.库存盘点的种类包括（　　）。

A.账面盘点　　　　B.系统盘点　　　　C.现货盘点　　　　D.人工盘点

4.储存成本包括（　　）。

A.资金机会成本　　　　　　　　　　B.仓库设施折旧成本

C.存货变质成本　　　　　　　　　　D.存货过时成本

5.在ABC分类管理法中，（　　）品类少，但是价值高。

A.A类　　　　　　B.全部　　　　　　C.B类　　　　　　D.C类

6.在CVA库存管理法中，库存可分为（　　）。

A.最高优先级　　　B.中等优先级　　　C.较高优先级　　　D.较低优先级

7.JIT控制的方法有（　　）。

A.看板管理　　　　B.监督管理　　　　C.及时管理　　　　D.零库存管理

8."6S"管理比"5S"管理多了（　　）。

A.整理　　　　　　B.清扫　　　　　　C.整顿　　　　　　D.安全

9.因不整理发生的浪费有（　　）。

A.空间的浪费　　　B.货架的浪费　　　C.盘点耗时的浪费　　D.零件变旧的浪费

10.素养的推行要领包括（　　）。

A.遵守公司规定　　B.教育训练　　　　C.制定礼仪守则　　　D.例行打招呼

（二）判断题

1.库存的存在对企业都是积极的作用。　　　　　　　　　　　　　　（　　　）

2.定量订货法每次订货的周期是固定的。　　　　　　　　　　　　　（　　　）

3.企业在进行生产经营时一般不需要考虑安全库存。　　　　　　　　（　　　）

4.确定订货批量要考虑需求速率和经营费用。　　　　　　　　　　　（　　　）

5.订货量的大小和订货成本无关。　　　　　　　　　　　　　　　　（　　　）

6.缺货成本是指缺货造成的损失，多是无形损失。　　　　　　　　　（　　　）

7.初盘一般由仓储部员工完成。　　　　　　　　　　　　　　　　　（　　　）

8.从理论上讲，每次的订货量增加，每年的订货次数就减少。　　　　（　　　）

9.定量订货法每次订购商品的批量相同，都是事先确定的经济批量。　（　　　）

10.属于C类的是数量少、价值高的最重要的物资。　　　　　　　　（　　　）

（三）简答题

1.EOQ的假设条件包括哪些？

2.ABC库存控制法有哪些缺点？

3.请简述ABC库存控制的措施。

4.请简述JIT控制策略。

5.请简述"6S"管理的内容。

二、案例研讨

D公司的"5S"管理

某纺织品公司（以下简称为D公司）由于行业的原因，工作环境极易惹尘，无法与电子、食品等行业相比。但公司对厂房的清洁工作十分重视且不懈地改善，自从推行了"5S"管理后，厂房发生了奇迹般的变化。在"5S"管理活动推行之前，清洁只停留在表面，每周一次的大扫除只是对地面和容易清扫的地方进行清洁，日常则由清洁工人代劳。推行"5S"管理后，全体员工对"清洁"两个字有了更深的认识，每次清洁都是从地面到天花板进行彻底的清扫。自公司颁布《清洁制度和基准》后，员工每天都坚持5分钟清洁，有效地改善了公司的环境。尤其是每月一次的部门之间的清洁活动竞赛，使全体员工更加认真地对待日常清洁。

整理：档案附有清楚的标识，进行数字化管理，方便查阅和取放。坚持清除每天产生的垃圾和不要品，不再任其堆积成山。仓库和现场对大捆、大卷的布料堆放限高1.8米，并注意做足安全措施。由于制作了《必要品与不要品的判定基准》和《常用程度基准表》，员工都清楚如何判断和归位。

整顿：厂房地面有区域黄色标识线，规范了各物品的存放位置，物品更加整齐。样板房内清楚陈列各类样品，并注明型号、名称和资料号。原材料和存货则按"先入先出"的原则，采用了颜色管理，日期的先后顺序更加清晰。

清扫：新购和加装自动巡回式清扫器，将尘埃控制在源头。经常清扫机器周围最易积聚尘埃的地方。衣车旁配备胶箱，放置刚完成的衣料，以免垂落地面而弄脏衣料。每次例行维修机器的同时对其进行清理和清洁。

清洁：运用看板管理，将业务员的业绩图表化。为某些机器特制了一些透明外壳，以防尘防污。设计了《每日清洁稽查表》，互相检查、互相监督，结果每日公布，以促进良性竞争。针对油口、水槽、杂池、接口等特殊部位，规定了清洁程度和清扫周期。

素养：设备控制面板加装透明盖，以起到透视和防护的作用。每日下班后，操作员均能自觉地将透明盖盖好并保持干净。经常组织员工学习安全知识，工伤人数明显减少。由于"5S"管理活动的开展，相邻工序的员工能做到自觉互检互助，工作效率和品质逐渐提升。

结合以上案例，讨论下列问题：

1. 结合案例，分析D公司实施"5S"管理的具体措施。

2. 结合案例，讨论"5S"管理在企业管理中的重要性。

三、实战训练

1. 实战技能点

经济订货批量的确定。

2. 实战任务

结合背景资料计算经济订货批量。

背景资料：某公司根据计划每年需采购某零件30 000个。该零件的单位采购价格是20元，每次订购的成本是240元，每个零件每年的仓储保管成本为其价格的50%。由于竞争激烈，该零件供应商为了促销，采取以下折扣策略：一次购买1 000个以上打9折；一次购买1 500个以上打8折。在这样的批量折扣条件下，该零件的最佳经济订货批量为多少？

项目9　现代仓储技术应用

学习目标

【知识目标】

1.了解条码技术的特点;

2.掌握RFID技术的优点;

3.掌握WMS的基本功能。

【能力目标】

1.能掌握条码技术的应用;

2.能将RFID技术应用于仓储管理中;

3.能利用WMS开展仓储管理活动。

【素养目标】

1.培养严谨细致的职业态度;

2.培养规范做事的职业习惯;

3.培养积极进取、创新向上的职业精神;

4.培养成本节约意识。

任务9.1　条码技术应用

【任务描述】

条码技术在自动识别技术中占有重要的地位,具有输入速度快、成本低、可靠性高的特点。条码技术在仓储作业中的使用大大提高了作业效率。昌荣物流公司已采用WMS进行仓储管理,对到库的货品全部采用手持扫码的方式入库。现有一批货物到达昌荣仓库，请将该批货物扫码入库。

【任务知识】

条码（bar code）技术是在计算机应用中产生并发展起来的，广泛应用于商业、邮政、图书管理、仓储、工业生产过程控制、交通等领域的一种自动识别技术，具有输入速度快、成本低、可靠性强等优点，在自动识别技术中占有重要地位。

微课9-1

【二维码图】

条码技术
应用

9.1.1 条码概述

1）条码标准概述

任何一种条码都是按照预先规定的编码规则和条码有关标准，由条和空组合而成的。每种条码的码制是由它的起始位和终止位的不同编码方式所决定的，条码阅读器要解译条码符号，首先要判断此符号码制，才能正确译码。为了便于物品跨国家和地区的流通，适应物品现代化管理的需要以及增强条码自动识别系统的兼容性，各个国家、地区和行业都必须制定统一的条码标准。条码标准主要包括条码符号标准、使用标准和印刷质量标准。目前，国际上公认的用于物流领域的条码标准主要有通用商品条码、储运单元条码和贸易单元128条码3种。

（1）通用商品条码。

通用商品条码是用于表示国际通用的商品代码的一种模块组合型条码。

① EAN标准版商品条码。

EAN-13码是国际物品编码协会在全球推广使用的一种商品条码，它是一种定长、无含义的条码，没有自校验功能，使用0～9共10个字符。标准版商品条码符号由左侧空白区、起始符、左侧数据区、中间分隔区、右侧数据区、校验符、终止符、右侧空白区及供人识别字符组成，从起始符开始到终止符结束总共有13位数字，这13位数字分别代表不同的含义，且其不同的组合代表EAN-13码的不同结构（如图9-1所示）。

图9-1 EAN-13码示意图

②EAN条码符号缩短版。

EAN-8码是EAN-13码的压缩版，由8位数字组成，用在包装面积较小的商品上。和EAN-13码相比，EAN-8码没有制造厂商代码，仅有前缀码、商品项目代码和校验码。

（2）储运单元条码。

储运单元条码是专门表示储运单元编码的条码。储运单元是指为便于搬运、仓储、订货、运输等，由消费单元（即通过零售渠道直接销售给最终用户的商品包装单元）组成的商品包装单元。储运单元又分为定量储运单元和变量储运单元。定量储运单元是指由定量消费单元组成的储运单元，如成箱的牙膏、瓶装酒、药品、烟等。变量储运单元是指由变量消费单元组成的储运单元，如布匹、农产品、蔬菜、鲜肉等。

①定量储运单元。

定量储运单元一般采用13位或14位数字编码。当定量储运单元同时又是定量消费单元时，应按定量消费单元编码，采用13位数字编码；当定量储运单元内含有不同种类的定量消费单元时，储运单元的编码方法是按定量消费单元的编码规则，为定量储运单元分配一个区别于它所包含的消费单元代码的13位数字代码；当由相同种类的定量消费单元组成定量储运单元时，定量储运单元可用14位数字代码进行编码标识。

②变量储运单元。

变量储运单元编码由14位数字的主代码和6位数字的附加代码组成。变量储运单元的主代码和附加代码也可以用EAN-128码标识。

延伸阅读9-1

如何编制外箱上的储运单元条码的代码？

我们可以通过下面的例子了解定量储运单元条码的代码编制方法。假如商品条码的代码为6901234567892，那么50个/箱的外箱的代码有两种编制方法：一种是重新编制一个13位数字的代码，如6901234567014；另一种是在原代码（不含校验字符）前增加包装指示符，指示符的取值范围是1~8，然后重新计算校验码。当包装指示符取1时，14位数字的外箱代码是16901234567899。但这种方法只限包装箱内为同种类定量消费单元的情况。

③交插二五条码。

交插二五条码在仓储和物流管理中被广泛应用，是一种连续、非定长、具有自校验功能，且条和空都表示信息的双向条码。它由左侧空白区、起始符、数据符、终止符和右侧空白区构成。其中，每一个条码数据符都由5个单元组成，2个是宽单元（用二进制"1"表示），3个是窄单元（用二进制"0"表示）。交插二五条码的字符集包括数字0~90。

④ITF-14条码和ITF-6条码。

ITF条码是一种连续、定长、具有自校验功能，并且条、空都表示信息的双向条码。ITF-14条码和ITF-6条码由矩形保护框、左侧空白区、条码字符、右侧空白区组成。其条码字符集、条码字符的组成与交插二五条码相同。

（3）贸易单元128条码。

贸易单元128条码是一种长度可变的、连续型的字母数字条码。与其他一维条码相比，128条码是较为复杂的条码（系统），应用范围较广。128条码由左侧空白区、起始符号、数据符、校验符、终止符、右侧空白区组成，它有A、B、C共3种不同的编码类型，可提供标准ASCII中128个字元的编码使用。

目前所推行的128条码是EAN-128码，EAN-128码以EAN/UCC-128码作为标准，将资料转变成条码符号，并采用128码逻辑，具有完整性、紧密性、连接性和高可靠度的特性。应用范围涵盖生产过程中一些具有补充性、易变动的信息，如生产日期、批号、计量等。它可应用于货运栈板标签、携带式资料库、连续性资料段、流通配送标签等。其优点包括：产品可变性信息的条码化；国际流通的共同协议标准；较佳的产品运输质量管理；更有效地控制生产、配送及销售；提供更安全、可靠的供给源等。

同步训练9-1

查找三种货品的条形码，并说明其条形码的结构构成。

2）条码技术的优点

条码技术是迄今为止最经济实用的一种自动识别技术。它主要有以下优点：

（1）采集数量大。一般来说，利用一维条码一次可以采集几十位字符的信息，二维条码更可以携带数千个字符的信息，并且具备一定的自动纠错能力。

（2）输入速度快。与键盘输入相比，条码输入速度是键盘输入速度的5倍，并且能实现即时数据输入。

（3）可靠性强。据统计，键盘输入数据的出错率为三百分之一，利用光学字符识别技术的出错率为万分之一，而采用条码技术误读率低于百万分之一。

（4）自由度大。条码通常只在一维方向上表达信息，而在同一条码上所表示的信息完全相同并且连续，这样即使是标签有部分欠缺，依然可以从正常部分输入正确的信息。

（5）条码标签易于制作，对印刷技术设备和材料无特殊要求，被称为"可印刷的计算机语言"。

（6）条码识别设备结构简单，操作容易，无须专门训练。

（7）灵活适用。条码标志既可以作为一种识别手段单独使用，也可以与有关设备组成一个系统实现自动化识别，还可以和其他控制设备连接起来实现自动化管理。

9.1.2 条码在仓储管理中的应用

1）条码技术在物流领域应用概述

随着物流信息化步伐的加快，条码在物流企业中的应用越来越广。具体来看，作为物流管理工具，条码的应用主要集中在以下环节：

（1）货品管理。利用条码技术进行货品管理的方法如下：

① 将货品编码，并且打印条码标签，不仅便于对货品的跟踪管理，而且有助于做到合理的货品库存准备，提高生产效率，便于企业资金的合理运用。对采购的货品按照行业及企业规则建立统一的货品编码，可以杜绝因货品无序而导致的损失和混乱。

② 对需要进行标识的货品打印条码标签，便于在生产管理中对货品的单件跟踪，从而建立完整的产品档案。

③ 利用条码技术对仓库进行基本的进、销、存管理，能够有效地降低库存成本。

④ 通过产品编码，可建立货品质量检验档案，生成质量检验报告，与采购订单挂钩，完成对供应商的评价。

（2）生产线物流管理。条码生产线物流管理是产品条码应用的基础。企业可以先制作产品识别码，在生产中用于监控生产，采集生产测试数据和生产质量检查数据，并进行产品完工检查，建立产品识别码和产品档案；然后有序地安排生产计划，监控生产及产品流向，提高产品的下线合格率。

① 制定产品识别码格式。根据行业和企业规则确定产品识别码的编码规则，保证产品的规则化和唯一性。

② 建立产品档案。利用产品识别码在生产线上对产品生产进行跟踪，并采集产品的部件、检验等数据作为产品信息，在对生产批次计划进行审核后建立产品档案。

③ 通过生产线上的信息采集点来控制生产信息。

④ 利用产品识别码在生产线上采集质量检测数据，以产品质量标准为准绳判定产品是否合格，从而控制产品在生产线上的流向及建立产品档案，打印合格证。

（3）分拣运输。铁路运输、航空运输、邮政、快递等行业都存在货物的分拣和搬运问题，大批量的货物需要在较短的时间内高效率、准确无误地装到指定的位置。如果依靠传统的分拣方式，要完成数量众多的不同产品的分拣，以送到不同的目的地，就必须扩大场地、增加人员，不但成本上升很多，而且人工分拣的出错率相对较高，严重影响企业的正常运作。利用条码技术，只需将预先打印好的条码标签贴在物品上，并在每个分拣点装一台条码扫描器，就可以高效地完成分拣运输作业。

（4）仓储管理。仓储管理实际上是条码应用的传统领地，其应用已经涵盖出入库、盘点、库存管理等多方面。

（5）机场通道。在机场行李自动化系统中，物流标识技术的优势已充分体现出来，人们将条码标签按需要打印出来，系在每件行李上。根据国际航空运输协会（IATA）标准的要求，条码应包含航班号和目的地等信息。当运输系统把行李从登记处运到分拣系统时，一组通道式扫描器分布在运输设备的各个侧面：上、下、前、后、左、右。扫描器对准每一个可能放置标签的位置，甚至是行李的底部。当扫描器读到条码时，会将数据传输到分拣控制器中，然后根据对照表，行李被自动分拣到目的航班的传送带上。

（6）货物通道。货物通道也是由一组扫描器组成的，与机场的行李通道一样。全方位扫描器能够从所有的方向识读条码，即这些扫描器可以识读任意方向、任意面上的条码，无论包裹有多大，无论运输设备的速度有多快，无论包裹间的距离有多小，所有制式的扫描器一起运行，决定当前哪些条码需要识读，然后把一条条信息传送给主计算机或控制系统。

扫描器可以快速同时采集包裹上的条码标识、实际的包裹尺寸和包裹的重量等信息，且整个过程不需要人工干预，准确率大大提高。

（7）运动中称量。运动中称量与条码自动识别相结合，把电子秤放在输送设备上可以得到包裹的重量，而不需要中断运输作业或人工处理，使系统能保持很高的通过能力；同时，实时提供重量信息，计算净重，检验重量误差，验证重量范围。在高效的货品搬运系统中，运动中称量可以与其他自动化技术或过程，如条码扫描、标签打印及粘贴、包裹分拣、码托盘、库存管理、发运等集成在一起。

2）条码技术在仓储管理中的应用

采用条码技术，并与信息处理技术相结合，可确保库存量的准确性，保证必要的库存水平及仓库中货品的移动与进货协调一致，从而保证产品的最优入库、存储和出库作业等。条码技术在仓储作业中的应用流程如图9-2所示。

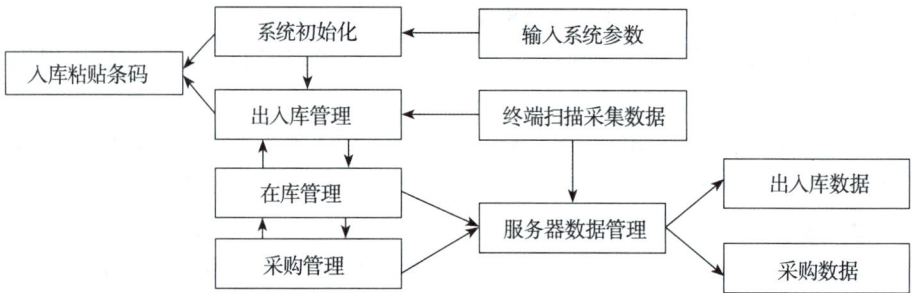

图9-2　条码技术在仓储作业中的应用流程图

（1）条码技术应用流程。

条码技术在仓储管理中应用时，需要根据不同的需求选用不同的软件和条码设备。系统使用的软件可分为两部分：一部分是条码终端使用的软件；另一部分是在仓库计算机中心或服务器上使用的软件。条码终端使用的软件只完成数据的采集，较为简单；仓库计算机中心或服务器上使用的软件包括数据库系统和仓储管理软件。另外，系统中还需要配置条码打印机，以便打印各种标签，如储位、托盘条码等。

（2）仓储管理。

仓储管理是条码技术广泛应用且比较成熟的传统领域。条码技术广泛地应用于仓储作业与管理的各个环节，具体见表9-1。

表9-1　　　　　　　　　　条码技术在现代仓储管理中的应用

应用环节	具体操作	条码内容与作用
订货环节	用条码扫描设备将订货簿或货架上需补货商品的条码输入计算机中，通过主机利用网络通知订货	快速采集包含商品品名、品牌、产地、规格等的信息，并快速上传至订货系统
收货环节	接货员在商品包装箱上粘贴条码，作为相应货架记录。同时，对商品外包装上的条码进行扫描，将信息传到后台管理系统中，并使包装箱条码与商品条码形成一一对应关系	仓库条码含商品对应仓库内相应货架的记录，与商品外包装上的条码相对应

续表

应用环节	具体操作	条码内容与作用
入库环节	通过条码输入设备将商品基本信息输入计算机中，告知计算机系统哪种商品要入库、入多少。计算机生成条码标签，将其贴在货箱上，送入输送设备中，输送商品到指定位置	采集商品的基本信息及存放位置信息
上架环节	首先扫描包装箱上的条码以确定货位，运到指定的储位后，再扫描储位条码，确认储位是否正确	储位信息
配货环节	接收客户的订单后，将订单汇总，并分批生成印有条码的拣货标签，分拣人员在商品上粘贴拣货标签	包含配送货物要发送给客户的信息
补货环节	查看商品的库存，确定是否补货，通过条码来进行管理	产品信息、储位信息

【任务实施】

步骤1：开启手持，进入入库界面。

步骤2：手持扫码商品条码。

步骤3：手持扫码托盘条码，将商品与托盘信息进行组合。

步骤4：手持扫码储位条码，完成商品条码、托盘条码和储位条码信息的组合。

任务9.2　RFID技术应用

【任务描述】

RFID技术是一种利用射频通信实现的非接触式自动识别技术，其标签具有体积小、容量大、寿命长、可重复使用等特点。昌荣物流公司在仓储智能化改革过程中，计划引入RFID技术。

要求：请协助仓储主管张胜利对RFID技术在仓储中的应用进行分析，撰写一份RFID技术在仓储中应用的分析报告。

【任务知识】

9.2.1　RFID技术概述

射频识别（radio frequency identification，RFID）技术，是一种利用射频通信实现的非接触式自动识别技术。其标签具有体积小、容量大、寿命长、可重复使用等特点，可支持快速读写、非可视识别、移动识别、多目标识别、定位及长期跟踪管理。RFID技术与互联网、通信技术等相结合，可实现全球范围内的物品跟踪与信息共享。RFID技术应用于物流、制造、公共信息服务等行业，可大幅提高管理与运作效率，降低成本。

微课9-2

RFID技术应用

1) RFID系统的组成

RFID系统至少应包括两部分：一是读写器；二是电子标签。此外，还应包括天线、主机等。在具体的应用过程中，根据不同的应用目的和应用环境，RFID 系统的组成会有所不同。但从 RFID 系统的工作原理来看，系统一般都由信号发射机、信号接收机、编程器、天线等部分组成。

（1）信号发射机。在 RFID 系统中，信号发射机出于不同的应用目的，会以不同的形式存在，典型的形式是标签（tag）。标签相当于条码技术中的条码符号，用来存储需要识别、传输的信息。另外，与条码符号不同的是，标签必须能够自动或在外力的作用下把存储的信息主动发射出去。

（2）信号接收机。在 RFID 系统中，信号接收机也称为阅读器。由于所支持的标签类型与完成的功能不同，阅读器的复杂程度是显著不同的。阅读器的基本功能是提供与标签进行数据传输的途径。另外，阅读器还提供相当复杂的信号状态控制、奇偶错误校验与更正功能等。标签中除了存储需要传输的信息外，还必须含有一定的附加信息，如错误校验信息等。识别数据信息和附加信息按照一定的结构编排在一起，并按照特定的顺序向外发送。

阅读器以接收到的附加信息来控制数据流的发送。一旦到达阅读器的信息被正确地接收和译解，阅读器便通过特定的算法决定是否需要发射机对发送的信号重发一次，或者指导发射机停止发送信号，这就是命令响应协议。使用这种协议，即便在很短的时间、很小的空间阅读多个标签，也可以有效地防止欺骗问题的出现。

（3）编程器。RFID 等可读可写标签系统需要编程器，编程器是向标签写入数据的装置。编程器写入数据一般是离线完成的，也就是预先在标签中写入数据，等到开始应用时直接把标签附在被标识项目上。也有一些 RFID 系统，其写入数据是在线完成的，尤其是在生产环境中作为交互式便携数据文件来处理的时候。

（4）天线。天线是标签与阅读器之间传输数据的发射、接收装置。在实际应用中，除了系统功率，天线的形状和相对位置也会影响数据的发射和接收，需要专业人员对系统的天线进行设计、安装。

同步训练 9-2

描述 RFID 系统的四个组成部分。

2）RFID 系统的特点

和传统条码技术相比，RFID 系统具有以下优势：

（1）动态实时通信、快速扫描。标签以每秒 50～100 次的频率与阅读器进行通信，所以只要 RFID 标签所附着的物体出现在阅读器的有效识别范围内，就可以对其位置进行动态的追踪和监控。同时，条码扫描仪一次只能扫描一个条码，而 RFID 阅读器可同时辨识读取数个 RFID 标签。

（2）体积小型化、形状多样化。RFID 标签在读取上并不受尺寸大小与形状的限制，不需要为了读取的精确度而配合纸张的固定尺寸和印刷品质。此外，RFID 标签还可以向小型化与多样化的形态方向发展，可以适应不同的产品。

（3）抗污染能力和耐久性。传统条码的载体是纸张，容易受到污染，但 RFID 标签对水、油和化学药品等物质具有很强的抵抗性。此外，由于条码附于塑料袋或外包装纸箱上，特别容易受到折损；而 RFID 标签是将数据存于芯片中，因此可以免受污损。

（4）使用寿命长，可重复使用，应用范围广。RFID 标签的封闭式包装使得其寿命大大超过印刷的条码。同时，当前的条码印刷上去之后就无法更改；RFID 标签则可以重复地新增、修改、删除内部储存的数据，方便信息的更新。此外，RFID 使用无线电通信方式，可以应用于粉尘、油污等高污染和放射性环境下。

（5）穿透性和无屏障阅读。在被覆盖的情况下，RFID 能够穿透纸张、木材和塑料等非金属或非透明的材质，并能够进行穿透性通信。而条码扫描机必须在近距离而且没有物体阻挡的情况下才可以辨读条码。

（6）数据的记忆容量大。一维条码的容量是 50 字节，二维条码最大的容量为 3 000 字节；而 RFID 最大的容量则有数兆字节，并且随着记忆载体的发展，其数据容量也有不断扩大的趋势。未来物品所需携带的信息量会越来越大，对标签所能扩充容量的需求也相应增加。

（7）安全性。由于 RFID 标签承载的是电子式信息，其数据可经由密码保护，内容不易被伪造及变造。

9.2.2 RFID 技术在仓储管理中的应用

基于 RFID 技术的仓储管理系统应用方案，主要是将 RFID 技术的特性与仓储管理的流程相结合，在软件上实现更科学、可视化的管理。RFID 技术在仓储管理中的应用如图 9-3 所示。

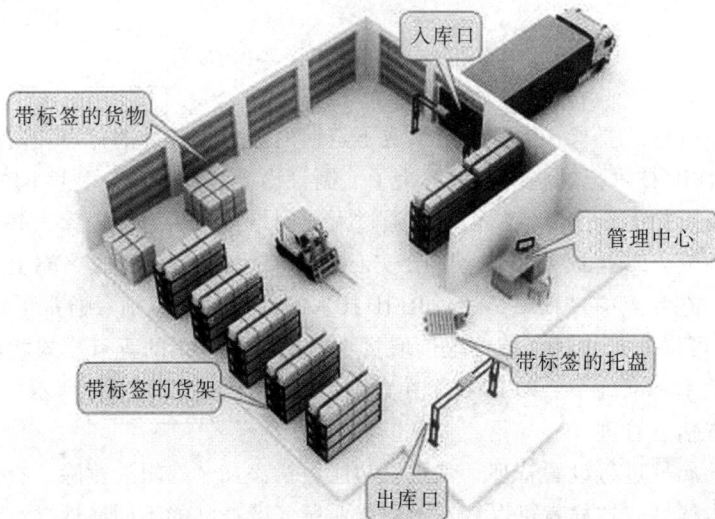

图9-3 RFID 技术在仓储管理中的应用

（1）入库管理。

在仓库的门口部署 RFID 固定式读写器，同时根据现场环境进行射频规划。比如，可以安装上下左右4根天线，保证RFID电子标签不被漏读。接到入库单后，按照一定的规则将产品入库，RFID标签在进入RFID固定式读写器的电磁波范围内时会被主动激活，然后RFID标签与RFID固定式读写器进行通信；在采集完RFID标签信息后，会与订单进行比对，核对货物数量及型号是否正确，如有错漏则要进行人工处理，最后将货物运送到指定的位置，按照规则进行摆放。RFID技术在仓储管理中应用的最主要优势是非接触式远距离识别，且能够批量读取，提高了效率与准确性。

（2）出库管理。

根据提货计划，对出库的货物进行分拣处理，并进行出库管理。如果出库数量较多，可将货物成批推到仓库门口，利用RFID固定式读写器与标签通信，对出库货物的RFID标签进行信息采集，检查是否与计划对应，如有错误，尽快进行人工处理。对于少量的货物，可以使用RFID手持式终端进行RFID标签的信息采集，出现错误时手持式终端会发出警报，此时工作人员应该及时处理，最后把数据发送到管理中心，更新数据库，完成出库。RFID技术在出库管理中的应用如图9-4所示。

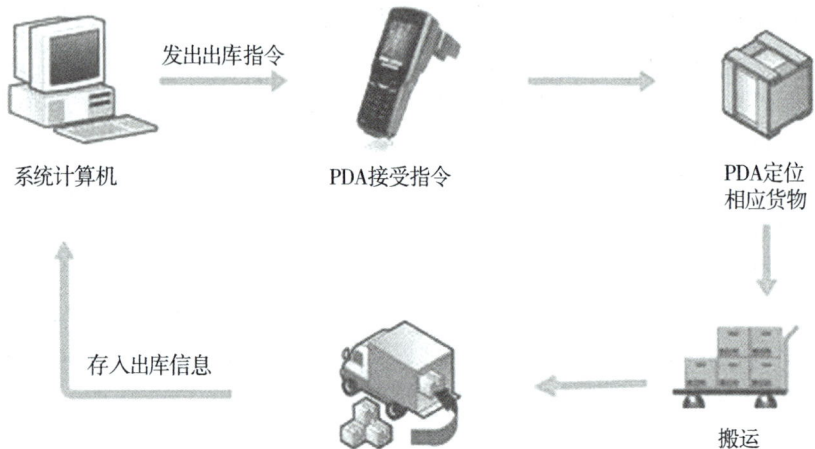

图9-4　RFID技术在出库管理中的应用

（3）盘点管理。

按照仓库管理的要求，应进行定期或不定期的盘点。传统的盘点耗时耗力，且容易出错，而RFID技术把这些问题都解决了。制订出盘点计划后，利用RFID手持式终端进行货物盘点扫描，读取货物信息，通过无线网络传入后台数据库，并与数据库中的信息进行比对。如生成差异信息，会实时地显示在RFID手持式终端上，供盘点工作人员核查。在盘点的过程中，通过RFID技术的非接触式识别（通常可以在1～2米的范围内），可以非常快速、方便地读取货物信息，与传统的盘点模式相比，大大提高了盘点的效率和准确率。RFID技术在盘点作业中的应用如图9-5所示。

（4）基本信息管理。

对货物的属性进行设置管理，其主要功能包括添加、编辑、删除、查询仓库中存储货物的基本属性。这样就可以针对不同企业所经营产品的不同属性进行设置，保证其符合每个企业的个性化需求，也可以对仓库进行位置划分。例如，可以仓库、区域、货位等为单位进行划分，从而对大型仓库进行更精确的管理，各层级的仓库管理人员也可以针对不同维度的库存信息进行查询等业务操作。

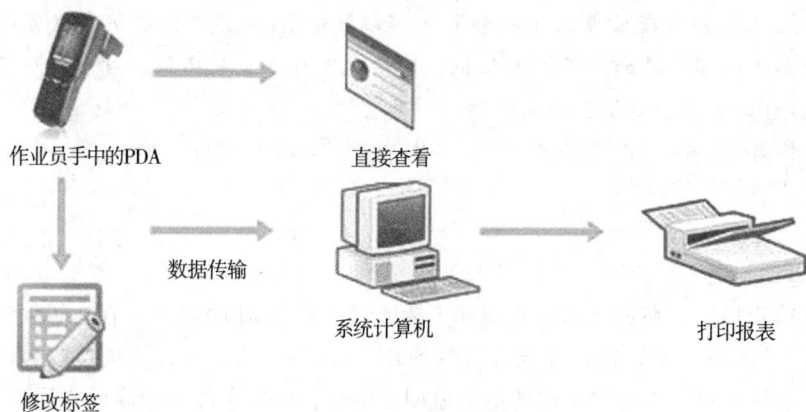

作业员手中的PDA　　　　　直接查看

数据传输

修改标签　　　　　系统计算机　　　　　打印报表

图9-5　RFID技术在盘点作业中的应用

（5）系统信息管理。

在进行系统信息管理时，应充分考虑系统的扩展性与安全性，提供合理的、确保系统安全的工具。系统信息管理主要是完成系统运行参数的校正、维护等，进行权限分配，以及数据表单的增加、修改、删除等操作。系统有完备的登录程序（用户名和口令），不同的人员被赋予不同的权限，由系统管理员进行设置。系统还提供一键数据备份与恢复的功能，进一步保证了业务数据的安全性与连续性。

（6）数据统计分析。

系统可以按照时间、数量等要素形成统计报表，统计分析周转期和效率，方便对库存管理业务流程进行计划和控制，加快货物出入库的速度，从而增加库存中心的吞吐量，为管理者与决策者提供及时、准确的库存信息，提高货物查询的准确性，降低库存水平，提高物流系统的效率，以增强企业的竞争力。

9.2.3 RFID技术在供应链领域中的应用

随着RFID技术的逐步成熟，其应用也越来越广泛。RFID前端设备（标签、阅读器）与企业核心系统相结合，可以广泛地应用于供应链与仓储物流管理领域，有效实现供应链上各项业务运作数据的输入、输出，业务过程的控制与跟踪，降低出错率，提高作业效率。

1）零售环节

RFID技术可以改进零售商的库存管理，实现实时补货，有效跟踪运输与库存，提高效率，降低出错率。同时，智能标签能对某些时效性强的商品的有效期进行监控。商店还能利用RFID系统在付款台实现自动扫描和计费，从而取代人工收款。RFID标签在供应链终端的销售环节，特别是在超市中，免除了跟踪过程中的人工干预，并能够生成100%准确的业务数据，因而具有巨大的应用前景。

延伸阅读9-2 ------------------------------------

RFID自助收银的实际应用

RFID技术在服装领域中使用已经越来越普遍，例如，阿迪达斯、ZARA、优衣库等品牌都已在经营中引入RFID技术，顾客只需将衣物放置在自助结账区域的读取器上，自助结账机就会一次性扫描并给出账单，消费者刷码支付即可快速完成结账，全程自助无人工。相较于需要人工操作的条形码，RFID标签不仅节省了服装的支付时间，还提高了热销产品的产量。类似地，国内也有许多服装品牌、百货商场已经开始尝试RFID自助收银，以提升购物体验。

资料来源 佚名.RFID自助收银机［EB/OL］.［2024-03-21］. https://www.sohu.com/a/765699861_120093787.有删减。

2）运输环节

在运输管理中，在途运输的货物和车辆通常会贴上RFID标签，在运输线的一些检查点上安装RFID收发装置，接收装置收到RFID标签的信息后，连同接收地的位置信息上传至通信卫星，再由卫星传送给运输调度中心，可以实现对运输环节的跟踪管理。

3）配送环节

在配送环节采用RFID技术，能大大加快配送速度，提高拣选与分发作业的效率与准确率，并能降低人工成本和配送成本。如果到达配送中心的所有商品都贴有RFID标签，在进入配送中心时，通过一个阅读器可以读取托盘上所有货箱上的标签内容。系统将这些信息与发货记录进行核对，以检测是否出现错误，然后将RFID标签的内容更新为最新的商品存放地点和状态。这样就实现了精确的库存控制，甚至可确切了解目前有多少货箱处于转运途中、转运的始发地和目的地，以及预期的到达时间等信息。

4）生产环节

在生产环节应用RFID技术，可以完成自动化生产线运作，实现在整个生产线上对原材料、零部件、半成品和产成品的识别与跟踪，降低人工识别成本和出错率，提高效率和效益。特别是在采用JIT的流水线上，原材料与零部件必须准时送达到工位上。采用了RFID技术之后，就能通过识别电子标签快速地从品类繁多的库存中准确地找出工位所需的原材料和零部件。RFID技术还能帮助管理人员及时根据生产进度发出补货信息，实现流水线均衡、稳步地生产，同时加强对质量的控制与追踪。

【任务实施】

任务9.2

实施提示

步骤1：了解RFID技术的基本概念、构成要素、与传统条码的区别等。
步骤2：了解RFID技术在入库、出库、库存管理等仓储环节的应用。
步骤3：通过网络（有条件的地区可开展实地调研）了解1~2个采用RFID技术的案例。
步骤4：分析RFID技术的优势及可能存在的风险。
步骤5：根据以上方面的内容整理成分析报告。

任务9.3　WMS应用

【任务描述】

仓库管理系统由条码技术、无线通信技术、计算机系统和其他附属设备组成，将条码技术和无线通信技术结合在一起使用，能及时获得准确的信息，是物流作业管理的核心，也是物流管理信息系统的代名词。昌荣物流公司4月13日收到供应商海乐公司的一批货品（见表9-2），经验收合格，准备入库到1号仓库。

要求：将该批货品用WMS完成入库作业。

表9-2　　　　　　　　　　　　　入库商品基本信息

序号	货物名称	型号/编码	条形码	包装规格	物流单元（箱）	产品规格（个）
1	酸奶机	TPHJQ001	9787880622355	500mm×400mm×220mm	24	1×1
2	净水器	TPHJQ002	9787799917542	1 000mm×250mm×180mm	20	1×1
3	咖啡机	TPHJQ003	9787799912714	600mm×400mm×220mm	20	1×1

【任务知识】

9.3.1　WMS概述

仓库管理系统（warehouse management system，WMS）用于管理仓库中的货品、空间资源、设备资源等，是针对货品的入库、检验、上架、出货及转仓、转储、盘点及其他库内作业的管理系统。

简单地说，WMS通过扫描仪读取条码数据，经过无线通信，传送给计算机管理控制系统，由计算机管理控制系统进行信息处理并启动下一项作业。

不同类型的仓库如公共仓库、生产仓库和配送中心仓库等有结构不同的信息管理系统，但不同的仓库管理系统都有如下基本功能：

1）货物的识别和跟踪

在仓库管理系统中，跟踪功能是基本的也是比较重要的功能，信息的跟踪可决定货物的流向。货物进入入库状态后，可以采用某种方法识别，并将正确的信息传给计算机；货物开始移动后，由计算机跟踪货物移动，从这一刻起，到货物出库为止，所有货物的数量、位置必须与信息一一对应。

货物的识别方法分为人工识别和自动识别两种。人工识别是由仓库工作人员读出采购单或传票上的货物信息（包括品名、单价、数量和到货期），通过终端或语音识别将数据输入计算机；自动识别是用识读装置识别货物，并将读出的信息存入计算机中。

确认在出入库输送装置、出入库月台和堆码设备上是否有货物通过或停留，也可用检测器具进行检验，并报告给计算机。

2）出入库作业的信息管理

入库时，通过输入采购单号查询货物名称、内容及数量，检查是否符合采购内容并确定入库站台，然后由仓库管理人员指定卸货地点及摆放方式，并将货物置于托盘上；质检人员检验后输入修正数据，包括修正采购单，然后转入库存入库数据库，同时调整库存数据库。

3）库存信息管理

库存信息管理包括库存量的控制和规划，以减少因库存积压过多而造成的损失。它包括货物的分级分类，经济订货批量和订货时点的确定，库存跟踪和库存盘点作业，使仓库具备按货物名称、储位、批号等数据分类查询的功能，以及定期盘点、循环盘点时间的设定功能。

其中，经济订货批量和订货时点的确定会影响仓库的资金调拨及库存成本，需要系统具备访问产品数据库、厂商报价数据库、库存数据库、采购数据库的能力，从而获得货物的名称、单价、现有库存量、采购提前期及运输成本等数据来计算经济订货批量及订购时点。

4）绩效管理

仓库的盈利除各项经营策略的正确制定与实际计划的执行外，还需要有良好的信息反馈作为政策、管理及实施方法修正的依据。绩效管理包括作业人员管理、客户关系管理、订单处理、仓库利用率评估、货物保管率评估和机械设备使用率评估等。

9.3.2　WMS的应用

以条码技术和数据库技术为基础，仓库管理系统可实现货物的入库、出货、库存控制、盘点等管理功能，并能够通过互联网进行客户订单录入和查询管理。仓库管理系统的基本工作流程如图9-6所示。

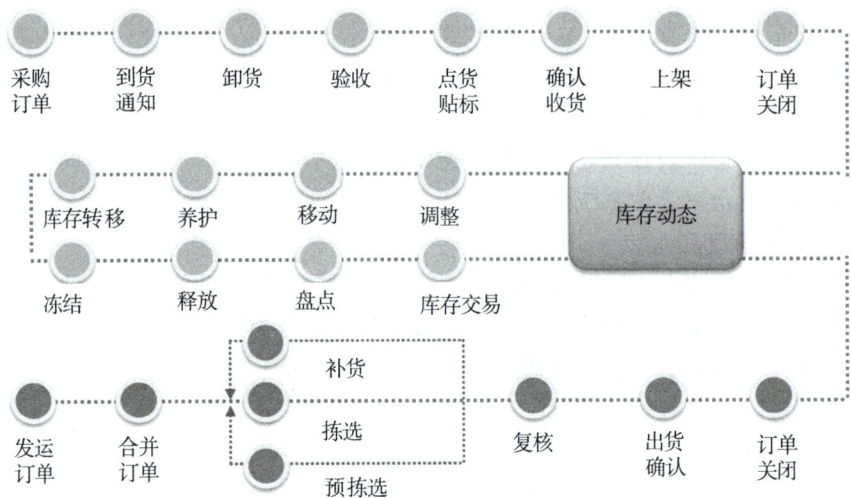

图9-6　仓库管理系统的基本工作流程

1）入库管理系统

入库管理系统包括预定入库数据处理系统和实际入库作业。预定入库数据处理是入库调度、人力资源组织及设备资源分配的依据，其基本数据有预定入库日期、入库商品种类和入库商品数量。

进行实际入库作业时，采购单号、厂商名称、商品名称、数量等信息都要被输入系统中。输入采购单号的目的是查询入库商品的名称、数量和内容是否与采购单中的内容相符，并确定入库的月台。卸货点及卸货方式应由仓库管理员决定。仓库管理员检验后将入库数据输入库存数据库。

货物入库后，对于需立即出库的商品，入库数据处理系统需具备待出库商品数据查询、连接派车及出货配送系统等功能。当入库数据输入后，应当立刻访问订单数据库，取出该商品待出库数据信息，将其发送至出货配送数据库，同时调整库存数据库。对于需要先上架入库再出库的商品，入库管理系统必须具备储位指定功能。当入库数据输入时，即启动储位指定系统，根据储位数据库、产品明细数据库来计算商品所需的储位大小，根据商品特性和储位状况来确定最佳储位。储位管理系统则主要进行储位登记、跟踪，并提供储位状况报表，以便为储位分配提供依据。储位跟踪时可将商品编码或入库编码输入储位数据库中，以查询商品所在货位，输出的报表有储位指示单、商品储位报表、可用储位报表、各时间段入库一览表、入库数据统计表等。

同步训练 9-3

列举 WMS 中入库管理系统的主要功能。

2）出库管理系统

出库管理系统以客户为对象，涉及从客户处取得订单、进行订单处理、仓库管理、从出库准备到实际将货物运送至客户手中为止的一系列作业。

（1）订单处理系统。

订单处理主要包括客户询价、报价和接收订单、确认及输入。自动报价系统需输入的数据有客户名称、商品的名称及规格等，然后系统根据这些数据调用产品明细数据、客户交易此商品的历史数据、此客户报价的历史数据、客户数据、厂商采购报价等，从而取得此商品的报价历史资料、数量折扣、客户以往交易及客户折扣、商品供应价等数据，再由系统按其所需净利润与运输成本、保管成本等来制定估价公式并计算出销售价格，然后将报价单传递给客户，客户签字后即成为正式订单。

（2）销售分析及销售预测。

销售分析的目的是使管理人员对销售现状有全面的了解。通过输入销售日期、月份、年度、商品名称、商品类别、操作员名称、客户名称等，可以查询销售统计比较分析报表、商品成本利润分析表。根据不同的统计分析方法（时间序列分析、指数平滑法、多元回归分析等），销售预测分析系统可生成商品销售预测表、成本需求预测表、库存需求预测表、设备需求预测表等。

3）库存管理系统

库存管理系统主要完成库存商品分类分级、订购数量和订货点的确定，以及库存跟踪管理、库存盘点等作业。商品以分类分级标志为依据，按库存量排序和分类，生成各种排序报表。盘点作业系统定期打印库存商品报表，待实际盘点后形成并打印盈亏报表、库存损失分析报表等。实际盘点前，库管员调用盘存清单打印系统，输入某类商品的名称、仓库货区、储位名称，系统自动调用库存数据库或储位数据库进行检索并将盘点清单打印出来。库管员根据此清单会同有关人员用手持式数据采集器搜索、检查商品库存数据，然后将采集到的数据输入中央数据库，调整库存数据库的内容。最后，由盘点打印系统将盈亏报表、库存损失分析报表等打印出来。

库存管理系统还可以根据需要设定定期盘点和循环盘点时间，使系统能够在预定的时间自动启动盘点系统、打印各种报表，以使实际盘点作业变得更为便利。

延伸阅读 9-3

Smart WMS 第三方物流仓库管理解决方案

（1）解决方案概述

Smart WMS针对第三方物流企业的仓库管理提供全方位、一体化的软件平台与解决方案组件，应用各种领先的信息技术与物联网技术，为仓库的管理者和一线员工提供行之有效的工具。Smart WMS能够协调处理供应商与需方的预约计划，对仓库业务的各个环节进行规范化、透明化的作业，加强业务的精益管控，并能够全面提高效率和减少成本。

（2）背景需求分析

随着社会经济与电子商务的发展，越来越多的产品在世界范围内流通、生产、销售和消费，物流活动规模日益庞大，第三方物流（3PL）在整个供应链管理中处于核心的地位。第三方物流企业具有这样的基本特征：服务个性化、功能专业化、管理系统化、信息网络化。

大多数中小型第三方物流企业的仓库管理缺乏较为科学的内部管理制度，采用表格录入等库存管理方式，客户管理以及出入库、盘点等业务管理处于混乱、无序状态，经常会出现库存的错误与货物的遗失，仓库内部资源得不到更加有效的配置。广泛采用信息化技术是解决相关问题的主要途径。同时，信息化技术也是现代管理体系的重要组成部分。

（3）解决方案

①多仓库管理。快速构建多级多地不同类型仓库的管理体制，能够适应不同仓库的管理特点，为不同的客户分别提供统一和差异化的仓库管理服务，提高共有的、私有的库存可见度，从而实现多仓库之间的库存调拨、集中部署，统筹资源的管理，构建全面的仓储物流管理体系。

②多货主管理。系统可以为多个供应商与需方提供账号与权限，供其登录系统查看私有的库存信息，并进行相关的预约管理操作。同时，系统可以针对各个供应商与需方设定不同的管理方式。

③关键绩效指标（KPI）管理。系统对业务数据进行统计，动态生成关键绩效指标统计图，有利于管理者对运营状况进行全局掌控。管理者可以充分利用所有库存的相关数据，从数据中洞察业务的有关状况，来构建业务运营与管理决策的坚实基础。

④库位可视化（lay-out）管理。仓库内按照功能区、库区、库位进行划分和规划，库位以不同的颜色加以区分，管理者可以从整体上看出哪个库位已经满了，哪个库位空闲。图形化信息直观展现库区、库位状况，点击鼠标，可快速切换至库位具体信息。

⑤预约计划管理。在系统中建立供应商与需方的基本信息交换机制，对出入库业务进行计划管理；供应商与需方可以进行登录系统预约，也可以由仓库方管理。预约管理实现了客户出入库需求与仓库业务管理的有效协同，使得整个业务更有计划性和更透明。

⑥数量与质量管控。对出入库的数量与质量进行管控，如收货时根据预约入库单核实数量，根据包装规格拆分货物，指定入库组；货物入库前进行质量标准确认，合格部分入库、不合格部分返出或入不合格仓库。

⑦任务分配管理。对业务处理进行任务分配，可以分配不同的组别，采取不同的策略，合理调动企业仓库的资源。

⑧业务审核管控。在业务管理的所有物动操作中，仓库方或上级领导进行业务处理的审核认证并进行物动操作的执行指导，降低业务管理的风险，增强对业务处理的管控。

⑨业务管理策略。系统支持多维度的业务管理策略，如出库可以采取先进先出、后进先出、人工选择等策略，指导拣货员工进行下架操作。客户还可以定制选择个性化的入库策略、批号管理策略、预警策略等。

⑩循环盘点管理。盘点管理，是对盘点过程中的计划、预约、实施、差异分析、结果审核五个环节进行全方位的管理。应用循环盘点的管理思想，可设置丰富的盘点条件。

⑪多维库存管理。库存管理模块可以对实时库存、库存操作记录等库存关键绩效指标进行多维度的查询与管理。专业版新增库存预警、锁定库存、过期库存和长期库存四项管理功能，可以更准确地判断现有库存状况，客观地分析库存的可用性。

⑫数据采集技术集成。系统集成条码与RFID数据采集技术，可以更准确、快速地执行出入库、盘点、调拨、退库等业务操作，帮助用户对仓库的流程进行全面的掌控，将管理范围延伸到任何地方。

资料来源 佚名. Smart WMS 第三方物流仓库管理解决方案［EB/OL］.［2023-09-14］. http://www.sohu.com/a/114332409_422646.

【任务实施】

步骤1：打开WMS，进入订单管理系统，新增入库订单。

步骤2：在入库订单界面，填写相应的信息，包括库房、入库方式、类型、订单货品信息，填写完毕后保存订单。

步骤3：入库订单保存完毕后，返回到订单列表中，勾选本次新增的订单，点击生成作业计划。

步骤4：进入入库作业模块，选择刚生成的入库订单，根据系统提示，填写入库数量等相应的信息，选择合适的储位，完成入库作业。

项目回顾

运用现代技术对仓库进行有效管理，是现代仓储与传统仓储的重要区别之一。随着人工智能时代的到来，仓库的管理技术更新非常之快，甚至出现了无人仓等。但到目前为止，多数仓库的管理仍以自动化与人工操作结合为主，其中用得最多的技术包括条码技术、RFID技术和WMS。本项目对这三项技术进行了说明。在实务中，不同版本的软件和工具，其功能和流程等会略有不同，但基本原理是相似的。通过学习，相信大家能在实务中迅速掌握这些现代技术。

课后训练

一、知识检测

（一）不定项选择题

1.用于物流领域的条码标准主要有（　　　）。

A.通用商品条码　　　　　　　　　　B.储运单元条码

C.贸易单元128条码　　　　　　　　 D.二维条码

2.EAN-8码没有（　　　）。

A.制造厂商代码　　B.前缀码　　　　C.商品项目代码　　D.校验码

3.条码印刷在外包装上的技术有（　　　）。

A.数码印刷　　　　B.热转印　　　　C.UV喷印　　　　D.水性喷印

4.条码技术在现代仓储管理中的应用环节包括（　　　）。

A.订货环节　　　　B.收货环节　　　 C.入库环节　　　 D.上架环节

5.RFID系统的构成包括（　　　）。

A.信号发射机　　　B.信号接收机　　 C.编程器　　　　 D.天线

6.RFID技术可以用于（　　　）。

A.零售环节　　　　B.运输环节　　　 C.配送环节　　　 D.生产环节

7.WMS由（　　　）构成。

A.条码技术　　　　B.无线通信技术　 C.计算机系统　　 D.计算机附属设备

8.WMS的功能包括（　　　）。

A.货物识别与跟踪　　　　　　　　　　B.出入库信息管理

C.库存信息管理　　　　　　　　　　　D.绩效管理

9.WMS的出库管理包括（　　　）。

A.发货　　　　　　B.分配　　　　　 C.拣货　　　　　 D.复核包装

10.WMS的库存管理包括（　　　）。

A.库存调整　　　　B.盘点管理　　　 C.库存转移　　　 D.补货

（二）判断题

1.条码技术是一种自动识别技术。　　　　　　　　　　　　　　　　（　　　）

2.RFID技术最大的特点就是非接触式识别。　　　　　　　　　　　（　　　）

3.EAN-13码共有13位数字。　　　　　　　　　　　　　　　　　（　　　）

4.条码技术是最经济的一种自动识别技术。　　　　　　　　　　　（　　　）

5.目前，RFID技术最大的缺点是成本过高，因而限制了其大规模应用。（　　　）

6.条码技术的可靠性比键盘输入数据的可靠性高。　　　　　　　　（　　　）

7.RFID技术的使用寿命比条码技术短。　　　　　　　　　　　　（　　　）

8.在补货环节，查找商品的库存，确定是否补货，可以通过条码来实现。（　　　）

9.RFID标签可以重复使用，应用范围更广。　　　　　　　　　　（　　　）

10.二维条码的数据记忆容量更大。 （ ）

（三）简答题

1.请简述条码技术的优点。

2.条码技术在物流中的应用领域包括哪些？

3.请简述 RFID 技术的优势。

4.请简述 RFID 技术在仓储管理中的应用。

5.WMS 有哪些基本功能？

二、案例研讨

产品追溯体系背后的秘密

追溯体系建设是采集记录产品生产、流通、消费等环节的信息，实现来源可查、去向可追、责任可究，强化全过程质量安全管理与风险控制的有效措施。近年来，各地区和有关部门围绕食用农产品、食品、药品、稀土产品等重要产品，积极推动应用物联网、云计算等现代信息技术建设追溯体系，在提升企业质量管理能力、促进监管方式创新、保障消费安全等方面取得了积极成效。但是，也存在统筹规划滞后、制度标准不健全、推进机制不完善等问题。为加快应用现代信息技术建设重要产品追溯体系，经国务院同意，现提出以下意见：

（1）主要目标。到2020年，追溯体系建设的规划标准体系得以完善，法规制度进一步健全；全国追溯数据统一共享交换机制基本形成，初步实现有关部门、地区和企业追溯信息互通共享；食用农产品、食品、药品、农业生产资料、特种设备、危险品、稀土产品等重要产品的生产经营企业追溯意识显著增强，采用信息技术建设追溯体系的企业比例大幅提高；社会公众对追溯产品的认知度和接受度逐步提升，追溯体系建设市场环境明显改善。

当前及今后一个时期，要将食用农产品、食品、药品、农业生产资料、特种设备、危险品、稀土产品等作为重点，分类指导、分步实施，推动生产经营企业加快建设追溯体系。各地要结合实际制定实施规划，确定追溯体系建设的重要产品名录，明确建设目标、工作任务和政策措施。

（2）完善标准规范。结合追溯体系建设的实际需要，科学规划食用农产品、食品、药品、农业生产资料、特种设备、危险品、稀土产品的追溯标准体系。针对不同产品的生产流通特性，制定相应的建设规范，明确基本要求，采用简便适用的追溯方式，以确保不同环节的信息互联互通、产品全过程通查通识为目标，抓紧制定实施一批关键共性标准，统一数据采集指标、传输格式、接口规范及编码规则。加强标准制定工作统筹，确保不同层级、不同类别的标准相协调。

（3）发挥认证作用。探索以认证认可加强追溯体系建设，鼓励有关机构将追溯管理作为重要评价要求，纳入现有的质量管理体系、食品安全管理体系、药品生产质量管理规范、药品经营质量管理规范、良好农业操作规范、良好生产规范、危害分析与关键控制点体系、有机产品等认证中，为广大生产经营企业提供市场化认证服务。适时支持专业的第三方认证机构探索建立追溯管理体系专门认证制度。相关部门可在管理工作中积极采信第三方认证结果，带动生产经营企业积极通过认证手段提升产品追溯管理水平。

（4）推进互联互通。建立并完善政府追溯数据统一共享交换机制，积极探索政府与社会合作模式，推进各类追溯信息互通共享。有关部门和地区可根据需要，依托已有设施建设行业或地区追溯管理信息平台。鼓励生产经营企业、协会和第三方平台接入行业或地区追溯管理信息平台，实现上下游信息互联互通。开通统一的公共服务窗口，创新查询方式，面向社会公众提供追溯信息一站式查询服务。

（5）发展追溯服务产业。支持社会力量和资本投入追溯体系建设，培育创新创业新领域。支持有关机构建设第三方追溯平台，采用市场化方式吸引企业加盟，打造追溯体系建设的众创空间。探索通过政府和社会资本合作的模式建立追溯体系云服务平台，为广大中小微企业提供信息化追溯管理云服务。支持技术研发、系统集成、咨询、监理、测试及大数据分析应用等机构积极参与，为企业追溯体系建设及日常运行管理提供专业服务，形成完善的配套服务产业链。

资料来源　摘自《国务院办公厅关于加快推进重要产品追溯体系建设的意见》（国办发〔2015〕95号）.

结合以上案例，讨论下列问题：

1.建立产品追溯体系的意义是什么？

2.哪些技术可以用来建立追溯体系？

三、实战训练

1.实战技能点

RFID技术的应用。

2.实战任务

利用RFID技术的相关功能，为公司设计一份改善捷安达自行车进销存管理的方案。

背景资料：捷安达自行车店是一家品牌自行车零售店，随着业务量的增长，仓库的中心枢纽作用日益凸显。之前一直以手工与计算机录入的方式来获取数据，没有信息化管理系统。然而，随着客户的业务需求量增加，仓库、采购、销售等环节的问题日益严重，同时也暴露出了以下一些关键问题，给管理人员带来了很大的压力：

①工作量大，容易出错，账面和实物数量不符；

②如何提高出入库、盘点等核心业务的效率，满足当下的需求；

③如何与采购、零售环节联系，实现进销存的全方位管理；

④原有的操作流程缓慢，库房的存货混乱，没有规范；

⑤在库管理中，物品查找、移库混乱、丢失现象很严重。

面对以上问题，需要建设一套基于实物管理的信息化管理系统，实现以商品为中心的数据管理以及对所经营产品的标准化、严格的管理。

模块 4
出库与配送作业

在仓配一体化物流运作模式下，仓与配充分结合，出库作业与配送作业无缝对接，将订单处理、分拣与补货作业、配送作业等业务全部统一起来，高效满足客户的作业需求，实现现代物流的一站式服务。本模块先概括介绍配送模式，之后按出库配送作业的流程编写，内容架构图如下：

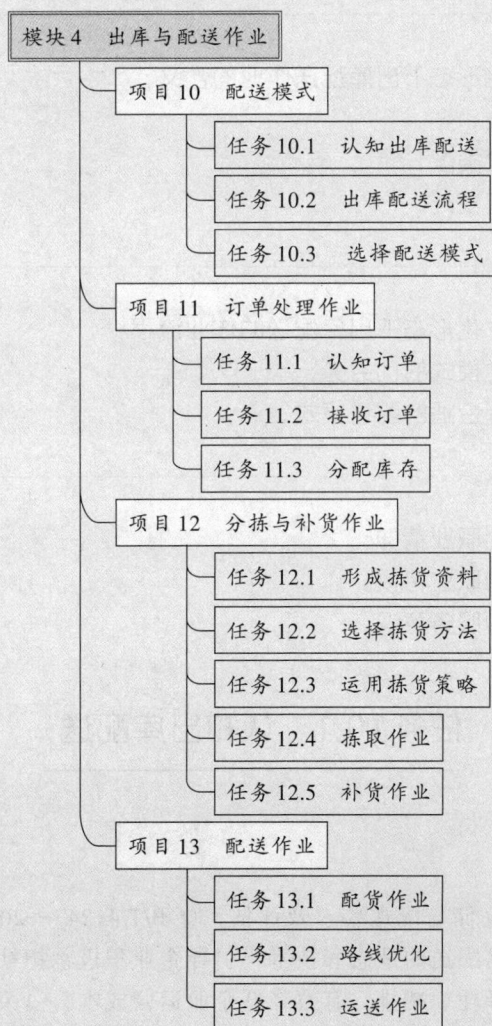

```
模块4  出库与配送作业
    ├─ 项目10  配送模式
    │      ├─ 任务10.1  认知出库配送
    │      ├─ 任务10.2  出库配送流程
    │      └─ 任务10.3  选择配送模式
    ├─ 项目11  订单处理作业
    │      ├─ 任务11.1  认知订单
    │      ├─ 任务11.2  接收订单
    │      └─ 任务11.3  分配库存
    ├─ 项目12  分拣与补货作业
    │      ├─ 任务12.1  形成拣货资料
    │      ├─ 任务12.2  选择拣货方法
    │      ├─ 任务12.3  运用拣货策略
    │      ├─ 任务12.4  拣取作业
    │      └─ 任务12.5  补货作业
    └─ 项目13  配送作业
           ├─ 任务13.1  配货作业
           ├─ 任务13.2  路线优化
           └─ 任务13.3  运送作业
```

项目10 配送模式

学习目标

【知识目标】

1.明确仓配一体化形态下出库配送作业的含义；
2.了解配送的历史；
3.明确配送的主要类型；
4.掌握配送的典型模式。

【能力目标】

1.能理解仓配一体化形态下出库配送的作业流程；
2.能分析不同配送模式的优劣势；
3.能结合实际选择合适的配送模式。

【素养目标】

1.培养吃苦耐劳的职业精神；
2.培养规范做事的职业习惯；
3.培养客户第一的服务意识。

任务10.1 认知出库配送

【任务描述】

国家标准《绿色仓储与配送要求及评估》（GB/T 41243—2022）的推出，有利于向全社会推广绿色仓储配送的理念和技术，引导企业积极承担社会责任，以绿色发展为目标，推动节能、降耗、减排，有效降低企业运营成本。昌荣物流公司积极实施绿色物流，为更好开展绿色配送，公司配送组决定对标国家标准《绿色仓储与配送要求及评估》，对配送作业进行优化。

要求：结合《绿色仓储与配送要求及评估》国家标准，撰写一份绿色配送的实施方案。

【任务知识】

10.1.1　出库作业与配送概述

1）出库作业

商品出库业务，是仓库根据业务部门或存货单位开出的商品出库凭证（提货单、调拨单），按其所列商品编号、名称、规格、型号、数量等项目，组织商品出库的一系列工作的总称。简单地说，就是按照拣货单的要求将商品从货架上拣出并输送至出货口。出库后的作业环节可能是送货给客户，也可能是客户自提，或者是转仓等，其中大多数的业务是送货上门，本书主要按照出库送货上门的作业流程，即仓配一体化的物流运作模式进行编写。

2）配送的定义

《物流术语》（GB/T 18354—2021）对配送的定义：配送（distribution）是根据客户要求，对物品进行分类、拣选、集货、包装、组配等作业，并按时送达指定地点的物流活动。

配送是从物流据点至用户的一种特殊送货形式，是配与送的有机结合。配送活动与运输、物流活动关系密切，但又有明显的区别。

（1）配送和运输的区别。配送与运输都是物品空间位置的移动，从而创造商品的空间效益。但两者是有区别的，运输一般是指地区之间较长距离的、大宗货物的运送活动，解决货物在生产地与需要地之间的空间距离问题。而配送的距离一般较短，且一般是配送给直接的用户。

（2）配送和物流的区别。配送是物流中一种特殊的、综合的活动形式，它包含了物流中若干功能要素，是物流在小范围内全部活动的体现，因此配送又有"小物流"之称。物流与配送的主要不同之处在于：物流的主体活动是运输与仓储，配送的主体活动是配货与送货；物流活动更多的是靠近上游与前端，而配送活动更多的是一种终端运输。

延伸阅读10-1

关于配送的几种说法

在美国，配送的英语原词是delivery，强调的是将货送达。日本工业标准JIS对配送的解释是："将货物从物流节点送交收货人。"日本《物流手册》（1991年版）这样描述配送的范围："与城市之间和物流据点之间的运输相对而言，将面向城市内和区域范围内需要者的运输，称为配送。"很明显，日本对配送的一个重要认识，是配送局限在一个区域（城市）范围内，而且从性质来看，配送是一种运输形式。关于这一点，手册中又有进一步描述："生产厂到配送中心之间的物品空间移动叫运输，从配送中心到顾客之间的物品空间移动叫配送。"

3）配送的要点

在理解配送这一定义时，要注意以下几个要点：

（1）配送是一种终端的资源配置，是一种接近顾客的活动。

（2）配送的实质是送货。但配送和一般送货有区别：一般送货可以是一种偶然行为，而配送却是一种固定的形态，甚至是一种有确定组织、确定渠道，有一套装备和管理力量、技术力量，有一套制度的体制形式。所以，配送是一种高水平的送货形式。

（3）配送是"配"和"送"有机结合的形式。配送与一般送货的重要区别在于，配送是指利用有效的分拣、配货等理货工作，使送货达到一定的规模，以利用规模优势取得较低的送货成本。如果不进行分拣、配货，有一件运一件，需要一点送一点，就会增加动力消耗，使送货并不优于取货。所以，要追求配送的整体优势，分拣、配货等项工作是必不可少的。

（4）配送以客户要求为出发点。配送强调"根据客户要求配送"，明确了客户的主导地位。配送是从客户利益出发、按客户要求进行的一种活动，因此在观念上必须明确"客户第一""质量第一"。配送企业的地位是服务地位而不是主导地位，因而不能从本企业利益出发，而应从客户利益出发，在满足客户利益的基础上取得本企业的利益。更重要的是，不能利用配送伤害或控制客户，不能将配送作为部门分割、行业分割、市场割据的手段。

4）配送的特征

配送具有以下五个方面的特征：

（1）配送是流通加工、拣选、配货等一系列活动的有机结合。配送不仅仅是送货，更是流通加工、整理、拣选、分类、配货、末端运输等一系列活动的有机结合。如果说储存、运输等物流功能是相对独立的话，那么配送则是包括上述物流功能的特殊职能。

（2）配送的全过程有现代化技术和装备的支持与保证。物流配送面对的是成千上万的供应商和消费者以及瞬息万变的终端市场，这就要求配送必须要有现代化的配送设施和网络作为保障。在物流配送环节，会涉及许多配送技术，如电子标签拣选系统、自动化立体仓库、GIS技术、GPS技术等。

（3）配送是一种专业化的分工方式。可以说，早期的送货是作为商场的一种促销活动而存在的，但发展到今天，配送已成为一种专业化的分工方式，是大生产、专业化分工在流通领域的体现。它要求有专门的人员、专门的机构、专门的设备设施等。

（4）配送不仅是物流活动的终结环节，而且是营销或促销活动的重要手段。高效合理的配送一方面可以节省成本，另一方面可以提高顾客满意度，从而增强商家的竞争力。

（5）配送是物流活动与商流活动的结合。物流的专业化实现了物流与商流的分离，而配送将商流与物流很好地结合在一起，在配送的整个过程中，订货、交易等活动相伴产生，可以说商流与配送活动是同时进行的。

10.1.2 配送的分类

配送可以根据组织形式、配送物品的品种和数量、配送时间和数量等进行不同的分类。

1）按配送的组织形式分类

按配送的组织形式，配送可分为以下三种类型：

（1）分散配送。所谓分散配送，是指销售网点或仓库根据自身或客户的需要，对小批量、多品种货物进行配送。其特点是分布广、服务面宽，适合近距离、品种繁多的小额货物的配送。

（2）集中配送。集中配送又称配送中心配送，是指专门从事配送业务的配送中心针对社会性客户的货物需要进行的配送。其特点是规模大、专业性和计划性强、与客户的关系稳定和密切、配送品种多、数量大。集中配送是配送的主要形式。

（3）共同配送。共同配送也称共享第三方物流服务，是指多个客户联合起来共同由一个第三方物流服务公司来提供配送服务。

2）按配送物品的品种和数量分类

按配送物品的品种和数量，配送可分为以下三种类型：

（1）单（少）品种大批量配送。采用这种配送方式的物品是工业企业或商业批发企业需求量较大的商品，其单个品种或少数品种一次要货量就可实现整车运输，因而不需要再与其他物品搭配，由工厂、批发站或配送中心组织配送。

（2）多品种小批量配送。按客户要求，将其所需的各种物品（每种数量不大）选好备齐，拼装成整车，配送给一个或几个客户。采用这种配送方式的物品一般是百货零售商店和副食品商店零售的货物，以及一些工厂需要的零件。接受这种配送方式的客户，一次进货量都不大，既不多占用资金，又能避免库存积压。

（3）配套或成套配送。按企业尤其是装配型企业的生产需要，将生产每一台产品所需要的零部件配齐成套，按生产企业指定的时间送达，企业即可随时将这些成套部件送入生产装配线进行组装。该种配送方式使配送中心承担了工厂的大部分工作，减少了工厂库存，体现了物流为生产服务的精神。

3）按配送时间和数量分类

按配送时间和数量，配送可分为以下五种类型：

（1）定时配送。根据规定的时间进行配送，如一天或几天一次、几小时一次等，每次配送的品种及数量都是按事前拟订的计划确定的。

（2）定量配送。按规定的数量进行配送，但不严格规定时间，只确定一个时间的期限范围，在这个期限范围内按批量进行配送。

（3）定时、定量配送。按规定的时间和数量进行的配送，即把上述的定时与定量配送方式结合起来运用，发挥两者的优势，以取得最好的效果。当然，在实际执行中，难度较大、成本较高。

（4）定时、定路线配送。在确定的运送线上，指定运送时间表，然后由配送中心按运送时间表进行配送，客户则按到达时间表在规定的路线或场站等待接货。这种方式要求有很强的计划性。

（5）随时配送。预先不规定配送数量、配送时间，也不规定配送路线，完全按客户随时提出的时间、数量、品种以及要求配送的方式临时组织配送。这种配送方式时间快、质量高、灵活性强，是很受顾客欢迎的一种配送方式。

同步训练 10-1

以下情形属于哪种配送方式？

（1）有确定的运送路线和运送时间表，配送中心按运送时间表和运送路线进行配送，客户则按到达时间表在规定的路线或场站等待接货。

（2）品种多、批量小、频率高的配送。

10.1.3 配送的历史

1）配送产生的原因

配送的初级形态是大家都熟悉的送货，送货是市场经济的必然行为，尤其是随着商品经济的不断繁荣，市场逐渐由卖方市场转向买方市场，送货就成为商家的一种促销方式。在买方市场情况下，送货最初是作为一种不得已的推销手段出现的，仅作为推销手段而不作为企业发展的战略手段持续了很长时间，甚至到经济发展的高峰期仍然如此，很多企业直到20世纪70年代仍然将送货看成"无法回避、令人讨厌、费力低效的活动，甚至有碍企业的发展"。

2）配送的发展史

配送是伴随着生产的不断发展而发展起来的，其发展历程可以分为三个阶段：萌芽阶段、发育和成长阶段、成熟和发展阶段。

（1）萌芽阶段。

配送是从20世纪40年代后期开始出现的，彼时物流配送已从一般性送货开始向备货、送货一体化方向转化。但这一时期的配送只是一种粗放型、单一性的活动，范围很小，规模也不大。企业开展配送活动的主要目的是促进产品销售和提高市场占有率，是以促销的职能来发挥作用的。

（2）发育和成长阶段。

20世纪60年代至80年代是配送的发育和成长阶段。这一时期，随着经济全球化的深入发展，跨国和跨地区的大型、超大型企业的出现，商品市场的竞争日趋激烈，货物运输量急剧增加，运输范围日渐扩大，在原有的基础上，配送在一些发达国家得到了进一步发展。这一时期，欧美一些国家的实业界相继调整了仓储结构，组建或设立了配送组织，普遍开展了货物装配、配载及送货上门服务。配送不再是一种粗放型、单一性的活动，不仅配送的货物种类日渐增多，规模不断扩大，而且配送的范围也在不断延伸。这时的配送不再是一种单纯的促销活动，企业已将配送活动作为一个新的利润增长点，企业自营配送得到了较好的发展，形成了一定的规模和水平。与此同时，专业从事物流配送的社会经济组织，如专业化的配送中心，已逐渐形成和发展起来。

（3）成熟和发展阶段。

20世纪80年代后，人们对配送的认识和态度有了极大的改变，配送已发展成为一个涉及社会各产业和广大消费者、以高新科技为支撑的系列化、多功能的产业集群。其具体表现在以下几个方面：

① 配送的社会化。配送最开始是以节约货物流通费用为出发点形成和发展起来的，因此在配送的萌芽、发育和成长阶段，对配送活动的研究，主要是以单个企业的生产经营活动为基础进行的。随着配送的进一步发展，为降低整个社会经济活动的商品流通费用，提高配送水平，实现社会资源的合理配置，大多数国家和地区都陆续制定、实施了一系列与配送相关的制度、法律和行业标准，将配送活动纳入规范化运作的体系中。与此同时，大多数国家和地区还从宏观经济发展的角度对配送活动（如物流园区、配送中心的规划和布局）进行宏观调控，使配送在整个社会中得到了有序和快速的发展。

② 配送的区域化。随着配送理论与实务的发展和成熟，配送的社会效益和经济效益日渐彰显，实施配送制的国家不再限于发达国家，许多发展中国家也按照流通社会化的要求试行了配送制，并积极开展配送活动。与经济全球化的发展方向相适应，配送的活动范围已经扩大到了省际和国际。如日本资生堂配送系统实现了全国性的配送，沃尔玛的配送系统已实现国际化的配送。

③ 配送技术的现代化。20世纪80年代后期，发达国家在开展配送活动时普遍采用了电子标签拣货、自动搬运系统、光电识别等现代技术。现代技术大大提高了配送效率。

④ 配送方式的多样化。随着经济的发展，配送方式日趋多样化，出现了独立配送、共同配送、即时配送等配送方式。

⑤ 配送的集约化。随着市场竞争的日益激烈，配送的集约化程度不断提高。一个典型的案例就是7-11便利店配送系统的改进——将原来分散的批发商向门店配送变革为一个区域由一个特定批发商向门店配送，由此进入了集约化配送阶段。

我国的配送主要是在20世纪80年代以后发展起来的。20世纪80年代，改革开放使我国的市场竞争日益激烈，企业为了提高市场占有率和竞争力，广泛开展配送业务。可以说，20世纪80年代我国企业开始自发自觉地进行配送。此后，配送有了较快速度的发展，尤其是90年代以后，配送的理论和实践都得到了快速发展，社会上出现了许多专门从事配送业务的物流公司，物流网站也纷纷建立。配送的发展大大减少了生产企业的库存，使企业的"零库存"成为可能，而且随着计算机网络以及现代物流信息技术的应用，配送服务变得更为快捷。

2000年以后，我国的配送业得到快速发展，京东物流、菜鸟物流、苏宁物流等标杆型企业在全国全面布局，建立起完善的配送网点，配送效率极高，"隔日达""限时达""半时达""分钟达"等快速配送服务已在多个城市实现。同时，智慧物流也在实践中得到应用，无人机、无人仓等高科技手段也被广泛采用。

10.1.4　配送的意义和作用

1）完善了输送及整个物流系统

第二次世界大战之后，由于大吨位、高效率运输力量的出现，干线运输在铁路、海洋以及公路方面都达到了较高水平，使得低成本化的长距离、大批量的运输成为可能。但是，干线运输往往不能直接运到最终用户处，于是支线转运或小搬运成了物流过程中的一个薄弱环节。这个环节与干线运输的要求不同，如它要求灵活性、适应性、服务性，这导致了运力难以合理使用、成本过高。而采用配送方式，将支线运输及小搬运统一起来，可以使输送过程得以优化和完善。

2）通过集中库存使企业实现低库存或零库存

实现了高水平的配送之后，尤其是采取准时配送方式之后，生产企业可以完全依靠配送中心的准时配送而无须保持自己的库存。或者，生产企业只需保持少量保险储备而不必留有经常储备，这就可以实现生产企业多年追求的"零库存"，将企业从库存的包袱中解脱出来，同时释放大量储备资金，改善企业的财务状况。实行集中库存，其总量远低于不实行集中库存时各企业分散库存之总量。同时增强了调节能力，也提高了社会和经济效益。此外，采用集中库存时可利用规模经济的优势，使单位存货成本下降。

3）提高了末端物流的效益

采用配送方式，通过增大经济批量来实现经济进货；又通过将各种商品用户的需要集中起来进行一次发货，代替分别向不同用户小批量发货来实现经济发货，从而使末端物流经济效率得以提高。

4）集中订货，节约了订货成本

采用配送方式，用户只需向一处订购或和一个进货单位联系，就可订购到以往需要去许多地方才能订购到的货物，只需组织对一个配送单位的接货便可代替以往的高频率接货，因而大大减轻了用户的工作量和负担，也节省了事务开支。

5）提高了供应保证程度

由生产企业自己保持库存、维持生产，供应保证程度很难提高。采取配送方式，配送中心可以比任何企业的储备量都大，因而对每个企业而言，中断供应、影响生产的风险便相对较小，使用户免去了短缺之忧。

6）增加了商品的价值，实现了产品向商品化的转变

配送环节往往伴随着流通加工活动，而流通加工一方面增加了商品的价值，另一方面实现了产品向商品化的转变，能更大程度地满足用户的需求。

【任务实施】

任务 10.1

实施提示

步骤 1：利用网络查找国家标准《绿色仓储与配送要求及评估》（GB/T 41243—2022）的基本内容。

步骤 2：查找国家标准《绿色仓储与配送要求及评估》中对配送设备和作业管理的要求。

步骤 3：从配送中心建设、配送车辆、配送方式、配送路线等角度撰写绿色配送方案。

微课 10-1

配送中心
作业流程

任务 10.2　出库配送流程

【任务描述】

流畅的配送作业流程可以大幅度提高作业效率，昌荣物流公司配送组对农产品电商仓库的生鲜类农产品配送流程进行分析，并绘制作业流程图（如图 10-1 所示），发现存在作业不流畅问题，决定对农产品仓库的生鲜类农产品配送作业流程进行优化。

入库 ＞ 储存 ＞ 订单处理 ＞ 流通加工 ＞ 分拣 ＞ 配货 ＞ 装车配送

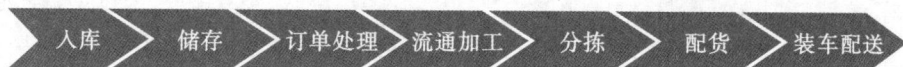

图10-1　昌荣物流公司原农产品配送流程图

要求：结合农产品配送的特点，绘制优化后的农产品作业流程图。

【任务知识】

10.2.1　一般作业流程

不同的商品对出库配送作业的要求不完全一样，其流程也不尽相同，但多数是一样的。多数商品的作业流程都可归纳为以下6个步骤，如图10-2所示。

进货 ＞ 储存 ＞ 订单处理 ＞ 分拣 ＞ 配货 ＞ 装车配送

图10-2　一般作业流程

出库配送作业环节从订单处理开始。

1) 订单处理作业

由接到客户订单开始至准备着手拣货之间的作业阶段，称为订单处理，包括客户及订单的资料确认、存货查询、单据处理等。

收集和汇总完客户的订单，当确认无法按客户要求的时间及数量交货时，业务部门需进行协调。订单处理、与客户沟通是业务部的主要职责。此外，业务部还需统计该时段的订货数量，确定调货、分配、出货程序及数量。退货数据也在此阶段处理。另外，业务部门需确定报价方式，进行报价历史管理，并规定客户订购最小批量、送货间隔、订货方式或订购结账截止日。

2) 分拣作业

分拣是按订单或出库单的要求，从储存场所拣出物品，并码放在指定场所的活动。分拣工作包括拣选之前的商品在库量核对，按照送货要求、路线或订单进行拣选；拣货区域的规划布置、工具选用及人员调派。此外，分拣工作还包括补充拣货架上的商品，即补货作业，包括补货量及补货时点的制定、补货作业调度、补货作业人员调派。

3) 配货作业

配货作业是按客户订单要求，将拣取完成的同一客户的货物配在一起，装入容器并做好标识，运到配货准备区，待装车后发送。

4) 装车配送作业

装车配送作业是配送环节的末端作业，也是整个作业流程中的一个重要环节，包括出货和送货两项经济活动。出货作业包括送货文件的准备工作，为客户打印出货单据，准备发票，制定出货车辆调度表，打印出货批次报表、出货商品上所需的地址标签及出货核对表。一般由仓库人员决定出货方式、选用出货工具、调派出货作业人员；由运输调度人员决定运输车辆的大小与数量；由仓库管理人员或出货管理人员决定出货区域的规划布置及出货商品在车上的摆放方式。

在配送中心将商品配送到客户处后，客户可能会由于种种原因而要求退货，如商品包装损坏、商品损坏、商品保质期快到期或已到期、送交的商品与要求的商品不符等，因此，配送中心往往在承担送货作业的同时承担着退货作业。

延伸阅读10-2

推进冷链设施数字化改造

我国"十四五"冷链物流发展规划提出，推动冷链物流全流程、全要素数字化，鼓励冷链物流企业加大温度传感器、温度记录仪、无线射频识别（RFID）电子标签及自动识别终端、监控设备、电子围栏等设备的安装与应用力度，推动冷链货物、场站设施、载运装备等要素数据化、信息化、可视化，实现对到货检验、入库、出库、调拨、移库移位、库存盘点等各作业环节数据自动化采集与传输。构建全国性、多层级数字冷链仓库网络。开展数字化冷库试点工作，推动形成一批可复制可推广的经验。

10.2.2 特殊商品作业流程

不同的商品其特殊性不同，作业流程也不同，此处我们列举较为典型的三类特殊商品的作业流程。

1）食品作业流程

食品种类繁多，而且形状各异，因此又有不同的作业流程。

（1）没有储存工序的食品作业流程（如图10-3所示）。

进货 ＞ 订单处理 ＞ 分拣 ＞ 配货、装配 ＞ 送货

图10-3　没有储存工序的食品作业流程

（2）有流通加工工序的食品作业流程（如图10-4所示）。

进货 ＞ 储存 ＞ 订单处理 ＞ 分拣 ＞ 流通加工 ＞ 送货

图10-4　有流通加工工序的食品作业流程

流通加工环节是最能创造附加价值的物流活动。《物流术语》（GB/T 18354—2021）对流通加工（distribution processing）的定义：根据顾客的需要，在流通过程中对产品实施的简单加工作业活动的总称（注：简单加工作业活动包括包装、分割、计量、分拣、刷标志、拴标签、组装、组配等）。流通加工作业包括商品的分类、称重、拆箱重包装、贴标签及商品组合包装。这就需要进行包装材料及包装容器的管理、组合包装规划的制定、流通加工包装工具的选用、流通加工作业的调度、作业人员的调派等。流通加工有时发生在入库上架前，有时是根据客户需要进行的流通加工。

2）散装食品作业流程（如图10-5所示）

进货 ＞ 储存 ＞ 订单处理 ＞ 分拣 ＞ 装配 ＞ 送货

图10-5　散装食品作业流程

3）小包装食品作业流程（如图10-6所示）

进货 ＞ 包装加工 ＞ 储存 ＞ 订单处理 ＞ 分拣 ＞ 送货

图10-6　小包装食品作业流程

【任务实施】

步骤1：分析生鲜类农产品的特点。

步骤2：分析电商生鲜类农产品需求特点。

步骤3：分析生鲜类农产品配送作业流程。

步骤4：绘制生鲜类农产品配送作业流程图。

任务10.2

实施提示

任务10.3　选择配送模式

【任务描述】

微课10-2

配送模式
分析

2024年中央一号文件指出："深入推进县域商业体系建设，健全县乡村物流配送体系，促进农村客货邮融合发展，大力发展共同配送。"健全农村三级物流体系，共建共享成为必然要求和发展趋势。昌荣物流公司计划逐步将配送渠道下沉，发展农村物流。

要求：结合国家政策，撰写一份农村物流配送调研报告。

10.3.1　按物流提供主体划分的配送模式

1）供应商直供模式

供应商直供是指门店的所有商品由供应商直接送到。这种配送模式对门店而言有着较多的优势。例如，可以实现送货快速、方便。由于供应商的资源多集中于同一个城市，上午下订单，下午商品就有可能到达，因此可以将商品缺货造成的失销成本大幅降低。同城配送能满足卖场"小批量、多频率"的订货需要，从而减少资金的占用，并且退换货比较方便。当然，这种配送模式的弊端也是显而易见的。成千上万的供应商使得门店的工作人员每天在大量重复地做同一件事，即面对大量的供应商验货和收货，根本无暇去从事店铺的管理。据统计，一家经营品种在5 000个左右的超级市场，如由供应商直接送货，每天需要接待各类供应商的送货车多达78次。然而，更重要的是，这种配送只是简单地解决了"送"的问题，而"配"的问题则完全交给门店去解决，门店不合理地承担了本应由总部承担的"组配"责任。

2）配送中心统一配送模式

这是目前连锁企业广泛采用的一种配送模式。本书后续关于配送作业的内容也是在配送中心统一配送这种模式的基础上进行编写的。

企业通过独立组建配送中心，实现对内部系统各门店的物品供应。它的优点较为突出：一是具有灵活性，因为连锁企业可以对其政策和作业程序进行调整，以满足独特的需要。二是便于连锁企业对门店的控制和监督。三是总部统一采购、配送中心统一配送的模式可以实现规模经济，从而降低采购成本。它的主要缺点就是资金投入较大，具有一定的风险。目前，我国的电商企业如京东、苏宁等均采用自建配送中心的模式开展优质的物流配送活动。

3）社会化配送模式

社会化配送被广泛地用于物流系统中，在这种模式下，企业可以将全部或部分物流工作委托给第三方物流公司来承担。

社会化配送的优势在于，专业公司能够通过规模化操作带来经济利益，所以具有较低的成本。另外，专业公司能够提供更多的作业上和管理上的专业服务，可以使企业降低经营风险。在运作中，专业公司对信息进行统一组合、处理后，按客户订单的要求，将商品配送到各门店。社会化配送还表现为在用户之间交流供应信息，从而起到调剂余缺、合理利用资源的作用。

延伸阅读 10-3

菜鸟物流模式

菜鸟物流网络科技有限公司创办于 2013 年 5 月 28 日。其目标是用 5~8 年时间，"打造智能骨干网"，即阿里所称的"地网"，实现全国任何一个城市 24 小时送达服务。菜鸟物流是典型的社会化物流，属于第四方物流。其主要做法是通过搭建平台，整合干线运输企业、仓储企业、同城配送企业，以实现物流全程优化。

同步训练 10-2

认真阅读以下案例，分析 7-11 便利店的 3 种配送模式的特点。

7-11 的物流配送模式先后经历了 3 个阶段 3 种方式的变革。起初，它的货物配送是依靠批发商来完成的。渐渐地，这种分散化的由各个批发商分别送货的方式不再能满足规模日渐庞大的 7-11 便利店的需要，7-11 改由一家在一定区域内的特定批发商统一管理该区域内的同类供应商，然后向 7-11 统一配货，这种方式称为集约化配送。特定批发商（又称窗口批发商）提醒了 7-11，何不自己建立一个配送中心？于是共同配送中心代替了特定批发商，分别在不同的区域统一集货、统一配送。配送中心有一个网络配送系统，分别与供应商及 7-11 店铺相连。由网络配送系统将货物需求信息传给供应商，供应商则会在预定时间之内向配送中心派送货物。7-11 配送中心在收到所有货物后，对各个店铺所需要的货物分别打包，然后等待发送。收到配送指令后，派送车就会从配送中心鱼贯而出，择路为自己区域内的店铺送货。整个配送过程就这样每天循环往复，为 7-11 门店的顺利运行"修桥铺路"。

资料来源　佚名. 7-11 便利店的物流管理模式［EB/OL］.［2023-03-12］. https://wenwen.soso.com/z/q795321077.htm.有删减。

微课 10-3

共同配送模式

4）共同配送

共同配送也称共享第三方物流服务，是指多个客户联合起来共同由一个第三方物流服务公司来提供配送服务。

早在 1961 年，美国哈灵顿仓储服务公司就将 Quaker 公司、General Mills 公司、Pillsbury 公司以及其他公司的日用食品杂货订单整合成一个整车运输发往同一个销售商，这样就大大降低了运输成本。在当时，这种做法只是被简单地称为"库存整合"，但可以被看作共同配送的雏形。

（1）共同配送的方式。

共同配送可以分为两种方式：一种是由一个配送企业对多家用户进行配送，即由一个配送企业综合某一地区内多个用户的需求，统筹安排配送时间、次数、路线和货物数量，全面进行配送。另一种是在送货环节将多家用户待运送的货物混载于同一辆车上，然后按照用户的要求分别将货物运送到各个接货点，或者运到多家用户联合设立的配送货物接收点上。这种配送有利于节省运力和提高运输车辆的货物满载率。

（2）共同配送的优势。

共同配送实质上实现了资源的整合，无论是从货主角度还是从第三方物流服务商角度，甚至从社会角度来看，都具有较为突出的优势。

① 从货主角度来看，共同配送可以降低配送成本，由于共同配送是多个货主企业共享一个第三方物流服务公司的设施和设备，由多个货主共同分担配送，从而降低了成本。同时，共同配送可以帮助货主降低投资风险，增强柔性。很多公司都想扩展自己的业务、开拓新的市场，或进入其他产品市场，但是，在进行投资之前，这些公司都非常谨慎并希望投资风险尽量最小，而共同配送恰恰满足了这些公司的这种需求。

② 从第三方物流服务商的角度来看，共同配送同样可以降低其成本，从而间接地为其客户带来费用的节省。英国著名的英运物流集团副总裁托马斯认为："我们之所以能够降低我们的成本，是因为我们的人工、设备和设施费用分摊到了很多共享的客户身上。这些零散客户共享所带来的生意量与大客户所带来的生意量一样大，使得我们可以发挥物流的规模效益，从而节约成本，这些成本的节约又反过来使我们公司能采取更加优惠的低价政策。"

③ 从社会角度来看，共同配送可以有效减少社会车流总量，减少闹市区卸货妨碍交通现象的发生，改善交通运输状况；通过集中处理，有效提高车辆的装载率，节省物流空间和人力资源，提升商业物流环境，进而改善整体社会生活品质。

（3）共同配送的实施难点。

共同配送在实践过程中还存在着诸多难点，主要表现为三个方面：一是由于不同货主对配送的需求存在较大的差异性，物流服务提供商往往难以同时满足多个货主的需求；二是由于多个货主的货物实行统一库存、统一配送，货主往往会有商业秘密泄露的担忧；三是费用的分担也是一个较难处理的问题。

10.3.2 按商流与物流的关系划分的配送模式

按照商流与物流的关系划分，配送模式可以分为以下两种：

1) 商流、物流一体化的配送模式

商流、物流一体化的配送模式是指配送主体是销售企业或生产企业，配送是作为促销的一种手段而与商流融合在一起的，有人把这种配送模式称为配销模式。其结构如图 10-7 所示。

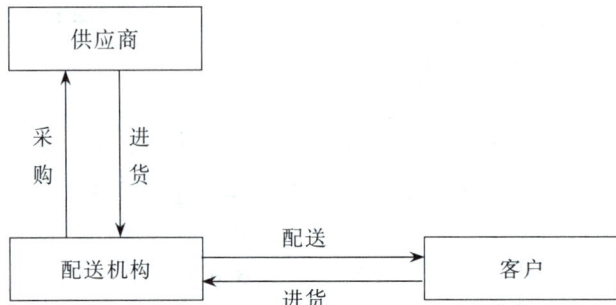

图10-7　商流、物流一体化的配送模式

2）商流、物流相分离的配送模式

商流、物流相分离的配送模式是指物流由专门的经济组织（第三方物流服务提供商）来完成，其本身并不购销商品，即不直接参与商品交易活动，而是专门为客户提供诸如货物的保管、分拣、加工、运送等系列化服务。第三方物流服务提供商不拥有商品，不参与商品买卖，而是为顾客提供以合同约束、结盟为基础，系列化、人性化、信息化的物流代理服务。从组织形式上看，配送活动是与商流活动相分离的。其结构如图10-8所示。

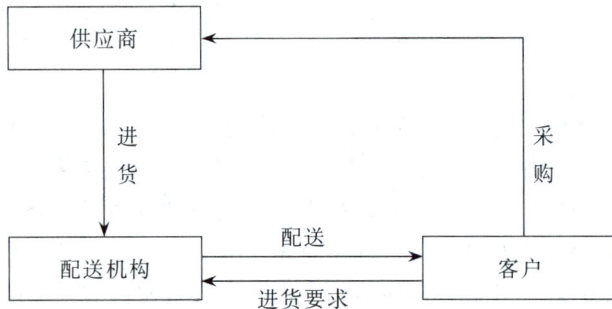

图10-8　商流、物流相分离的配送模式

10.3.3　配送模式的选择

配送模式不同，其优劣势也有所不同。不同的配送模式适合不同的企业，或者适合企业不同的发展时期，因此选择配送模式并没有统一的标准。以连锁企业为例，当门店数量较少时，可以选择供应商直供模式；但当门店数量越来越多时，仍由供应商直供而没有自己的配送中心，则会制约连锁企业的发展。因此，当门店数量越来越多时，需要考虑自建或共建配送中心，为门店的发展提供强有力的支撑。如大润发、沃尔玛等大型连锁超市都采用了配送中心统一配送模式。

本书是围绕配送中心的作业流程进行编写的，无论配送中心是为自己服务还是为第三方服务，其作业流程都是一样的。目前，许多大型的配送中心既为自己的客户提供仓配业务，又对第三方开放，典型的如京东的物流系统，既为京东自营商铺开展物流配送活动，也为其平台上的其他商铺提供物流配送服务。

【任务实施】

步骤1：查阅和梳理当前发展农村物流的政策文件。

步骤2：实地或网络调研农村物流的现状，包括基础设施、配送网络、物流资源等方面。

步骤3：典型案例分析，实地或网络调研当前农村物流的典型案例及具体做法，如客货邮融合模式、共同配送模式等。

步骤4：撰写调研报告，分析发展农村物流配送存在的问题和挑战。

项目回顾

通过本项目的学习，我们对出库配送的基础知识有了较充分的认识，明确了出库配送的作业流程以及目前常见的配送模式。这些基础知识为我们从事出库配送作业奠定了良好的基础。

课后训练

一、知识检测

（一）不定项选择题

1.下列各项中，对配送的表述正确的有（　　　）。

A.配送是接近客户的资源配置的过程　　B.配送实际上是一种高水平的送货形式

C.配送强调"配"和"送"的有机结合　　D.配送以客户要求为出发点

E.配送是一种长距离的输送活动

2.按配送的组织形式分，配送分为（　　　）。

A.定时配送　　　　B.共同配送　　　　C.集中配送　　　　D.分散配送

3.按配送物品的品种和数量分，配送分为（　　　）。

A.定量配送　　　　　　　　　B.单品种大批量配送

C.多品种小批量配送　　　　　　D.配套配送

4.按配送的时间和数量分，配送分为（　　　）。

A.定时配送　　　　　B.定量配送　　　　　C.定时又定量配送

D.定时定路线配送　　E.随时配送

5.超市的配送一般属于（　　　）。

A.单品种小批量配送　　　　　　B.单品种大批量配送

C.多品种小批量配送　　　　　　D.配套配送

6.配送开始于（　　　）。

A.20世纪40年代后期　　　　　　B.20世纪40年代早期

C.20世纪60年代　　　　　　　　D.20世纪80年代

7.沃尔玛采用的主要是（　　　）配送模式。

A.供应商　　　　B.自营　　　　C.社会化　　　　D.第三方

8.下列各项中，对共同配送的表述正确的有（　　　）。

A.共同配送是指多个客户联合起来共同由一个第三方物流服务公司来提供配送服务

B.从货主角度来讲，共同配送可以降低配送成本

C.从社会角度来讲，共同配送可以缓解交通拥挤问题

D.从第三方物流服务商的角度来讲，共同配送同样可以降低其成本

E.共同配送实施起来难度较大

9.不同的商品对出库配送的作业要求不完全一样，一般而言，出库配送作业包括的环节有（　　）。

A.进货　　　　　　　　B.储存　　　　　　　　C.订单处理

D.拣货、补货　　　　　E.配货

10.共同配送实施起来困难重重，这些困难包括（　　）。

A.费用分摊　　　B.商业秘密泄露　　　C.需求多样化　　　D.设备投入大

（二）判断题

1.配送几乎包括了所有的物流功能要素，是物流在小范围内全部活动的体现，因此配送又有"小物流"之称。　　　　　　　　　　　　　　　　　　　　　（　　）

2.送货是一种偶然行为，而配送是一种有确定组织、确定渠道，有一套装备和管理力量、技术力量，有一套制度的体制形式，是一种高水平的送货形式。（　　）

3.配送不仅是物流活动的终结环节，而且是营销或促销活动的重要手段。（　　）

4.按客户随时提出的时间、数量、品种以及要求配送的方式临时组织的配送是定量定时配送。　　　　　　　　　　　　　　　　　　　　　　　　　　　（　　）

5.现代的配送是在变革和仓库作业发展的基础上开展起来的，因此可以说配送是仓库功能的延伸和强化。　　　　　　　　　　　　　　　　　　　　　（　　）

6.配送可以通过集中库存使企业实现低库存或零库存。　　　　　　（　　）

7.自营配送是指企业独立组建配送中心，实现对内部系统各门店的物品供应。

　　　　　　　　　　　　　　　　　　　　　　　　　　　　　　　　（　　）

8.采用共同配送模式的货主往往会有商业秘密泄露的担忧。　　　　（　　）

9.订单处理是出库配送作业的第一道环节。　　　　　　　　　　　（　　）

10.零库存就是指仓库里的库存量为零。　　　　　　　　　　　　　（　　）

（三）简答题

1.如何理解仓配一体化作业？

2.请简述我国的配送现状。

3.请简述配送的意义。

4.请简述共同配送的优势。

5.用图形说明商流、物流相分离的配送模式。

二、案例研讨

共同配送救得了天原吗？

天原物流原是一家从事电器仓储配送的第三方物流服务商，2015年开始接手上海百佳食品有限公司安宁分公司的仓配项目。

与百佳的合作开始后，天原物流总经理任杰光才了解到，食品的仓储配送与家电相比，难度要大得多。为了满足对食品仓储的特殊需求，天原物流重新制作了500m² 的树脂无缝整体地面以解决地面起灰的问题，并配备了吸尘器对食品每天进行吸尘，但新问题还是不断出现。

天原物流的配送中心有自己的托盘，商品的堆码整齐划一，本来可以整个托盘进

行运输，但是由于同各个卖场没有达成托盘互换协议，造成了大量的二次搬运，从托盘搬到车上，到卖场后重新卸下，摆放到卖场的托盘上，造成食品的不必要损耗。天原物流也曾尝试同卖场达成互换协议，但由于各个卖场的托盘规格不同、新旧不一，尽管天原物流使用的是1.0m×1.2m的国际标准托盘，但最后还是没有同各个卖场协商一致。

超市食品按照配送的不同要求分为4个温度区：冰块、冰淇淋、冷冻食品等放在−20℃的冷冻区；牛奶、乳制品、生菜等放在−5℃的微冷区；休闲食品、杂货等放在恒温区；而盒饭类、烧烤类商品则放在20℃的温暖区。

天原物流主要做恒温型商品配送，此类商品运作难度较小，利于迅速建立共同配送体系。而冷冻型、微冷型商品的运作要求高，又涉及商业秘密，共同配送难度较大，天原物流一直没有对这一领域进行投资，这使得百佳的雀巢冰淇淋配送业务一直由其他物流公司负责。

天原物流的信息系统是为家电产品设置的，未考虑到食品的保质期问题，所以在存货中无法辨认生产日期、到货日期、保质日期。天原物流只能每天调动人力，在堆积如山的品种中逐一分出过期商品。

有时卖场会产生大量的退货，首先需要确认退货，然后进行分拣；有些退货包装已经残损，需要二次包装，退回入库需要设置专门的残损区。这使得退货成本直线上升，回收成本是配送成本的2倍以上。

由于安宁地区的经销商大部分采取自营物流，天原物流的配送客户非常有限，竞争的白热化，使配送作业趋向于高频率、多批次、短周期、少批量的形式。这使得天原物流的配送成本急剧增加，再加上销售季节的因素，配送作业已影响到超市与经销商的共同利益。曾经发生过这样的事情：订单紧急，需要早上送到，虽然只有2袋盐津话梅，且下着大雨，但也只好让库管打车送过去，一去一回的成本超出产品本身价格的50倍。这样的情况常常发生，天原物流的配送无利可图。

如果不改变现有做法，寻找新的物流模式，企业恐怕难以维持了。在苦思解决方案之际，任杰光突然想起伊藤洋华堂的共同配送概念。

7-11在1976年提出了共同配送的概念，并由伊藤洋华堂同年开始在日本实施。由伊藤洋华堂牵头，将其供应商的库存加以集中，组织其进行物流的共同仓储、配送，以期大幅度减少物流时间、控制损耗、削减成本。

显然在客户规模上天原物流就没法和伊藤洋华堂相比。在食品物流领域，天原物流的客户仅百佳一家。近两三个月，任杰光带着一群手下拼命地拉业务、找客户，也仅找来伊力特、五月花、德芙3家。

任杰光算了一笔账，要达到业务的盈亏平衡点，天原物流至少得占本市超市日配送量的60%。也就是说，多家超市一天销售的商品中60%以上都由天原物流来配送，天原物流才有可能通过这种模式获利。现在商品种类繁多，自己又被绝大多数客户拒之门外，那个盈亏平衡点在任杰光看起来似乎遥不可及。想到这里，任杰光真是愁上加愁。这个共同配送策略现在运作到底可不可行呢？

资料来源 佚名. 共同配送救得了天原吗？[EB/OL]. [2023-03-30]. http://www.56885.net/new_view.asp? id=17600.

结合以上案例，讨论下列问题：

1. 理解共同配送的含义。

2. 查阅课外资料，分析7-11便利店配送模式的特点。

3. 任杰光在实施共同配送模式时面临的难题是什么？

4. 你认为食品供应商不认同共同配送的主要原因是什么。

5. 食品物流和家电物流相比有哪些不同？

三、实战训练

1. 实战技能点

配送模式的选择。

2. 实战任务

请选择本市一家仓库或配送中心，了解其作业流程及配送模式，撰写调研报告。建议以小组为单位。

项目11　订单处理作业

学习目标

【知识目标】

1.了解订单的格式；
2.熟悉客户订单的类型；
3.掌握订单有效性分析的方法；
4.掌握客户优先权分析的方法；
5.掌握库存分配的方法。

【能力目标】

1.能完成订单有效性分析；
2.能完成客户优先权分析；
3.能进行合理的库存分配；
4.能编制拣货单。

【素养目标】

1.培养严谨细致的职业精神；
2.培养规范做事的职业习惯；
3.培养用心服务的客户服务理念。

任务 11.1　认知订单

【任务描述】

2024 年 4 月 15 日 10 时 35 分，昌荣物流公司收到上海美乐公司的入库通知单（见

表 11-1），结合该入库通知单，列出订单的表头部分信息和订单的商品信息。

表 11-1　　　　　　　　　　　　　　　入库通知单

仓库名称：昌荣1号库　　　　　　　　　　2024年4月15日

批次	20240415						
采购订单号	202404150001						
客户指令号	20240415001	订单来源	传真				
客户名称	上海美乐科技有限公司	客户代码	SHML	质量	正品		
入库方式	送货	入库类型	正常				
序号	货品编号	名称	单位	包装规格（mm）	申请数量	实收数量	备注
1	6937508746408	咖啡机	箱	600×400×220	20		

【任务知识】

11.1.1　订单格式

订单本身并没有统一的格式，其内容和格式往往根据交易双方的要求或实际情况来设计。为了简化订单格式、避免内容重复，通常将订单分为两个部分。

1）订单的表头内容

为了便于对订单进行处理，需要在表头部分设置统一格式的整体性资料，这些资料主要包括：

（1）订单号、订单日期；

（2）客户代码、采购单号；

（3）业务员代码；

（4）配送批次、日期、地址；

（5）配送车型、包装情况；

（6）付款方式；

（7）订单处理状态；

（8）相关事项说明。

2）商品资料

商品资料主要是对订单涉及的商品进行的详细描述，是订单的主体部分。其内容一般包括：

（1）商品代码；

（2）商品名称；

（3）商品规格；

（4）商品单价；

（5）订购数量及单位；

（6）订单金额；

（7）折扣折让；

（8）交易类型及方式。

表 11-2 和表 11-3 为信息管理系统的订单格式，分别为订单基本信息、订单商品信息。

表 11-2　　　　　　　　　　　　　　　订单基本信息

订单号	客户码
客户指令号	采购单号
订单类型	紧急程度
订单来源	下达时间
执行状态	订单优先级

表 11-3　　　　　　　　　　　　　　　订单商品信息

商品编码	商品名称	规格	批次	单位	质量	数量	备注

延伸阅读 11-1

普通订单与紧急订单

普通订单一般是按照标准的交货时间、价格和数量等要求进行处理。随着市场需求的变化，可能会出现某些急迫的商业需求，需要以更快的速度进行处理，这种订单就属于紧急订单。紧急订单可以优先处理，从而提升企业的客户服务质量和竞争力。

同步训练 11-1

列举订单的基本信息。

11.1.2　订单处理的含义及特点

1) 订单处理的含义

配送中心收到客户订货信息后，经确认核查其真实性和内容，传达拣货和出货信息，这一过程即为订单处理，也就是从接到客户订货信息开始至准备着手拣货之间的作业过程。对于规模较大、货种规格较多的配送中心，订单处理是一个很复杂的信息作业活动。首先，客户的订货形式和内容不同，有的上门订货，有的口头订货，订货量、品种规格、送货时间等条件各不相同，订单的形式和内容差别也很大。其次，客户订单转换为拣选单通常也比较麻烦，需要在一定的时间点上将品种、数量归并后形成。最后，还要制作送货单并通知客户收货。

订单处理通常包括有关客户及订单的资料确认、存货查询、单据处理、出货配发等。订单处理可以由人工或电脑信息系统来完成。人工处理的弹性较大，但只适合少量的订单，一旦订单数量稍多，人工处理就变得缓慢且容易出错；而利用电脑信息系统来处理订单，能够实现订单格式的统一，客户在相同的信息窗口内输入订货信息，可以实现订货信息快速、准确的传递和转换。通过辅助软件的开发和应用，实现合理而迅速的订单分批和订单分割。计算机处理订单能实现较高的效率及较低的成本，适合大量的订单处理。

2）订单处理的特点

（1）订单处理是配送中心所有物流作业组织的开端和核心。

一个配送中心的各个用户通常都要在规定时点以前将订货单或要货单传送给配送中心，然后配送中心将这些订单汇总，以此来进一步确定需要配送货物的种类、数量以及配送时间。确定了这些数据以后，配送中心的其他子系统就可以开始工作了，如补货系统可以根据发出货物的种类、数量确定需要补充的货物的品种和数量，并组织采购。所以，订单处理是配送中心物流作业组织的开端，是其他子系统开展工作的依据。订单处理系统的工作效率将直接影响其他后续子系统的工作效果。

（2）订单处理的作业范围超越了配送中心的内部作业范围。

订单处理是配送中心与用户之间的互动作业。首先，用户要进行订单准备，并将订单传输给配送中心。为了提高订单处理的效率，配送中心需要用户按照规定的时间和格式将订单传输给配送中心；随后，配送中心接单，进行订单资料输入处理，以及出货商品的拣货、配送、签收、清款、取款等一连串的数据处理，这些活动都需要用户的配合。因此，配送中心的订单处理作业并不是配送中心单方面的内部系统作业，也不是单靠配送中心可以完成的，而是配送中心与用户之间相关系统的一体化活动。

（3）订单处理的作业活动伴随整个配送活动的全过程。

通常认为，订单处理的作业流程起始于接单，经过对订货信息的处理和输出，终止于配送中心出货。但在这一连串的物流作业过程中，订单是否有异常变动、订单进度是否如期进行也包括在订单处理范围内。即使已配送出货，但订单处理并未结束，在配送时还可能出现一些订单异常变动，如客户拒收、配送错误等，直到将这些异常变动状况处理完毕，确定了实际的配送内容，整个订单处理才算结束。

（4）订单处理的电子化要求高。

由于订单处理每天要面对大量的用户订单，为了提高订单处理的效率、减少差错，需要提升订单处理的电子化水平。实际上，大多数配送中心订单处理都是电子化程度最高的部分，它们通过采用大量的电子化技术，如电子订货系统、联机输入、计算机自动生成存货分配、订单处理输出数据等，大幅提高了订单处理系统的效率，手工技术在这一领域正不断被淘汰。

11.1.3　实现订单处理合理化

订单处理周期效率的高低对于配送企业的竞争力和利润有重要影响，其是否合理化决定了订单处理的效率，高效的订单处理可以给企业带来以下好处：

1）持续缩短平均订单周期前置时间

前置时间是指从订单发出到货物到达消费者的这段时间。

2）改善客户关系

有效的订单处理可以迅速地提供必需的客户服务，订单处理水平直接影响企业的客户服务绩效，是提高客户服务绩效的重要因素。

3）减少运作成本

高效的订单处理系统具备快速、准确地处理数据的能力，不仅可以减少订单检查的相关成本，而且能够通过与整个配送渠道的联系，有效地减少多余的存货及相关的运输成本。

4）及时输出发货单和会计账目

有效的订单处理系统能够加快由订单出货形成的应收账目数据的转账，提高企业的资金利用率。另外，有效的订单处理系统还可以通过加速订单出货减少发货不准确情况的发生。

【任务实施】

步骤 1：认真查看上海美乐公司的入库通知单。

步骤 2：明确订单的构成，包括订单的表头部分信息和订单的商品信息。

步骤 3：结合上海美乐公司的入库通知单，列出订单的表头部分信息和商品信息。

任务 11.1

实施提示

任务 11.2　接收订单

【任务描述】

4 月 20 日上午 10 点，昌荣配送中心收到客户美家乐超市以传真方式发来的订单（见表 11-4）。

要求：结合美家乐超市的档案信息、订单有效性判断法则，分析该订单是否有效，应如何处理。（订单有效性判断法则：客户累计应收账款超过了信用额度则为无效订单）

表 11-4　　　　　　　　　　　　采购订单

客户名称：美家乐超市　　　　　　　　　　　　　　　　　　　　订单编号：20240420005

序号	货品名称	单位	单价	订购数量	单位重量（kg）	金额（元）
1	徐福记沙琪玛	箱	480	15	25	7 200
2	椰子汁	箱	368	20	20	7 360
3	威化饼干	箱	620	12	20	7 440
4	化妆水	瓶	240	6	0.5	1 440
5	隔离霜	瓶	110	8	0.5	880
6	面膜	盒	150	5	0.5	750

美家乐超市客户档案信息：美家乐超市是昌荣配送中心的一般客户，应收账款为16.5 万元，信用额度为 18 万元，合作年限为 5 年，信誉度差。

【任务知识】

11.2.1 订货方式

处理订单首先从接收订单开始，接收订单主要是指订单员从客户处接收订单资料。客户的订货方式不同，订单的接收方式也不同。客户订货的方式主要有传统订货方式和电子订货方式两大类。

1）传统订货方式

传统订货方式是指利用人工方法书写、输入和传送订单，具体包括6种方式。

（1）厂商铺货。供应商直接将商品放在车上，一家家地去送货，缺多少补多少。这种方式对于周转率较快的商品或新上市商品较为常用。

（2）厂商巡货，隔日送货。供应商派巡货人员前一天先至各客户处巡查需要补充的货品，隔天再予以补货。采用此方法时，厂商可利用巡货人员为商店整理货架、贴标签或提供经营管理意见、市场信息等，也可将促销新品或自己的商品放在最占优势的货架上。这种方式的缺点是厂商可能会将巡货人员的成本加入商品的进价中。

（3）电话口头订货。订货人员将商品名称及数量以电话口述方式向厂商订货。由于客户每天订货的品项可能达到数十项，且这些商品常由不同的供应商供货，所以这种方式所费时间太长，且错误率高。

（4）传真订货。客户将所缺货品资料整理成书面资料，利用传真机传给厂商。这种方式虽可利用传真机快速地传送订货资料，但传送的资料可能信息不全，从而增加事后的确认作业。

（5）客户自行取货。客户自行到供应商处看货、补货，这种方式多为传统杂货店在与供应商距离较近时采用。客户自行取货虽可省去配送作业，但个别取货可能影响物流作业的连贯性。

（6）业务员跑单、接单。业务员至各客户处推销产品，后将订单携回或紧急时以电话先联络公司通知客户订单。这种方式下订货数量难以准确确定，且容易造成商品管理混乱。

同步训练 11-2

请列举3种以上的订货方式。

2）电子订货方式

电子订货方式是指配送中心借助计算机信息处理系统，将订货信息转为电子信息后，由通信网络传送订单的一种订货方式。其方法主要有3种。

（1）订货簿或货架标签配合手持终端机及扫描器。

订货人员携带订货簿及手持终端机巡视货架，若发现商品缺货则用扫描器扫描订货簿或货架上的商品标签，再输入订货数量，当所有订货资料皆输入完毕后，利用数据机将订货信息传给供应商或配送中心。

（2）POS订货。

客户若有POS机则可在商品存档里设定安全存量，每当销售一笔商品后，电脑自动扣除该商品库存，当库存低于安全存量时，便自动产生订货资料，将此订货资料确认后即可通过电信网络传给总公司或供应商。也有客户将每日的POS销售资料传给总公司，总公司将POS销售资料与库存资料对比后，根据采购计划向供应商下单。这种方式适合连锁商业企业的销售终端向配送中心订货。

（3）电子订货系统。

电子订货系统（electronic ordering system，EOS）是指用户、流通中心、生产企业之间利用通信网络（VAN或互联网）和终端设备，以线上方式进行订货作业和订货信息交换的系统。客户信息系统里如果有订货处理系统，可将应用系统产生的订货资料，由转换软件转成与供应商约定的共同格式，在约定时间里将资料转送出去。电子订货方式与传统订货方式相比，具有传递速度快、可靠性好、准确性高及运行成本低等优势，因此电子订货方式将会成为订货信息的主要传递方式。

延伸阅读11-2

接单员的工作职责

接单员主要有下列6项工作职责：

（1）接收订单资料。

（2）在规定的时间内，将客户的订单进行确认和分类，并由此判断与确定所要配送货物的种类、规格、数量及送达时间。

（3）建立用户订单档案。

（4）对订货进行存货查询，并根据查询结果进行库存分配。

（5）将处理结果打印输出，如拣货单、出货单等。

（6）根据输出单据进行出货物流作业。

11.2.2　订单有效性分析

1）确认订单的内容

（1）确认货物数量及日期。

对货物数量和日期的确认是对订货资料项目的基本检查，即检查品名、数量、送货日期等是否有遗漏、笔误或不符合公司要求的情形。尤其当要求送货时间有问题或出货时间已延迟时，更需要再与客户确认订单内容或更正期望运送时间。如果采用电子订货方式接单，也需要对接收订货资料加以检查确认，对于错误的订单，需传回给客户修改，再重新传送。

（2）确认客户信用。

无论订单是以何种方式传至公司，配销系统的第一个步骤是要查核客户的财务状况，以确定其是否有能力支付该订单的账款，常用的方法是检查客户的应收账款是否已超过其信用额度。因此，接单系统中应设计以下两种途径来查核客户的信用状况：

①输入客户代号或客户名称时查核。当输入客户代号或名称资料后，系统即加

微课 11-1

订单有效性分析

以核验客户的信用状况，若客户应收账款已超过其信用额度，系统应加以警示，以便输入人员决定继续输入其订货资料或拒绝其订货。

② 输入订购品项资料时查核。若客户此次的订购金额加上以前累计的应收账款超过信用额度，系统应将此笔订单资料锁定，以便主管审核，审核通过后，此笔订单的资料才能进入下一个处理步骤。

原则上，顾客的信用调查是由销售部门来负责的，但有时销售部门为了争取订单并不太重视这种查核工作，因而也有些公司会授权配送中心来负责。

（3）确认订货价格。

不同的客户、不同的订购量可能有不同的售价，输入价格时系统应加以检查核实。若输入的价格不符（输入错误或业务员降价强行接单等），或在订货价格确认时存有异议，系统应加以锁定，以便主管审核。

（4）确认加工包装。

客户对于订购的商品是否有特殊的包装、分装或贴标等要求，或是有关赠品的包装等资料都要详细地确认记录。

（5）确认订单形态。

配送中心对不同客户或不同商品有不同的交易及处理方式，因此在订单处理时要确认订单交易形态。订单形态可以分为6种，见表11-5。

表11-5　　　　　　　　　　　　　　订单形态

序号	订单类型	订单形态	处理方式
1	一般交易订单	正常、一般的交易订单。接单后按正常的作业程序拣货、出货、配送、收款结单	接单后，将资料输入订单处理系统，按正常的订单处理程序处理，资料处理完后进行拣货、出货、配送、收款结单等作业
2	现销式交易订单	与客户当场直接交易、直接给货的交易订单，如业务员至客户处巡货、铺货所得的交易订单，或客户直接至配送中心取货的交易订单	订单资料输入后，因其货品已交予客户，故订单资料不再参与拣货、出货、配送等作业，只记录交易资料，以便收取应收项
3	间接交易订单	客户向配送中心订货，但由供应商直接配送给客户的交易订单	接单后，将客户的出货资料传给供应商由其代配。这种方式要注意客户的送货单是自行制作还是委托供应商制作，因此要对出货资料进行核对确认
4	合约式交易订单	与客户签订配送契约的交易订单，如某段时间内定时配送确定数量的商品的订单	约定的送货日来临时，将该配送资料输入系统处理以便出货配送，或一开始便输入合约中的订货资料并设定各批次送货时间，以便在约定日期来临时系统自动产生送货的订单资料
5	寄库式交易订单	客户因促销、降价等市场因素而先行订购一定数量的商品，以后视需要再要求出货的交易订单	当客户要求配送寄库商品时，系统应检查核实客户是否有此项寄库商品，若有，则予以出货，并且扣除此项商品的寄库量。应注意的是，此项商品的交易价格依据客户当初订购时的单价计算

续表

序号	订单类型	订单形态	处理方式
6	兑换券交易订单	客户兑换券所兑换商品的配送出货订单	将客户用兑换券兑换的商品配送给客户时，系统应查核客户是否确实有此兑换券回收资料，若有，依据兑换券兑换的商品及兑换条件予以出货，并扣除客户的兑换券回收资料

不同的订单交易形态有不同的订货处理方式，因此接单后必须再对客户订单或订单上订货品项的交易形态加以确认，以便让系统针对不同形态的订单提供不同的处理功能，如提供不同的输入界面或不同的检核、查询功能，不同的储存档案等。

同步训练11-3

阐述订单确认的6要素。

2）判断订单有效性

对订单内容进行确认后，应对订单的有效性进行分析和判断。若订单属于正常订单，则进入下一环节；若订单属于问题订单，如金额有误、应收账款超过信用额度等，则应锁定订单并上报主管，对订单进行进一步审核。订单处理的流程如图11-1所示。

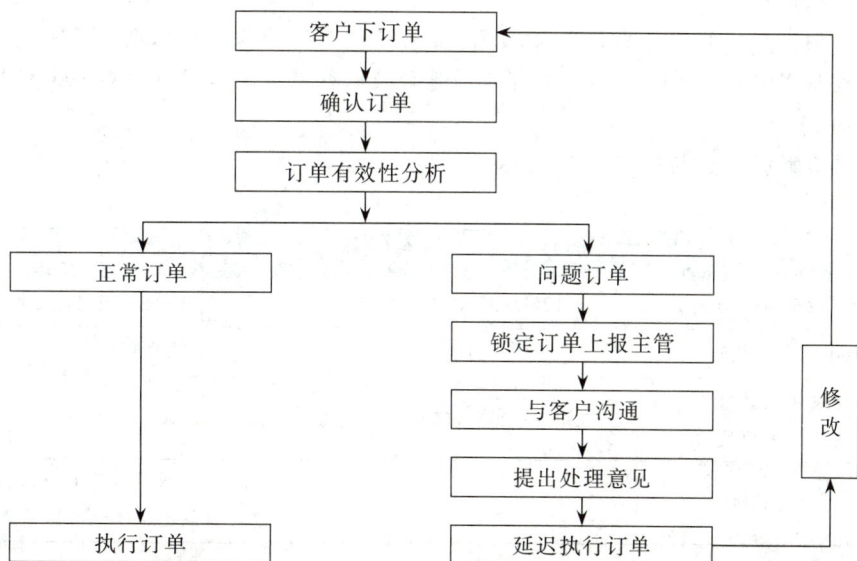

图11-1 订单处理流程图

【例11-1】现有万家乐超市与旺旺超市两个订单以传真方式送达配送中心，请分析这两个订单是否有效（判断依据：累计应收账款抵减信用额度后的余额超过信用额度的15%，则为无效订单）。相关资料如下：

（1）万家乐超市与旺旺超市两个订单的基本信息分别见表11-6和表11-7。

表11-6　　　　　　　　　　万家乐超市采购订单　　　　　　　　　（订单号：1601）

序号	商品名称	单位	单价（元）	订购数量	金额（元）
1	康师傅矿物质水	箱	24	10	240
2	好娃娃薯片	箱	196	6	1 176
3	诚诚油炸花生仁	箱	172	5	860
4	旺旺饼干	箱	486	2	972
5	可口可乐	瓶/支	3	10	30
6	心相印（优选）面巾纸	盒	5	14	70
合计					3 348

表11-7　　　　　　　　　　旺旺超市采购订单　　　　　　　　　（订单号：1602）

序号	商品名称	单位	单价（元）	订购数量	金额（元）
1	旺旺饼干	箱	486	5	2 430
2	联想台式电脑	箱	3 800	6	22 800
3	可口可乐	瓶/支	3	10	30
合计					25 260

（2）客户的累计应收账款和信用额度。

查找这两个客户的档案资料，万家乐超市的累计应收账款（不含此次订单的应收账款）为125万元，信用额度为120万元；旺旺超市的累计应收账款（不含此次订单的应收账款）为9.8万元，信用额度为10万元。

分析过程：

分析两家超市的累计应收账款，万家乐超市的累计应收账款抵减信用额度后的余额未超过信用额度的15%，而旺旺超市的累计应收账款抵减信用额度后的余额超过信用额度的15%。

订单有效性分析的过程见表11-8。

表11-8　　　　　　　　　　订单有效性分析的过程

客户名称	万家乐超市	旺旺超市
累计应收账款（万元）	125+0.3348=125.3348	9.8+2.526=12.326
信用额度（万元）	120	10
累计应收账款抵减信用额度后的余额占信用额度的比重	（125.3348-120）÷120×100%=4.45%	（12.326-10）÷10×100%=23.26%
订单有效性	有效	无效（累计应收账款抵减信用额度后的余额超过信用额度的15%）

【任务实施】

任务11.2

实施提示

步骤1：对美家乐超市订单的基本信息，如价格、数量等进行审核。

步骤2：对美家乐超市的累计应收账款进行计算，即原来的应收账款加上本次订单的货款。

步骤3：根据订单有效性判断法则，计算美家乐超市的累计应收账款是否超过了信用额度，如果超过则为无效，对无效订单应将其锁定，上报主管，延迟执行此份订单；如果为有效，则进入下一个作业环节。

任务11.3　分配库存

【任务描述】

订单有效性确认后，就要结合库存情况分配库存。有时库存可能小于订单的总需求量，因此还要结合一定的原则进行库存分配顺序的安排，其中重要的一条原则就是结合客户优先权进行分配。昌荣配送中心收到客户万家惠超市和家乐购超市的订单，因椰子汁库存不足，需要确定客户优先权（客户优先权分析评价因素参考权重：客户类型占0.4，上年度该客户业务量占总业务量的比例占0.3，合作年限占0.1，客户信誉度占0.2）。

要求：请结合万家惠超市和家乐购超市的客户档案信息（见表11-9）及各评价指标的权重（见表11-10）确定客户优先权。

表11-9　　　　　　　　　　　　客户档案信息（摘录）

客户名称	评价指标			
	客户类型	上年业务量比重	合作年限	客户信誉度
家乐购	A类客户	3%	4年	良
万家惠	B类客户	6%	4年	中

表11-10　　　　　　　　　　　　评价指标的权重

客户类型	子公司：100分；战略合作：90分；A：80分；B：70分；C：60分
上年度业务量占比	1%以下：50分；[1%，3%)：60分；[3%，5%)：70分；[5%，8%)：80分；[8%，15%)：90分；15%及以上：100分
合作年限	(0，3) 年：70分；[3，5) 年：80分；[5，8) 年：90分；8年及以上：100分
客户信誉度	优：100分；良：90分；中：80分；差：70分

【任务知识】

11.3.1　存货查询

在系统中进行存货查询，输入客户订货商品的名称、代号，系统就会查对存货档案的相关资料，看此商品是否缺货，如果缺货则提供商品资料或是此缺货商品已采购但未入库等信息，便于接单人员与客户协调是否改订替代品或是允许延后出货等，以提高接单率及接单处理效率。

11.3.2 分配库存的方法

订单资料输入系统确认无误后，最主要的作业是如何将大量的订单资料进行最有效的汇总分类，调拨库存，以使后续的物流作业有效地进行。存货的分配模式可分为单一订单分配及批次分配两种。

1）单一订单分配

单一订单分配多为在线即时分配，也就是在输入订单资料时，就将存货分配给该订单。

2）批次分配

订单资料输入后累计汇总，再一次性分配库存。配送中心因订单数量多、客户类型等级多，且多为每天固定配送次数，因此通常采用批次分配以确保库存分配能做到最佳。

11.3.3 分配库存的原则

采用批次分配时，要注意订单的分配原则，即批次的划分方法。作业不同，各配送中心的分批原则也可能不同。

1）按接单时序

将整个订单时间划分为几个配送时段，把订单按接单先后顺序分为几个批次处理。

2）按配送区域路径

将同一个配送区域内的订单汇总处理。

3）按流通加工要求

将有流通加工要求的订单汇总处理。

4）按车辆要求

如果配送商品要用特殊的配送车辆（如低温车、冷冻车、冷藏车）或客户所在地、卸货有特殊要求，可以将其汇总处理。

11.3.4 客户优先权的确定

微课 11-2

客户优先权分析

如果根据批次分配选定参与分配的订单后，这些订单的某商品总出货量大于可分配的库存量，则需要根据优先权来决定客户分配的先后顺序。

1）客户优先权的确定方法

客户优先权的确定采用加权平均法，一般可以按以下3个步骤进行：

（1）确定影响客户优先权的关键指标。不同企业判断客户优先权的指标不完全相同，一般来说，可以考虑的指标包括信用额度、满意度、忠诚度、客户类型、合作年限、客户级别等。

（2）确定每个指标的权重。

（3）根据客户指标与权重确定客户优先权。

【例11-2】假设昌荣配送中心收到4笔订单，将这4个客户的档案信息进行汇总后，对客户优先权的分析见表11-11。

表 11-11　　　　　　　　　**昌荣配送中心客户优先权分析表**

客户名称 指标评价	万家乐超市	惠民超市	四季青商贸	华伟商贸
信用额度（万元）	150	180	200	8
忠诚度	一般	高	高	一般
满意度	高	高	高	较高
合作年限（年）	4	3	11	9
客户类型	普通型	重点型	母公司	普通型
客户级别	B	A	A	B

　　昌荣配送中心对客户优先权的评价选择了信用额度、忠诚度、满意度、客户类型、客户级别这5个指标。每个指标的权重见表11-12。

表 11-12　　　　　　**昌荣配送中心客户优先权评价指标及其权重**

评价指标	信用额度	忠诚度	满意度	客户类型	客户级别
权重	0.1	0.2	0.2	0.3	0.2

　　根据以上信息判断4个客户的订单优先权等级。

　　第一步，将指标中的定性判断进行量化。设置：忠诚度：一般为1，高为3；满意度：高为3，较高为2；客户类型：普通型为1，重点型为2，母公司为3；客户级别：A为3，B为2。

　　第二步，计算4个客户各项指标数占总数的比重，见表11-13。

表 11-13　　　　　　　　**客户各项指标数占总数的比重（%）**

客户名称 评价指标	万家乐超市	惠民超市	四季青商贸	华伟商贸
信用额度	27.9	33.5	37.2	1.4
忠诚度	12.5	37.5	37.5	12.5
满意度	27.3	27.3	27.3	18.1
客户类型	14.3	28.6	42.9	14.2
客户级别	20.0	30.0	30.0	20.0

　　第三步，用加权平均法计算4个客户的优先权等级，见表11-14。

表 11-14　　　　　　　　**客户优先权等级计算表**

项目	权重	万家乐超市（%）	惠民超市（%）	四季青商贸（%）	华伟商贸（%）
信用额度	0.1	2.79	3.35	3.72	0.14
忠诚度	0.2	2.50	7.50	7.50	2.50
满意度	0.2	5.46	5.46	5.46	3.62
客户类型	0.3	4.29	8.58	12.87	4.26
客户级别	0.2	4.00	6.00	6.00	4.00
合计	1	19.04	30.89	35.55	14.52
优先权等级		三	二	一	四

2）订单分配顺序的其他情形

除了按客户优先权外，也可以参照以下原则来进行订单先后顺序的分配：

（1）具有特殊优先权者优先分配。缺货补货订单、延迟交货订单、紧急订单、远期订单等，应给予优先分配权。

（2）订单交易量或交易金额大者优先分配。

（3）对公司贡献大的订单优先分配。

（4）客户信用状况好的订单优先分配。

同步训练 11-4

分析客户优先权采用的指标有哪些。

11.3.5 分配后存货不足的处理

如果现有存货数量无法满足客户需求，客户又不愿以替代品替代，则应按照客户意愿与公司政策来决定应对方式。

1）依客户意愿来处理

客户的意愿一般有以下3种情形：

（1）客户不允许过期交货，要求删除订单上的不足订货，甚至取消订单。

（2）客户允许不足额订货，等待有货时再给予补送。

（3）客户允许不足额订货，可以留待下一次订单一起配送。

2）依公司政策来处理

一些公司愿意分批补货，但一些公司考虑分批出货的额外成本而不愿意分批补货，可能会和客户协商取消订单，或要求客户将交货日期延后。

3）存货不足的处理方式

结合客户的意愿及公司政策，一般对存货不足的情况有以下处理方式：

（1）重新调整。如果客户不允许过期交货，而公司也不愿失去此客户订单，则有必要重新调整分配订单。

（2）补送。如果客户允许不足额订货，等待有货时再予以补送，且公司政策也允许，则采用补送方式。如果客户允许不足额的订货或整个订单留待下一次订单一起配送，则也采用补送处理。

（3）删除不足额订单。如果客户允许不足额订货，可等待有货时再予以补送，但公司政策并不希望分批出货，则只好删除订单上不足额的商品。如果客户不允许过期交货，且公司也无法重新调整，也需考虑删除不足额订单。

（4）延迟交货。一是有时限延迟交货，即客户允许一段时间的过期交货，且希望所有订单一起配送；二是无时限延迟交货，即不论需要等多久，客户都允许过期交货，且希望所有订货一起送达，则等待所有订货到齐后再出货。对于这种将整个订单延后配送的，也应将这些顺延的订单记录成档。

（5）取消订单。如果客户希望所有订单一起配送到达，且不允许过期交货，而公司也无法重新调整时，则只有将整个订单取消。

【任务实施】

步骤1：根据已知信息，对客户优先权的评价指标进行量化分析，如A类客户量化为80分，B类客户量化为70分，据此得出两个客户评价指标的量化表格。

步骤2：根据加权平均法计算两个客户的得分。

步骤3：根据得分大小确定客户的优先权。

客户名称	评价指标（得分）			
	客户类型	上年业务量比重	合作年限	客户信誉度
家乐购	80	60	80	90
万家惠	70	70	80	80

家乐购超市得分=80×0.4+60×0.3+80×0.1+90×0.2=76

万家惠超市得分=70×0.4+70×0.3+80×0.1+80×0.2=73

因此，两个超市的优先权顺序为：家乐购超市>万家惠超市。

项目回顾

通过本项目的学习，我们已了解订单的格式和类型、订单处理的流程，掌握了订单有效性分析、库存分配，能在存货不足时进行客户优先权分析，并对存货不足订单进行处理。在完成以上任务的基础上，能够编制拣货单和送货单等单据。

同时，本项目进行了适当的知识拓展，包括接单员的工作职责、异常订单的处理方式等内容，这部分内容能够让我们更好地完成订单处理工作。

课后训练

一、知识检测

（一）不定项选择题

1.下列选项中，属于传统订货方式的是（　　　）。

A.厂商补货　　　　　　　　　　　B.电话口头订货

C.传真订货　　　　　　　　　　　D.货架标签配合手持终端机下单

2.属于现代订货方式的有（　　　）。

A.POS订货系统订货　　　　　　　B.电话口头订货

C.传真订货　　　　　　　　　　　D.货架标签配合手持终端机下单

3.确认订单的内容包括（　　　）。

A.确认订单数量和价格　　　　　　B.确认客户信用度

C.确认订单日期　　　　　　　　　D.确认加工包装

4.将整个订单时间划分为几个配送时段，把订单按接单先后顺序分为几个批次处理所依据的库存分配原则是（　　　）。

A.按接单时序   B.按配送区域路径

C.按流通加工要求   D.按车辆要求

5.以下属于存货不足的订单处理方式的有（   ）。

A.重新调整   B.补送   C.删除不足额订单

D.延迟交货   E.取消订单

6.如果客户允许不足额订货，等待有货时再予以补送，且公司政策也允许，则采用（   ）的处理方式。

A.重新调整   B.补送   C.删除不足额订单

D.延迟交货   E.取消订单

7.如果客户希望所有订单一起配送到达，且不允许过期交货，而公司也无法重新调整，则采用（   ）的处理方法。

A.重新调整   B.补送   C.删除不足额订单

D.延迟交货   E.取消订单

8.当订单的某商品总出货量大于可分配的库存量时，有特殊优先权的订单应优先分配，（   ）具有特殊优先权。

A.远期订单   B.缺货补货订单   C.延迟交货订单   D.紧急订单

9.订单形态包括的类型有（   ）。

A.一般交易订单   B.现销式交易订单

C.间接交易订单   D.合约式交易订单

10.与客户当场直接交易、直接给货的交易订单属于（   ）。

A.一般交易订单   B.现销式交易订单

C.间接交易订单   D.合约式交易订单

（二）判断题

1.订单内容一般分为两部分，分别是表头部分和商品资料。   （   ）

2.缺货补货订单、延迟交货订单、紧急订单、远期订单等属于具有特殊优先权的订单。   （   ）

3.在存货不足的情况下，不允许采取取消订单的方式。   （   ）

4.在存货不足的情况下，如果客户不允许过期交货，而公司也不愿失去此客户的订单，则采取重新调整分配订单的方式。   （   ）

5.在存货不足分配的问题上，为了不忽视小客户，不应采取大客户优先原则。   （   ）

6.客户向配送中心订货，但由供应商直接配送给客户的交易订单属于一般交易订单。   （   ）

7.客户因促销、降价等市场因素而先行订购一定数量的商品，以后视需要再要求出货的交易属于寄库式订单。   （   ）

8.单一订单分配多为在线即时分配，也就是在输入订单资料时，就将存货分配给该订单，因此不涉及订单优先权的问题。   （   ）

9.批次分配按接单时序处理，是指将整个订单的时间划分为几个配送时段，把订单按接单先后顺序分为几个批次处理。   （   ）

10.当出货量大于库存量时，如果没有其他规则，可以向订单交易量或交易金额大者优先分配。　　　　　　　　　　　　　　　　　　　　　　（　　）

（三）简答题

1.请简述订单处理的流程。

2.接收到订单后，应对订单进行确认，需确认的内容有哪些？

3.对存货不足的订单应如何处理？

二、案例研讨

订单处理各有各的道

联华生鲜食品加工配送中心是我国目前设备最先进、规模最大的生鲜食品加工配送中心，总投资为6 000万元，建筑面积为35 000平方米，年生产能力为20 000吨，其中，肉制品15 000吨，生鲜盆菜、调理半成品3 000吨，西式熟食制品2 000吨，产品包括15大类约1 200种生鲜食品。在生产加工的同时，配送中心还从事水果、冷冻品以及南北货的配送任务。连锁经营的利润源重点在物流，物流系统的评判标准主要有两个：物流服务水平和物流成本。

1.订单管理

门店的要货订单通过联华数据通信平台实时地传输到生鲜配送中心，在订单上制定各商品的数量和相应的到货日期。生鲜配送中心接收到门店的要货数据后，立即生成门店要货订单，按不同的商品物流类型进行不同的处理。

（1）储存型商品：系统计算当前的有效库存，比对门店的要货需求以及日均配货量和相应的供应商送货周期，自动生成各储存型商品的建议补货订单。采购人员结合此订单再根据实际的情况做一些修改，即可形成正式的供应商订单。

（2）中转型商品：此种商品没有库存，直进直出，系统根据门店的需求汇总，按到货日期直接生成供应商的订单。

（3）直送型商品：根据到货日期，分配各门店直送经营的供应商，生成供应商直送订单，并通过EDI系统直接发送到供应商处。

（4）加工型商品：系统按日期汇总门店要货，根据各产成品/半成品的BOM表计算物料耗用，比对当前有效的库存，系统生成加工原料的建议订单，生产计划员根据实际需求进行调整，发送至采购部生成供应商原料订单。

各种不同的订单在生成完成或手工创建后，通过系统中的供应商服务系统自动发送给各供应商，时间间隔在10分钟内。

2.物流计划

在得到门店的订单并汇总后，物流计划部根据第二天的收货、配送和生产任务制订物流计划。

（1）线路计划：根据各线路上门店的订货数量和品种作线路调整，保证运输效率。

（2）批次计划：根据总量和车辆人员情况设定加工和配送的批次，实现循环使用资源，提高效率；在批次计划中，将各线路分别分配到各批次中。

（3）生产计划：根据批次计划制订生产计划，将量大的商品分批投料加工，设定各线路的加工顺序，保证与配送运输相协调。

（4）配货计划：根据批次计划，结合场地及物流设备的情况，做配货安排。

3.物流运作

（1）储存型物流运作。

商品进货时先要接受订单的品种和数量的预检，预检通过方可验货。验货时需进行不同要求的品质检验，终端系统检验商品条码和记录数量。在商品进货数量上，定量商品的进货数量不允许大于订单的数量，不定量的商品有一个超值范围。对于需要重量计量的进货，系统和电子秤系统连接，自动去皮取值。

拣货采用播种方式。根据汇总取货，汇总单标识从各个仓位取货的数量，取货数量为本批配货的总量。取货完成后系统预扣库存，被取商品从仓库仓位拉到待发区，在待发区配货。分配人员根据各路线、各门店配货数量进行播种配货，并检查总量是否正确。如不正确，需向上校核，如果商品的数量不足或因其他原因造成门店的实配量小于应配量，配货人员可通过手持终端调整实发数量，配货检验无误后使用手持终端确认配货数据。

在配货时，冷藏商品和常温商品被分置在不同的待发区。

（2）中转型物流运作。

供应商送货也应先预检，预检通过后方可进行验货配货；供应商把中转商品卸到中转配货区，中转商品配货员使用中转配货系统按商品路线和门店的顺序分配商品，数量根据系统配货指令执行，贴物流标签。将分配完的商品以播种的方式放到指定的路线门店位置上，配货完成后统计单个商品的总数量和总重量，根据配货的总数量生成进货单。

中转商品以发定进，没有库存，多余的部分由供应商带回，如果不足，在门店间进行调剂。

（3）加工型物流运作。

生鲜的加工按原料和成品的对应关系可分为两种类型：组合和分割。系统按计划内容计算出标准领料清单，指导生产人员从仓库领取原料。加工车间人员根据加工批次加工，协调不同量商品间的加工关系，满足配送要求。

4.配送运作

商品分拣完成后，都堆放在待发库区。按正常的配送计划，这些商品在晚上送到各门店，门店第二天早上将新鲜的商品上架。在装车时按计划依路线门店顺序进行，同时抽样检查其准确性。在货物装车的同时，系统能够自动算出包装物（笼车、周转箱）的各门店使用清单，装货人员也据此来核对差异。在发车之前，系统根据各车的配载情况输出各运输车辆随车商品清单、各门店的交接签收单和发货单。

商品到门店后，由于数量的高度准确性，在门店验货时只要清点总的包装数量、退回上次配送带来的包装物、完成交接手续即可，一般一个门店的配送商品交接只需要5分钟。

资料来源　佚名.联华生鲜食品加工配送中心［EB/OL］.［2023-01-05］.http://www.doc88.com/p-9015143972693.html.

结合以上案例，讨论下列问题：

1.分析联华生鲜食品加工配送中心如何运用现代信息系统实现门店订单与供应商订单之间的对接与转换。

2.用流程图说明联华生鲜食品加工配送中心对储存型、中转型、加工型商品的物流运作流程。

3.谈谈如何实现物流服务质量与物流成本之间的平衡。

三、实战训练

1.实战技能点

订单处理。

2.实战任务

材料1：客户订单见表11-15至表11-19。

表11-15　　　　　　　　**万家乐超市采购订单**　　　　　　　　（订单号：2101）

序号	商品名称	单位	单价（元）	订购数量	金额（元）
1	康师傅矿物质水	箱	24.00	10	240.00
2	好娃娃薯片	箱	196.00	6	1 176.00
3	诚诚油炸花生仁	箱	172.00	5	860.00
4	旺旺饼干	箱	486.00	2	972.00
5	可口可乐	瓶/支	3.00	10	30.00
6	心相印（优选）面巾纸	盒	5.00	14	70.00
合计					3 348.00

表11-16　　　　　　　　**惠民超市采购订单**　　　　　　　　（订单号：2102）

序号	商品名称	单位	单价（元）	订购数量	金额（元）
1	好娃娃薯片	箱	196.00	7	1 372.00
2	诚诚油炸花生仁	箱	172.00	10	1 720.00
3	旺旺饼干	箱	486.00	3	1 458.00
4	雪碧	瓶/支	3.00	15	45.00
5	椰树椰汁	瓶/支	4.00	15	60.00
合计					4 655.00

表11-17　　　　　　　　**旺旺超市采购订单**　　　　　　　　（订单号：2103）

序号	商品名称	单位	单价（元）	订购数量	金额（元）
1	旺旺饼干	箱	486.00	5	2 430.00
2	联想台式电脑	箱	3 800.00	6	22 800.00
3	可口可乐	瓶/支	3.00	10	30.00
合计					25 260.00

表11-18　　　　　　　　**华伟商贸有限公司采购订单**　　　　　　　　（订单号：2104）

序号	商品名称	单位	单价（元）	订购数量	金额（元）
1	好娃娃薯片	箱	196.00	7	1 372.00
2	诚诚油炸花生仁	箱	172.00	5	860.00
3	尝响油多多超级蛋王	只	2.00	25	50.00
4	Vida维达双抽（绵柔）纸面巾	盒	6.00	10	60.00
合计					2 342.00

表 11-19　　　　　　四季青商贸有限公司采购订单　　　　　（订单号：2105）

序号	商品名称	单位	单价（元）	订购数量	金额（元）
1	诚诚油炸花生仁	箱	172.00	10	1 720.00
2	旺旺饼干	箱	486.00	3	1 458.00
3	康师傅矿物质水	箱	24.00	10	240.00
合计					3 418.00

材料 2：客户档案资料见表 11-20 至表 11-24。

表 11-20　　　　　　　　华伟商贸有限公司档案

客户编号	20060401						
公司名称	华伟商贸有限公司			代码		HW	
法定代表人	黄庆	家庭地址	杭州市西湖区高技街翠苑四区 4-301	联系方式		87535678	
证件类型	营业执照	证件编号	120109278362905	营销区域		西湖区	
公司地址	杭州市西湖区文一路 129 号		邮编	310010	联系人	刘鹏	
办公电话	87530864	家庭电话	83520573	传真号码		87530865	
开户银行	杭州联合银行		银行账号		62839047352		
公司性质	中外合资	所属行业	商业	注册资金	200 万元	经营范围	食品、办公用品
信用额度	8 万元	忠诚度	一般	满意度	较高	应收账款	4.8 万元
客户类型	普通型		客户级别	B			
建档时间	2006 年 4 月		维护时间	2020 年 12 月			

表 11-21　　　　　　　　万家乐超市档案

客户编号	20110807						
公司名称	万家乐超市			代码		WJL	
法定代表人	毛艺红	家庭地址	杭州市滨江区江红小区丹霞苑 11-2-803	联系方式		67655865	
证件类型	营业执照	证件编号	120108754377888	营销区域		滨江、萧山区	
公司地址	杭州市滨江区滨康路 43 号		邮编	310019	联系人	唐妙丽	
办公电话	63876590	家庭电话	68657973	传真号码		63876591	
开户银行	杭州联合银行		银行账号		5357899765569		
公司性质	中外合资	所属行业	零售业	注册资金	1 600 万元	经营范围	食品、日用品、办公用品
信用额度	150 万元	忠诚度	一般	满意度	高	应收账款	125 万元
客户类型	普通型		客户级别	B			
建档时间	2011 年 8 月		维护时间	2020 年 12 月			

表 11-22   旺旺超市档案

客户编号	20070602						
公司名称	旺旺超市			代码		WW	
法定代表人	王小宏	家庭地址	杭州市拱墅区信义坊6-1-1102		联系方式	87654878	
证件类型	营业执照	证件编号	120108776875375		营销区域	拱墅区	
公司地址	杭州市拱墅区湖墅南路154号		邮编	310011	联系人	王冠	
办公电话	83976580	家庭电话	87654996		传真号码	83976581	
开户银行	杭州商业银行		银行账号		8654909785		
公司性质	民营	所属行业	零售	注册资金	80万元	经营范围	日用品、食品、办公用品
信用额度	10万元	忠诚度	一般	满意度	高	应收账款	9.8万元
客户类型	普通型		客户级别		B		
建档时间	2007年6月		维护时间		2020年12月		

表 11-23   四季青商贸有限公司档案

客户编号	20041206						
公司名称	四季青商贸有限公司			代码		SJQ	
法定代表人	聂华	家庭地址	杭州市西湖区大华西溪风情别墅12号		联系方式	87918998	
证件类型	营业执照	证件编号	120243132587676		营销区域	西湖区	
公司地址	杭州西湖区体育场路56号		邮编	310015	联系人	葛高峰	
办公电话	83287689	家庭电话	86858957		传真号码	83287688	
开户银行	杭州商业银行		银行账号		87965687975		
公司性质	中外合资	所属行业	商业	注册资金	3 200万元	经营范围	日用品、食品、办公用品
信用额度	200万元	忠诚度	高	满意度	高	应收账款	99.5万元
客户类型	母公司		客户级别		A		
建档时间	2004年12月		维护时间		2020年12月		

表 11-24   惠民超市档案

客户编号	20120105						
公司名称	惠民超市			代码		HM	
法定代表人	何锡文	家庭地址	杭州市江干区定海路百年家园3-301		联系方式	83438679	
证件类型	营业执照	证件编号	120103789346338		营销区域	江干区	
公司地址	杭州市江干区庆春东路193号		邮编	310014	联系人	易继培	
办公电话	82641893	家庭电话	87827463		传真号码	82641890	
开户银行	中国农业银行庆春支行		银行账号		1566331510296580		
公司性质	民营	所属行业	零售	注册资金	2 000万元	经营范围	食品、日用百货、办公用品
信用额度	180万元	忠诚度	高	满意度	高	应收账款	152.5万元
客户类型	重点型		客户级别		A		
建档时间	2012年1月		维护时间		2020年12月		

材料3：商品库存量。各种货架上的商品库存量见表11-25至表11-27。

表11-25 重力型货架库存量表

序号	商品编号	商品名称	货位	数量	单位
1	6921004208601	康师傅矿物质水	Z1-01-02-01	10	箱
2	6921004208602	好娃娃薯片	Z1-02-01-01	20	箱
3	6924512320231	诚诚油炸花生仁	Z1-01-03-02	46	箱
4	6925674823487	旺旺饼干	Z1-02-02-02	26	箱
5	6945815421783	喜洋洋背包	Z1-01-02-03	30	箱
6	6941278128971	联想台式电脑	Z1-02-01-03	18	箱

表11-26 阁楼式货架库存量表

序号	商品编号	商品名称	货位	数量	单位
1	6908512108419	可口可乐	G1-01-01-02	18	瓶
2	6901347800053	椰树椰汁	G1-01-02-02	20	瓶
3	6908512109416	雪碧	G1-01-03-02	20	瓶

表11-27 电子标签货架库存量表

序号	商品编号	商品名称	货位	数量	单位
1	6922868286874	心相印（优选）面巾纸	D1-01-03-02	19	包
2	6949085300053	尝响油多多超级蛋王	D1-01-05-01	30	个
3	6901236340363	Vida维达双抽（绵柔）纸面巾	D1-01-01-02	21	包
4	6901236341056	维达纸面巾	D1-01-06-02	19	包
5	6922233613045	五月花盒装面纸	D1-01-06-01	2	盒
6	6922266436192	真真纸手帕（18包）	D1-01-02-01	12	袋

根据以上资料，完成以下任务：

（1）分析订单的有效性。

（2）完成客户优先权分析。

（3）完成库存分配。

（4）编制拣货单。

项目12　分拣与补货作业

学习目标

【知识目标】

1.明确拣货的工作流程；
2.掌握常用拣货方法和拣货策略；
3.了解自动化拣货；
4.掌握补货时机选择；
5.掌握补货策略。

【能力目标】

1.能选择合适的方法完成拣货作业；
2.能选择合适的拣货策略提高拣货效率；
3.能利用现代拣货工具提高拣货效率；
4.能开展补货作业。

【素养目标】

1.培养爱岗敬业、热情友爱的职业精神；
2.培养规范做事的职业习惯；
3.培养成本节约意识。

任务12.1　形成拣货资料

【任务描述】

拣货作业是配送作业的中心环节，有人称之为物流配送的"心脏"。拣货也是配送不同于一般送货形式的重要标志，拣货作业的目的是迅速、准确地集中顾客所订购的商品。昌荣配送中心4月30日上午10点收到美家乐超市的订单（见表12-1），要求当日完成配送，订单为有效订单，根据订单信息编制一张拣货单。

表12-1 商品订单

序号	商品名称	商品编码	单位	单价（元）	订购数量	金额（元）
1	康师傅矿物质水	6931235678233	箱	24.00	10	240
2	好娃娃薯片	6943235648236	箱	196.00	6	1 176
3	旺旺饼干	6923235648231	箱	486.00	2	972

【任务知识】

12.1.1 拣货信息传递方式

拣货信息是拣货作业的原动力，主要目的在于指示如何拣货，其资料产生于客户的订单。拣货信息处理是拣货作业中的重要环节。在拣货作业开始前，需要对顾客订单进行整理分析，根据订单情况确定分拣信息传送方式，为拣货提供作业指示。常见的拣货信息传递方式有下列几种：

1）传票

传票即利用客户的订单或公司的交货单作为拣货指示凭证。利用传票进行拣货时，拣货员一边看着传票上的品名，一边寻找客户订单的品名。这种方式通常没有按照货位编号进行重新排序，拣货员需来回多趟才能拣好一张订单。

（1）利用传票进行拣货的优点。

利用传票进行拣货的优点就是无须利用计算机等设备处理分拣信息，可直接开展分拣工作。

（2）利用传票进行拣货的缺点。

利用传票进行拣货的缺点是非常明显的，主要表现在以下3个方面：

① 传票容易在拣货过程中受到污损，或因存货不足、缺货等原因将注释直接写在传票上，导致作业过程中发生错误或无法判别确认。

② 传票上未标示产品的货位，必须依靠拣货人员的记忆在货架中寻找存货位置，不能引导拣货人员缩短拣货路径，也无法运用分拣策略提高分拣效率。

③ 利用传票拣货一般适合于订购品种少或订单量少的情况，当拣选的货物品种多、数量大的时候，用这种方式传递信息会严重影响拣货效率，难以满足对客户服务的要求。

2）拣货单

利用拣货单进行拣货是目前较常见的一种方式，即将原始的客户订单输入计算机后，对信息进行处理，生成拣货单，再以拣货单为依据进行拣货。拣货单的品名按照货位编号重新排序，可以让拣货员来回一趟就能拣足一张订单。由于拣货单上印有货位编号，拣货员依据货位编号进行拣货，即使是不认识货物的新手也可以进行拣货。

拣货单可以分为分户拣货单和品种拣货单，分户拣货单适合按单分拣法，品种拣

货单适合批量分拣法，这两种拣货方法将在项目十二中详细介绍。分户拣货单的主要特点是以客户为单位，即一份拣货单体现的是一个客户所需的所有商品。品种拣货单则是以商品品种为单位，即一份拣货单体现的是对同一种商品的所有的客户需求情况。分户拣货单、品种拣货单的格式分别见表12-2、表12-3。

表12-2　　　　　　　　　　　　　分户拣货单

拣货单编号			客户订单编号					
客户名称								
出货时间					出货货位号			
拣货时间					拣货人			
核查时间	年　月　日至　年　月　日				核查人			
序号	储位号码	商品名称	规格型号	商品编码	包装单位			数量	备注
					箱	托盘	单件		

表12-3　　　　　　　　　　　　　品种拣货单

拣货单编号		包装单位		储位号码	
商品名称		数量	箱	整托盘	单件
规格型号					
商品编码					
生产厂家					

拣货时间：　年　月　日　时　分　拣货人：

核查时间：　年　月　日　时　分　核查人：

序号	订单编号	客户名称	包装单位			数量	出货货位	备注
			箱	整托盘	单件			

（1）利用拣货单进行拣货的优点。

①避免传票在分拣过程中受到污损，在检验过程中使用传票进行查对，可以修正拣货作业中发生的错误。

②拣货单上有货物的储位编号，同时可以按储位编号安排拣货路径，便于引导拣货人员按最短路径拣货。

③可充分配合分区、分批、订单分割等拣货策略，提高拣货效率。

（2）利用拣货单进行拣货的缺点。

① 拣货单处理打印等工作需要耗费较多的人力和时间。

② 为确保拣货的正确无误，按拣货单拣货后仍需要经过货物检验过程，比较耗时间。

3）拣货标签

在此拣货方式中，拣货标签取代了拣货单。拣货标签的数量与拣货量相等，在拣货的同时将标签贴在物品上以便确认数量。其基本做法是，接单后经过计算机处理，依据货位的拣货顺序打印拣货标签，标签数量与订购数量一致，拣货人员根据拣货标签上的顺序拣货。拣货时将货物贴上标签后放入拣货容器内，标签贴完则表示该项货物已拣选完毕。

（1）利用拣货标签进行拣货的优点。

① 结合拣取与贴标签的动作，可以缩短作业时间。

② 打印标签时，如果将条形码一起打印出来，能够区分提供产品的供应商。

③ 提高了拣货的准确性，由于一边拣货，一边贴标签，如果拣取未完成而标签已经贴完，或者是拣取完毕而标签尚有剩余，都表明拣取过程可能有错误发生。

④ 便于对拣货人员进行量化考核。

（2）利用拣货标签进行拣货的缺点。

① 当拣货数量大时，需要耗用大量的标签。

② 当标签同时作为价格标签时，需要用售卖点的价格及标签形式，而价格标签必须贴在单品上，这一点较难实现。

（3）利用拣货标签进行拣货的适用性。

该方式主要适合整箱拣货和单品拣货，这二者的拣货标签有所不同，如图12-1和图12-2所示。

```
货位号码：0111
数量：6箱
品号：01234567
品名：王老吉
订单号码：A0101
客户名称：A公司
客户地址：浙江省杭州市西湖区湖滨路17号
配送路线：10号线
订单箱数-箱号：6/1
```

图12-1　整箱拣货标签

```
货位号码：0811
数量：6件
品号：01234567
品名：两面针牙膏
订单号码：B0101
客户名称：B公司
```

图12-2　单品拣货标签

整箱拣货的标签除了包含拣货单的内容外，还包含客户地址和配送路线，因此可以直接作为出货标签。单品分拣后则大部分要装入纸箱或塑料箱内，因此必须增加出货标签（如图 12-3 所示），将客户地址和配送路线等资料打印出来。

> 订单号码：B0101
>
> 客户名称：B公司
>
> 客户地址：浙江省杭州市解放路130号
>
> 配送路线：3号线

图12-3　出货标签

同步训练12-1

请简述拣货单和拣货标签的区别。

12.1.2　形成拣货资料

对客户订单信息进行处理后就形成了拣货资料，拣货资料可以是客户的传票，也可以是经过处理后形成的拣货单或是拣货标签。但从发展趋势上看，利用电子订货系统直接将订单信息通过计算机快速地转换成拣货单或电子信号将是拣货资料形成的主要方式。

【任务实施】

步骤 1：熟悉拣货单的含义。

步骤 2：查找拣货单的格式。

步骤 3：任务中只有一个订单，采用分户拣货单格式编制一份拣货单。

任务 12.1

实施提示

任务12.2　选择拣货方法

【任务描述】

昌荣配送中心 4 月 30 日上午 10 点收到美家乐超市、家乐购超市的订单（见表 12-4、表 12-5），两份订单均为有效订单，要求当日完成配送。请根据订单信息并结合货品储存信息表（见表 12-6）选择合适的分拣方法，填制相应的拣货单。

表 12-4　　　　　　　　　　商品订单（1）

客户名称：美家乐超市　　　　　　　　　　　　　　　　　订单编号：202404300003

序号	商品名称	商品编码	单位	单价（元）	订购数量	金额（元）
1	康师傅矿物质水	6931235678233	箱	24.00	10	240
2	好娃娃薯片	6943235648236	箱	196.00	6	1 176

表 12-5　　　　　　　　　　　　　商品订单（2）

客户名称：家乐购超市　　　　　　　　　　　　　　　　　　　　　　订单编号：20240430004

序号	商品名称	商品编码	单位	单价（元）	订购数量	金额（元）
1	康师傅矿物质水	6931235678233	箱	24.00	5	120
2	好娃娃薯片	6943235648236	箱	196.00	10	1 960

表 12-6　　　　　　　　　　　　　货品储存信息表

序号	商品名称	商品编码	单位	仓库	货位编号
1	康师傅矿物质水	6931235678233	箱	5号仓	05-02-01-01
2	好娃娃薯片	6943235648236	箱	5号仓	05-02-02-03

【任务知识】

微课 12-2

摘果法分拣

12.2.1　按作业方式确定拣货方法

按一次处理订单数量的多少，可将拣货方法划分为按单分拣法、批量分拣法和整合按单分拣法。

1）按单分拣法

按单分拣法被形象地称为"摘果法"，因为这种挑选货物的操作方法就像在果园中摘取果子那样，因而又被形象地称为"摘果式拣货"。按单分拣法的基本操作流程是：针对每一份订单，分拣人员按照订单所列商品及数量，将商品从储存区域或分拣区域拣取出来，然后集中在一起，如图 12-4 所示。这种拣货方法的特点是货物货位相对固定，而拣选人员或工具相对运动。一般是一次只为一个客户进行配货作业，在搬运车容积许可而且配送商品不太复杂的情况下，也可以同时为两个以上的客户配货。

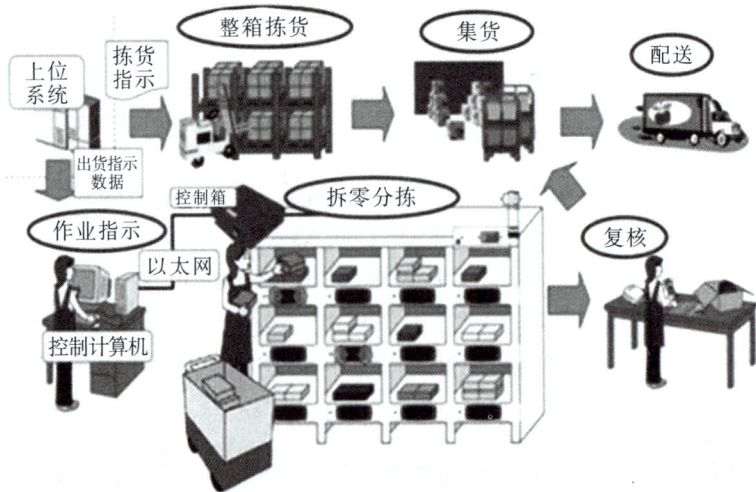

图12-4　摘果式拣货流程图

（1）按单分拣法的特点。

①可按照客户要求的时间确定配货的先后顺序。

②操作简单，接到订单可立即拣货，作业前置时间短。

③作业人员责任明确。

④各客户的拣选不互相牵制，可以根据用户的要求调整拣选的先后次序，集中力量优先完成某一用户的配货任务。

⑤拣选完一个货单，一个用户的货物便配齐，可以不再落地，直接装车送货。

⑥对机械化、自动化没有严格要求。

⑦用户数量不受工艺限制，可以在很大范围内波动。

⑧商品品种较多时，拣货行走路径加长，拣取效率较低。

（2）按单分拣法的适用性。

① 每一个客户需要的商品品种较多，而每种商品的数量较少。

② 订单大小差异较大、订单数量变化频繁、商品差异较大。

③ 不能建立相对稳定的客户分货货位。

④ 客户之间共同需求差异较大。

⑤ 客户对订单时间要求较高。

2）批量分拣法

批量分拣法被形象地称为"播种法"，因为这种方法类似于田野中的播种操作，一次取出几亩地所需的种子，在地上巡回地播撒，所以又被形象地称为"播种式拣货"。批量分拣法的基本流程是：将多张订单集合成一批，先将需要配送数量较多的同种商品从储存货位取出，集中搬运到发货区，然后组配机械在各个客户的发货位间移动，并依次将各个客户需要的该类商品按照要求的数量分出来，如图12-5所示。这样，每巡回一次，就将某一种商品分到若干个需要该类商品的客户发货位上。如此反复，直到将每个客户需要的各种商品都配齐，就完成了一次配货作业任务。客户货位固定，分货人员和工具相对运动。

微课12-3

播种法分拣

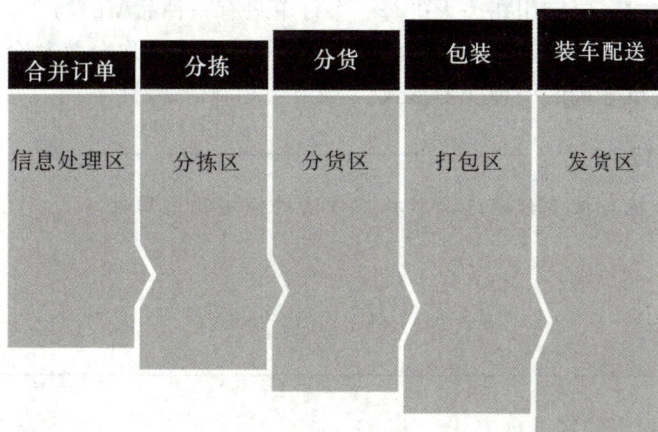

图12-5　播种式拣货流程图

与按单分拣的作业方式相比，批量分拣的作业方式可以提高配货速度，节约配货的劳动消耗，提高作业效率。尤其是当需要配送的客户数量较多时，采用播种式作业能够取得更好的效果。

（1）批量分拣法的特点。

①批量拣取可以缩短拣取商品的行走时间，增加单位时间的拣货量。

②由于需要订单累积到一定数量时才进行一次性处理，因此，会有停滞时间产生。

③这种方式计划性较强，若干客户的需求集中后才开始分货，直到最后一种共同需要的货物分配完毕。

（2）批量分拣法的适用性。

① 客户对商品的需要量不大。

② 用户的配送时间没有严格限制或存在轻重缓急的情况。

③ 各用户需求具有很强的共同性，差异较小，在需求数量上有一定的差异，但需求的种类差异很小。

④ 客户稳定，且客户数量较多。

⑤ 需进行流通加工的商品也适合批量拣取，再进行批量加工，然后分类配送，有利于提高拣货及加工效率。

在按单分拣法和批量分拣法的选择上，我们可以参考表12-7。

表12-7　　　　　　　　　　　分拣方法选定对照表

项目		货品重复订购频率		
		高	中	低
出货品项数	多	D+P	D	D
	中	P	P	P
	少	P	P	P+D

注：D表示按单分拣，P表示批量分拣。

3）整合按单分拣法

这种分拣方式主要应用在一天中每一个订单只有一种品项的场合，为了提高运输配送的效率，将某一地区的订单整合成一张拣货单，做一次分拣整合，集中捆包出库。这也属于按单分拣的一种变形形式。

同步训练 12-2

比较按单分拣与批量分拣这两种拣货方法的优劣及适用性。

12.2.2　按作业程序确定分拣方法

1）单一分拣法

单一分拣法也叫一人分拣法，即一个人配货，按照一张订货单据要求的货物进行分拣的方法。

2）分程传递法

多个人分拣，首先确定不同人所承担的货物的种类和货架的范围，每人仅对分拣单中自己所承担的货物品种进行拣货，然后转交下一分拣人继续，直至分拣完。

3）区间分拣法

区间分拣法和分程传递法相似，由一个人或多个人分拣，首先确定个人所分担的货物种类和货架范围，从拣货单中拣出本区间范围内的货物，最后由一个人负责将各区间分拣的货物汇总起来。

4）分类分拣法

分类分拣法首先按货物的形状、外形尺寸、重量等因素对货物进行分类，然后按类别对产品进行分拣，最后汇总在一起。

延伸阅读 12-1

蚂蚁拣货法

蚂蚁拣货法（bucket brigade system）可以用一群蚂蚁搬一堆面包屑的行为来解释。它们通常在面包屑堆和目的地之间排成一条直线，运输工作开始后，第一只蚂蚁驮着一粒面包屑向第二只爬去，而同时第二只也向第一只爬，两只蚂蚁相向而行，直到互相碰头。这时，第一只蚂蚁把背上的面包屑放下后马上转身去搬运下一粒，而第二只蚂蚁则举起地上的那粒面包屑向后转，爬向第三只蚂蚁，同时第三只也向第二只爬去接货，二者仍是相向而行，直到碰头交货……这样循环往复，每只蚂蚁都不闲着，共同提高团队工作的效率。

在这个系统中，找到下一个伙伴传递工作才是关键点，而不是像分区拣货法那样以区域为限制。所以，虽然面包屑有大有小，蚂蚁爬行的速度也有快有慢，但因为没有区域的限制，爬得快的蚂蚁可以多做一点贡献来帮助爬得慢的兄弟，这样的团队合作法像一根无形的指挥棒，不断地调整着各个蚂蚁所分配到的工作量，共同造就一个完美平衡的工作系统。

把拣货员看作蚂蚁，把装货物的小车以及随着小车走的订单当成面包屑，这个系统也能在配送中心得到有效的应用。因为仓库的整个拣货工作也是拿着订单，推着拣货小车，沿着拣货路线，经过所有拣货区的过程。当小车经过所有的货架，一张订单的拣货工作也就完成了。所以可以依照这个思路对现有的拣货系统进行改良，取消各个工人的工作区域限制，沿着拣货路线，靠近起点（办公室）的称为上游，靠近终点（装货区）的则称为下游。每个拣货员从上游那里接过订单和拣货车后，就沿着拣货路线进行拣货，直到遇到回来拿订单的下游拣货员，便把订单和拣货车移交给他，自己则往回走，直到遇到上游拣货员，又开始一个新的循环，每个拣货员都在上游和下游的同伴之间作往复运动，而非限制在固定区域内，交接点可能每次都在不同的地方。

资料来源 佚名. 仓库中不同类型拣货法的优缺点分析［EB/OL］.［2023-06-22］. http://www.dianyue.me/archives/863/desikguxhra0n2cp/.

12.2.3 按分拣作业的手段确定分拣方法

1）人工分拣

人工分拣基本上是靠人力搬运，把所需的货物分门别类地送到指定的地点，也可利用最简单的器具和手推车等。这种分拣方式劳动强度大、分拣效率最低，但投入的成本也最低。

2）机械分拣

机械分拣以机械为主要输送工具，由人工进行拣选。这种分拣方式使用最多的机械是输送机，有链条式输送机、传送带、辊道输送机等，因此它也叫"输送机分拣"。这种方法是应用设置在地面上的输送机输送货物，在各分拣位置配备的作业人员看到标签、色标、编号等分拣的标志，便进行拣选（把货物取出），再放到手边的简易传送带或场地上。有时也采用"箱式托盘分拣"的方式，即在箱式托盘中装入分拣的货物，用叉车等机械移动箱式托盘，用人力把货物放到分拣的位置，或再利用箱式托盘进行分配。这种分拣方式使用较多的是在托盘下面装车轮的滚轮箱式托盘，投资不多，可以减轻劳动强度、提高分拣效率。

3）自动分拣

这种分拣方式是指分拣的动作由机械负责，电子信息输入后自动完成分拣作业，无须人工介入。随着人工智能时代的到来，越来越多的配送中心采用自动分拣系统进行分拣。

自动分拣机是自动分拣系统的一个主要设备，主要包括机械传输线（机械传输线短则40~50米，长则150~200米）配套的机电一体化控制系统、计算机网络及通信系统等。这一系统不仅占地面积大，而且通常要建3~4层楼高的立体仓库和各种自动化的搬运设施（如叉车）与之匹配，这项巨额的先期投入通常需要花10~20年才能收回。

（1）自动分拣系统的作业过程。

自动分拣系统的作业过程可以概括如下：配送中心每天接收成百上千家供应商或货主通过各种运输工具送来的成千上万种商品，在最短的时间内将这些商品卸下并按商品品种、货主、货位或发送地点进行快速、准确的分类，将这些商品运送到指定地点（如指定的货架、加工区域、出货站台等）；同时，当供应商或货主通知配送中心按配送指示发货时，自动分拣系统在最短的时间内从庞大的高层货架存储系统中准确找到要出库的商品所在的位置，并按所需数量出库，将从不同货位上取出的不同数量的商品按配送地点运送到不同的理货区域或配送站台进行集中，以便装车配送。

（2）自动分拣系统的特点。

① 能连续、大批量地分拣货物。由于采用流水线自动作业方式，自动分拣系统不受气候、时间、人的体力等的限制，可以连续运行。同时，自动分拣系统单位时间分拣件数多，可以连续运行100个小时以上，每小时可分拣7 000件包装商品；而人工每小时只能分拣150件左右，且分拣人员也不能在这种劳动强度下连续工作8小时。

② 分拣误差率极低。自动分拣系统的分拣误差率主要取决于所输入分拣信息的准确性，而所输入分拣信息的准确性又取决于分拣信息的输入机制。如果采用人工键盘或语音识别方式输入，误差率在3%以上；如果采用条形码扫描输入，除非条形码的印刷本身有差错，否则不会出错。因此，目前自动分拣系统采用条码技术来识别货物就大大降低了分拣误差率。

③ 分拣作业基本实现无人化。国外建立自动分拣系统的目的之一就是减少人员

的使用，减轻工人的劳动强度，提高人员的工作效率。因此，自动分拣系统能最大限度地减少人员的使用，基本做到无人化。

④ 投入大。自动分拣系统的一次性投入极大。

⑤ 对商品外包装要求高。自动分拣机只适于分拣底部平坦且具有刚性的、包装规则的商品。袋装商品，包装底部柔软且凹凸不平，包装易变形、易破损、超长、超薄、超重、超高、不能倾覆的商品，不能使用普通的自动分拣机进行分拣。

（3）自动分拣系统的构成。

自动分拣系统一般由控制装置、分类装置、输送装置及分拣道口组成（如图 12-6 所示）。

图12-6　自动分拣设备

① 控制装置的作用是识别、接收和处理分拣信号，根据分拣信号的要求指示分类装置按商品品种、商品送达地点或货主的类别对商品进行自动分类。

② 分类装置是根据分拣信号进行分类，当具有相同分拣信号的商品经过分类装置时，该装置根据控制装置发出的分拣指示，使其改变在输送装置上的运行方向，进入其他输送机或进入分拣道口。

③ 输送装置的主要组成部分是传送带或输送机，其主要作用是使待分拣商品鱼贯通过控制装置、分类装置。输送装置的两侧一般要连接若干分拣道口，使已分类的商品滑下主输送机（或主传送带）以便进行后续作业。

④ 分拣道口是已分拣商品脱离主输送机（或主传送带）进入集货区域的通道，一般由钢带、皮带、滚筒等组成滑道，使商品从主输送装置滑向集货站台，在那里由工作人员将该道口的所有商品集中后，或是入库储存，或是组配装车并进行配送作业。

以上各部分装置通过计算机网络连接在一起，配合人工控制及相应的人工处理环节构成一个完整的自动分拣系统。

4）电子标签辅助分拣法

电子标签拣选系统，是以一连串装于货架格位上的电子显示装置（电子标签）取代拣货单，指示应拣取的物品及数量，分拣员只需到指示灯亮的货架位置并依据指示的数量拣货，如图 12-7 所示。

图12-7　电子标签辅助分拣

电子标签辅助拣选的优点主要有以下两个方面：

① 提高效率。减少了拣货人员目视寻找的时间，消除搜索产品所浪费的时间。

② 减少出错率。拣货人员可以在数秒内精确地拣选快速移动的高频率货物。

电子标签可以用于按单分拣，也可以用于批量分拣，比较适合品项不多的物品，常被用于ABC分类的A类和B类物品的分拣。

【任务实施】

任务12.2

实施提示

步骤1：分析两份订单的需求特点，两份订单的需求具有明显共性，因此适合采用播种法分析。

步骤2：填制品种拣货单，因为品种拣货单是以品种为拣货单位，两份订单涉及2种货品，因此需要填制2张品种拣货单。

任务12.3　运用拣货策略

【任务描述】

拣货策略是仓储管理中不可或缺的一环，它通过优化拣货过程来提高整体的物流效率和客户满意度。企业应当根据自身的业务特点和需求，综合考虑技术、人力、流程等多方面因素，制定出最适合自己的拣货策略。昌荣配送中心为进一步提升拣货效率，配送主管王力决定结合不同仓库的SKU数量做拣货策略分析。其中，1号仓为电器仓，其需求特点是品种少、批量小；4号仓为日用品仓，其需求特点是品种多、批量大；6号仓为汽车配件仓，其需求特点是品种少、批量大。

要求：协助王力制定相应的拣货策略。

【任务知识】

微课12-4

拣货策略

12.3.1　分区策略

分区策略是将拣货作业区按一定的标准进行划分，以便于拣货工作人员进行拣货。主要的分区标准有以下4种：

1）按货物的特性分区

按货物的特性分区就是根据货物的性质，将性质相似的货物存放在同一区域。此种分区往往与商品储存分区相一致。

2) 按拣货单位分区

按拣货单位分区就是将相同拣货单位的货物放在同一区域，如托盘拣货区、箱拣货区、单件拣货区。这种分区标准一般与储存单位分区是一一对应的。其目的在于使拣货单位与储存单位相一致，便于分拣与搬运单元化。配送中心一般将配货区域划分为 3 种，分别为托盘拣货区、箱拣货区和单件拣货区，则拣货区域也可以划分为托盘拣货区、箱拣货区和单件拣货区。

3) 按拣货方式分区

在拣货单位分区中，按拣货方法及设备的不同，又可分为若干个分区。分区的原则一般是按销售量和出货量进行 ABC 分类，按出货量及拣取次数的多少划分 A、B、C 群组，再根据各群组的特点，决定合适的拣货设备和拣货方式。这种方式可以实现作业的一致化，减少不必要的重复行走所消耗的时间和精力。

4) 按工作场地分区

按工作场地分区，是指在相同的拣货方式下，将拣货作业场地细分成不同的分区，由一个或一组固定的拣货员负责拣货区域内的货物。这一策略的优点是：由于拣货人员只在固定的区域内负责拣货工作，因此减少了拣货员所需记忆的存货位置及移动距离，缩短了拣货员的拣货时间；同时也可配合订单分割策略，运用多组拣货员在更短的时间内共同完成订单的提取，但要注意各区域拣货员的工作平衡，合理计算工作分区数。

一般而言，工作分区数=总拣货能力需求÷单一工作分区拣货能力。

分区策略主要是做好分区工作，在设计分区之前，对储存分区进行考察、规划，才能使系统整体的配合更加完美。

同步训练 12-3

分区拣货策略主要有哪几种划分方法？

12.3.2 订单分割策略

订单分割策略是指将一份订单切分为若干个子订单，交由不同的拣选区域同时进行拣货作业，以加速完成拣货。将订单按拣选区域进行分解的过程称为订单分割，一般运用于商品种类较多的订单。

订单分割策略一般与分区策略配合使用。对于采用分区拣货的配送中心，其订单处理过程的第一步就是按区域进行订单的分割，各个拣选区根据分割后的子订单进行分拣作业，拣选完成后，再进行订单的汇总。

12.3.3 订单分批策略

订单分批是指把多张订单集合成一批，依商品类别将数目相加后再进行拣货，之后按客户订单作分类处理。这种策略与分拣方法中的批量分拣相似。根据分批方式的不同，订单分批又有以下4种方式：

1）总合计量分批

将进行拣货作业前所有累积订单中的货品依品项类别合计总量，再根据这一总量进行拣货。此种方式适合固定点的周期性配送。例如，可以在中午前集中所有的订单，在下午做好合计处理，隔日一早做好拣取和分类工作。

2）时窗分批

当按订单发货的时间非常紧迫时，可启用短暂时窗（如5~10分钟），再将此一时窗中完成的订单做成一批，进行拣货。此种方式会因为分区工作量和时窗分批拣货量不平衡而产生等待时间。时窗分批方式较适合于密集频繁的订单，且能应对紧急插单的情况。

3）定量分批

订单分批按先进先出的基本原则，当累积订单数达到设定的固定量后，再开始进行拣货作业。这种方式的订单形态与时窗分批相似，但更注重维持较稳定的作业效率，在处理速度上慢于时窗分批方式。

4）智慧型分批

将订单输入计算机汇总并经计算处理后，将拣货路径相近的订单分成一批同时处理，可大幅度缩短拣货行走搬运距离。采用这种分批方式的配送中心通常将前一天的订单汇总后，进行计算机处理，在当日产生拣货单据，处理速度较快。

延伸阅读12-2

智能仓储系统

智能仓储系统是运用软件技术、互联网技术、自动分拣技术、光导技术、射频识别（RFID）技术、声控技术等先进的科技手段和设备对物品的进出库、存储、分拣、包装、配送及其信息进行有效的计划、执行和控制的物流活动。它主要包括：识别系统、搬运系统、储存系统、分拣系统以及管理系统，如图12-8所示。

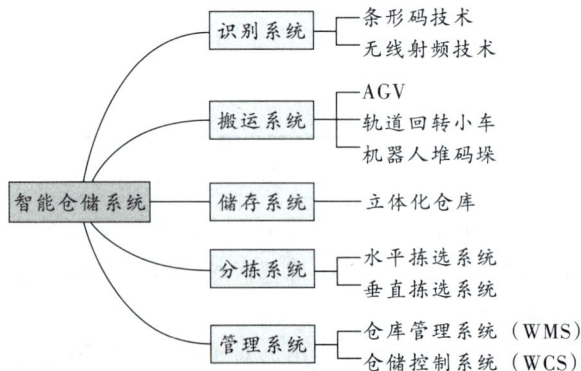

图12-8 智能仓储系统的构成

资料来源　黄文忠. 智能仓储行业研究报告［EB/OL］.［2023-02-13］. http://www.toutiao.com/a6386510872462393602/.

12.3.4　分类策略

若采用分批拣货策略，拣货完成后还要进行分类，即将集中批量拣出的商品按订单要求分至各用户项下，因此需要运用分类策略提高效率。常用的分类策略有以下两种：

1) 拣货时分类

在拣取时将货物按订单分类，这种分类方式常与定量分批方式或智慧型分批方式配合使用，因此须使用计算机辅助台车作为拣货设备，以加快拣货速度，同时避免发生错误。这种方式适合少量多样的情况，且由于拣选台车不可能太大，所以每批次的客户订单量不宜过大。

2) 拣取后集中分类

它是指分批按合计总量拣取后，再进行集中分类。其具体做法一般有两种：一种是以人工作业为主，将货物总量搬运至空地上，再按各客户订单进行分类；另一种是利用分类输送系统进行集中分类，这是自动化的作业方式，可以节省人力。

【任务实施】

步骤 1：分析分区策略、订单分割策略、订单分批策略和分类策略四种拣货策略的特点。

步骤 2：分析昌荣配送中心 3 个仓库的需求特点。

步骤 3：结合昌荣配送中心 3 个仓库 SKU 的需求特征，分析其适合的拣货策略。如果 SKU 数量多、行走的距离多，适合采取分类策略中的拣货时分类，能减少拣货行走的距离。如果 SKU 数量少、批量小，适合采取分类策略中的拣取后分类，即采用二次分拣的方式。

任务 12.3

实施提示

任务 12.4　拣取作业

【任务描述】

昌荣配送中心 4 月 30 日上午 10 点收到美家乐超市、家乐购超市的订单（见表 12-8、表 12-9），两份订单均为有效订单，要求当日完成配送。昌荣配送中心根据订单特点选择了播种式拣选，根据任务 12.2 完成的拣货单信息完成拣货任务。

表 12-8　　　　　　　　　　　商品订单（1）

客户名称：美家乐超市　　　　　　　　　　　　　　　　　订单编号：202404300003

序号	商品名称	商品编码	单位	单价（元）	订购数量	金额（元）
1	康师傅矿物质水	6931235678233	箱	24.00	10	240
2	好娃娃薯片	6943235648236	箱	196.00	6	1 176

表 12-9 商品订单（2）

客户名称：家乐购超市 订单编号：20240430004

序号	商品名称	商品编码	单位	单价（元）	订购数量	金额（元）
1	康师傅矿物质水	6931235678233	箱	24.00	5	120
2	好娃娃薯片	6943235648236	箱	196.00	10	1 960

【任务知识】

12.4.1 确定拣货单位

拣货因货物品种不同而有不同的形式。拣货单位通常可分成托盘、箱和单件三种形式。一般来说，托盘是体积、重量最大的拣货单位，其次为箱，最小的单位是单件（单品）。

拣货单位通常根据订单分析的结果来确定，如果订货的最小单位是箱，则不需要以单件为拣货单位。一种货物可能需要两种以上的拣货单位，因此配送中心在设置拣货单位时应针对货物的具体情况而定。如果是一些特殊的货物，拣货时则需要以特定的包装形式和包装单位为标准，如桶装液体、散装货物、冷冻食品等。

拣货单位还需要与库存单位结合起来考虑，表 12-10 概括了拣货的 7 种模式。

表 12-10 拣货模式

模式	储存单位	拣货单位	组合
1	栈板	栈板	P-P
2	栈板	栈板+箱	P-P+C
3	栈板	箱	P-C
4	箱	箱	C-C
5	箱	箱+单品	C-C+B
6	箱	单品	C-B
7	单品	单品	B-B

注：P=托盘（pallet），C=箱子（case），B=单品（散装 bulk）

同步训练 12-4

分析 3 种常用的储存单位与拣货单位。

12.4.2 选择拣货路径

不同层次的单品要采用不同的拣货路径，通常有两种类型的路径可供选择。

1）无顺序的拣货路径

无顺序的拣货路径就是由拣货人员自行决定在配送中心内各通道拣货顺序的方式。由于拣货员完成一批订单可能要在同一条路径上行走两次，增加行走里程和拣货动作，使拣货员产生疲劳感，且拣货员要花大量时间来寻找商品所在的位置，因此，这种拣货路径效率较低。

2）顺序拣货路径

顺序拣货路径是指按产品所在货位号的大小从储存区域的入口到出口的顺序来确定拣货路径。这是一种最为常用的拣货路径。按这种拣货路径，拣货人员从通道的一端向另一端行进时，下一个要拣出的产品的货位离上一个最近，这样走完全程就一次性地把所有的商品拣出。这种拣货路径的优点是能够缩短拣货员的拣货时间和拣货里程，减少疲劳和拣货误差，从而提高拣货效率。

无论采用哪一种拣货路径，都要考虑如何准确、快速、低成本地将货物拣出，同时还要考虑操作方便、缩短行走路径等问题。

12.4.3 拣货方式

1）人至物方式

这种方式是指拣货员通过步行或搭乘拣货车辆到达货物储存位置。这种方式的特点是货物采取的是静态的储存方式，如托盘货架、轻型货架等，而主要移动的一方为拣货员。

微课12-5

物至人拣选系统

2）物至人方式

与人至物的方式相反，这种方式移动的是货物。拣货员在固定的位置内作业，无须去寻找货物的储存位置。该方式的特点是货物采用动态的储存方式，如负载自动仓储系统、旋转自动仓储系统等。随着现代拣货设备和拣货机器人的使用，物至人的拣货方式越来越普遍，这种方式大大减轻了拣货员的工作强度。

3）无人拣取方式

这种方式的拣取动作由自动的机械完成，电子信息输入后自动完成分拣作业，无须人工介入。目前亚马逊配送中心、京东物流、菜鸟物流、苏宁物流等均已尝试使用机器人拣选，即无人拣取方式。

延伸阅读12-3

无人仓的较量

《第一财经日报》记者在京东首次对外开放的京东X事业部智慧物流实验室中，看到酷似扫地机器人的智能搬运机器人AGV。它的载货量达300千克以上，可实现货物在库房内的搬运，通过调度系统与人工智能可灵活改变路径，实现自动避障与自主规划路径。

在亚马逊仓库里，十几台Kiva机器人迅捷而有序地忙碌着，周围偶然出现一两个人类员工。这些看上去和家用扫地机器人差不多的Kiva机器人能够举起重达750磅（约340千克）的货物，在仓库内移动时不仅可以根据指令选择最优路线，而且能够自动避让障碍物或同伴，灵巧地转弯。其工作形式是进入货架底层、承受重达340千克的重量，要比人工操作效率更高。

与亚马逊仓库类似的是，这次的京东X事业部智慧物流实验室展示的也是一个整体的全自动仓储场景，搬运机器人、货架穿梭车、分拣机器人、堆码机器人、六轴机器人、无人叉车等一系列物流机器人辛勤地工作在无人仓中，组成了完整的中件商品与小件商品的智慧物流场景。

按照京东方面提供的数据，目前京东"无人仓"的存储效率是传统横梁货架存储效率的10倍以上，机器人拣选速度可达3 600次/小时，相当于传统人工的56倍。

资料来源 赵陈婷. 京东亚马逊"较劲"无人仓储 [EB/OL]. [2023-10-27]. http://www.donews.com/net/201610/2941441.shtm.

12.4.4 拣取作业

1) 拣取与确认

当货品出现在拣取者的面前时，拣取者通常采取的两个动作是拣取与确认。拣取是抓取物品的动作，确认则是确定所拣取的物品、数量是否与指示拣货的信息相同。

在实际的作业中，多采用读取品名与拣货单据对比的确认方式。较先进的作业方法是利用无线传输终端机读取条码后，再由计算机进行确认。

2) 拣取方式的选择

通常情况下，对小体积、小批量、搬运重量在人力范围内，且出货频率不是特别高的货品采取手工式拣取的方式。对体积大、重量大的货物，利用升降叉车等搬运机械辅助作业。对于出货频率很高的货品则采用自动分拣系统进行拣货。

【任务实施】

步骤1：准备好相应的拣货设备，包括地牛、托盘堆垛叉车、RF手持设备等。
步骤2：打印好拣货单。
步骤3：结合实训条件，开展实务操作，从相应的储位上拣取货物。

任务12.5 补货作业

【任务描述】

本任务主要是在拣货后能及时准确地进行补货，使拣货区保证有货可拣，并及时满足客户的需求。随着"6·18"活动临近，昌荣物流公司仓储部预测，零散货物的配送量会增大，公司决定从重型托盘货架区对于电子标签拣货区进行补货，5月30日主要完成表格中多味花生和清风牌纸手帕的补货，其中多味花生的托盘区储位为05-02-02-04，清风牌纸手帕的托盘区储位为04-03-03-02，具体见补货任务（见表12-11）和电子标签拣选货位表（见表12-12）。请结合已知信息制作一张补货单。

表12-11　　　　　　　　　补货任务

序号	商品名称	现有库存量	补货点	最大库存
1	多味花生	1	4	6
2	清风牌纸手帕	2	3	15

表 12-12　　　　　　　　　电子标签拣选区货位表

美汁源果粒（芒果）(10)	伊利纯牛奶(15)	多味花生(1)	清风牌卷筒卫生纸(12)	得力订书钉(15)
A00100	A00101	A00102	A00103	A00104
酷儿橙汁饮(14)	管家婆高级卫生纸(8)	清风牌纸手帕(2)	得力薄型复写纸(15)	可口可乐(10)
A00000	A00001	A00002	A00003	A00004

【任务知识】

12.5.1　确定补货数量

补货作业是指在配送作业的流程中，当拣货区存货降至设定标准以下时，从储存区把货物运到拣货区的工作。

微课 12-6

补货作业

补货作业首先要对客户的订货情况进行归类整理，弄清楚客户订购的品种及每一个品种的订购量，检查拣货区现有的存货量，对照公司设定的安全库存量及客户的订货量确定每种商品需要补货的数量。

12.5.2　确定补货时机

确定好补货数量后，就要确定补货时机，常用的补货时机通常有 3 种。

1）定时补货

定时补货的做法是将每天划分为数个时段，补货工作人员于时段内检查拣货区货架上的货品存货量，若存货量低于安全库存量则立即补货。定时补货比较适合分批拣货时间固定且处理紧急订单的时间也固定的情况。

2）随机补货

随机补货是指指定专门人员，随时巡视拣货区的货品存量，有不足时立即补货。随机补货较适合每批次拣取量不大、紧急插单多、一日内作业量不易事先掌握的情况。

3）批次补货

批次补货是在每天或每一批次拣取前，查看由电脑计算的货品总拣取量和拣货区实存的货品量，在拣取前一次性补足，以满足全天的拣货量。批次补货比较适合于一日内作业量变化不大、紧急插单不多或是每批次拣取量较大的情况。

同步训练 12-5

紧急插单多的订单适合采取哪种补货方式？

12.5.3　确定补货方式

1）整箱补货

以整箱货为单位，由货架保管区补货到流动货架的动管区。保管区为货物存放区，动管区为两面开放的流动拣货区。拣货员拣货后把货物放入输送机并运到发货区，当动管区的存货低于设定标准时，则进行补货作业。一般采用人工配合小推车的方式进行整箱补货，这种方式比较适合体积小且少量、多样出货的货品。整箱补货示意图如图12-9所示。

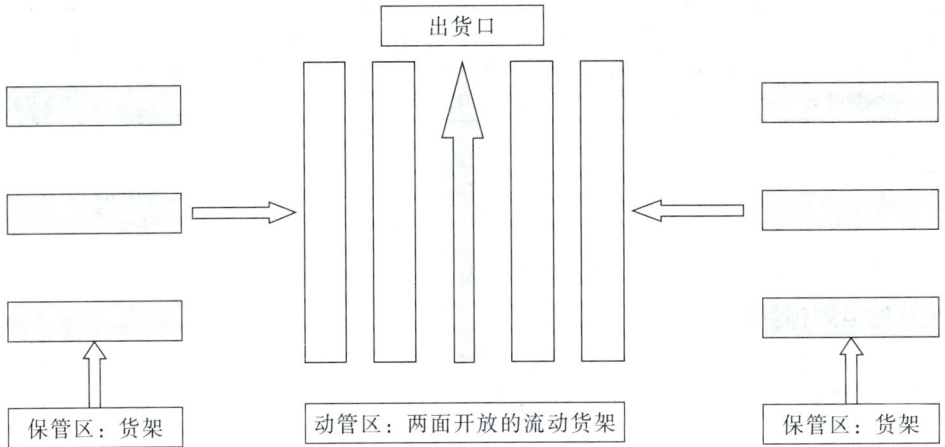

图12-9 整箱补货示意图

2）托盘补货

托盘补货方式是指把托盘由地板堆放保管区运到地板堆放动管区，拣货时把托盘上的货箱置于中央输送机上，送到发货区。当存货量低于设定标准时，立即补货。一般采用叉车或使用堆垛机把托盘由保管区运到拣货动管区。这种补货方式适合体积大或出货量大的物品。托盘补货示意图如图12-10所示。

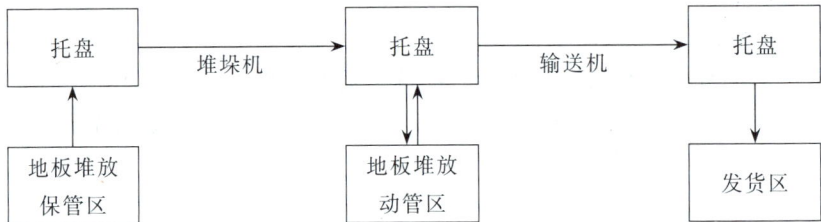

图12-10 托盘补货示意图

3）货架上层至下层补货

货架上层至下层的补货方式是将同一货架上的中下层作为动管区，上层作为保管区，进货时将动管区放不下的多余货箱放到上层保管区。当动管区的存货低于设定标准时，利用堆垛机将上层保管区的货物移至中下层动管区。这种补货方式适合体积不大、存货量少，且多为中小量出货的货物。货架上层至下层补货示意图如图12-11所示。

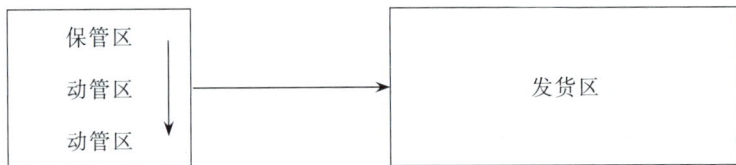

图12-11 货架上层至下层补货示意图

延伸阅读 12-4

天猫仓的数字化升级

天猫超市华南中心仓是天猫超市全国仓库中率先启动仓配升级的仓库，不仅品类数量有了大幅扩充，在仓容能力、配送效率、数字化方面均有显著提升。在数字化升级上，天猫超市华南中心仓能实现智能补货、智能汇单、智能拣货。

吴远洋向记者介绍道："在智能补货上，系统能够通过数据和算法预测第二天的购买情况，帮助仓库提前补货；在智能汇单上，能在数万份订单中识别相似的订单并组合起来，让分拣员能够去一个库位同时拣到多个客户需要的商品，减少时间损耗；在智能拣货上，系统能帮助分拣员规划出最短、最优化的拣货路线，同时自动复核订单、提供包装方案。最后，当商品打包完成后，自动识别包裹并通过传送带按目的地分类，最终装配上车，实现下单后1小时后出库。"

资料来源　王帆. 天猫超市在华南率先启动仓配升级 日发货量最高达120万件［EB/OL］.［2024-03-01］. https：//finance.sina.com.cn/jjxw/2023-03-01/doc-imyikrap4670938.shtml.

4）其他补货作业

（1）直接补货。

前面介绍的补货方式都是补货人员先到补货区将货物取出，然后将货物移到拣货区，再由拣货人员在拣货区将货物拣走。直接补货方式与此不同，它是指补货人员直接在进货时将货物放到拣货区，货物不再进入保管区的拣货方式。对于一些周转快的货物可以采用此种补货方式。

（2）自动补货。

自动补货是指由自动仓库将货物送至旋转货架上进行补货。

（3）复合式补货。

在这种补货方式下，动管区的货物采取相同种类相邻放置的方式，而保管区采取两处两阶段补货的方式。第一保管区为高层货架仓库，第二保管区为动管区的临时保管处。进行第一阶段补货时先由第一保管区的高层货架把货物运至第二保管区，动管区内的一个托盘拣取完毕后，即将空托盘移出，后面托盘依次往前推出，第二保管区再将补货托盘移进动管区。

值得注意的是，当保管区的存货水平低于配送中心指定的订购点时，则需要向供应商发出采购指令。

【任务实施】

步骤1：熟悉拣货作业的内涵，拣货作业是将货物从储存区搬运至拣货区。

步骤2：根据信息制作补货单，补货单信息应包括补货的商品名称，以及商品的源储位、目标储位、补货数量等，应让补货人员能够根据补货单完成补货任务。

任务 12.5

实施提示

项目回顾

通过本项目的学习，我们掌握了拣货与补货作业的相关知识。拣货的流程是：形成拣货资料—选择拣货方法—运用拣货策略—选择拣货路径—选择行走和搬运方式—拣取货物。拣货时要能结合实际业务选择合适的拣货方法和拣货策略。在拣货作业完成后，我们要根据拣货区安全库存标准或公司的安全库存标准进行及时补货。在这个基础上，再进行实训环节的练习，我们就可以快速而准确地完成拣货任务了。

课后训练

一、知识检测

（一）不定项选择题

1.常见的拣货信息传递方式有（　　　）。

A.传票　　　　　　　　B.拣货单　　　　　　　　C.拣货标签　　　　　　　　D.订单

2.下列各项中，可以直接当作出货标签的是（　　　）。

A.整箱的拣货标签　　　　　　　　　　　　B.单件的拣货标签

C.传票　　　　　　　　　　　　　　　　D.拣货单

3.下列各项中，适合按单分拣的是（　　　）。

A.批量大、品种少的订单　　　　　　　　B.客户的共性需求少、需求差异大的订单

C.批量小、品种多的订单　　　　　　　　D.对送货时间要求高的订单

E.订单额大小差异较大、数量变化频繁的订单

4.下列各项中，适合批量分拣是（　　　）。

A.批量大、品种少的订单

B.客户的共性需求少、需求差异大的订单

C.批量小、品种多的订单

D.对送货时间要求高的订单

E.订单额大小差异较大、数量变化频繁的订单

5.订单由数人完成，个人仅对自己所承担的货物品种进行拣货，然后转交下一分拣人员继续，这种分拣方法属于（　　　）。

A.单一分拣法　　　B.分程传递法　　　C.区间分拣法　　　D.分类分拣法

6.订单由数人完成，个人只分拣自己所承担的货物种类，然后将各区间分拣的货物进行汇总，这种分拣方法属于（　　　）。

A.单一分拣法　　　B.分程传递法　　　C.区间分拣法　　　D.分类分拣法

7.开启5分钟为一个固定时窗，将这一时窗的订单做成一批进行拣货，这种拣货策略是（　　　）。

A.分区策略　　　B.订单分割策略　　　C.订单分批策略　　　D.分类策略

8.将拣货作业按拣货单位，如托盘、箱装、单件进行分区，并在此基础上进行分拣作业，这种拣货策略是（　　　）。

A.分区策略　　　　B.订单分割策略　　C.订单分批策略　　D.分类策略

9.将订单切分成若干个子订单，交由不同的拣货区域同时进行分拣，这种拣货策略是（　　）。

A.分区策略　　　　B.订单分割策略　　C.订单分批策略　　D.分类策略

10.每一个时段由作业人员检查动管区货架上的商品存量，若低于设定标准马上补货，这种补货方式属于（　　）。

A.批次补货　　　　B.随机补货　　　　C.定时补货　　　　D.定量补货

（二）判断题

1.当用户之间的共同需求差异较大时，适合采取批量分拣。（　　）

2.当用户对订单的时间要求高时，适合采取批量分拣。（　　）

3.对于固定点的周期性配送可以采用总合计量分批的订单分批策略进行拣选。

（　　）

4.对于密集、频繁的订单适合采用时窗分批的方式进行拣选。（　　）

5.在配送中心最小的拣货单位是箱。（　　）

6.随机补货较适合每批次拣取量不大、紧急插单不多、一日内作业量不易事先掌握的情况。（　　）

7.批次补货比较适合一日内作业量变化不大、紧急插单不多或是每批次拣取量较大的情况。（　　）

8.定时补货比较适合分批拣货时间固定且处理紧急事务的时间也固定的情况。

（　　）

9.整箱补货适合体积小且少量多样出货的货品。（　　）

10.托盘补货适合体积不大、存货量不高，且多为中小量出货的货物。（　　）

（三）简答题

1.简述拣货信息传递的几种方式。

2.简述拣货作业的方法。

3.简述拣货策略的运用。

4.简述拣货路径的选取。

5.简述拣货行走和搬运的方式。

6.简述补货作业的过程。

二、案例研讨

仓储主管的拣货困境

黄豪是嘉农网络超市的仓储主管，他以ABC存货管理法解决了公司存货有的过多、有的不足的问题。现在仓库里所有的商品根据不同的销售特性进行了分类，每类设定了安全库存线，一旦出现缺货就马上通知供应商补货，并通知销售部经常进行促销处理，长期存放的冷门商品数量也得到了有效控制，仓库的管理比原来有序多了。

然而公司的促销活动让仓库重陷困境——销售量大大增加，导致送货不及时，客户投诉频繁。面对这些突如其来的问题，总经理杨波要求黄豪用3天的时间解决。作为本市最著名的网络超市的仓库主管，黄豪掌管着公司上百种货物的仓储及配送业务。由于该部门的重要性，黄豪一直都是直接向公司总经理杨波汇报情况。在黄豪的组织下，仓库的管理人员又根据工作内容的不同分成几个小组：收货组、存货管理组、发货组。收货组主要负责接收并且检验从不同供应商那里发来的货品数量是否正确、质量是否合格；存货管理组负责所有在库商品的保质期监督，及时把仓库各种货物的消耗情况汇报给黄豪，以便通知公司的采购部门及时补充必要的存货；发货组的任务是处理客户的订单，并且组织人力到仓库进行相应的拣货及配货工作，然后送交运输部门进行运送。黄豪仔细检查了一遍公司的存货，一切正常，并没有预想中的发生缺货导致不能准时发货的现象。那送货不及时的原因究竟是什么呢？

为了弄清楚事实，黄豪马上召集仓库各个小组的负责人开会，讨论出现问题的原因以及解决方案。收货组组长表示收货方面一切正常，所有订购的货品都按时送到公司的仓库并且完成入库；存货管理组组长则表示在库商品情况良好，过期损坏指数均在控制水平线内，并且库存商品足够应付每天的订单数量，没有缺货现象；发货组组长认为发货情况总体正常，只是由于每张订单所订购商品的品种和数量不同，所以有些时候订单处理很快，有些时候则会有一些延迟，工人比较吃紧。黄豪凭着多年的仓库管理经验，感觉可能这就是问题的关键所在。为了进一步了解情况，黄豪和发货组组长一起来到了仓库的拣货区。

拣货区在仓库的东端，紧靠着装货口，所有的订单都会在拣货区完成分拣、配货，然后由装货区发送。黄豪走进拣货区的时候，十多个工人正推着小货车，在这里穿梭往返。黄豪仔细地打量了一遍拣货区，食品区、饮料区、日用品区、电器区和礼品区的货物都有条不紊地堆放着，虽是有多有少，可都不至于太离谱，每个区有固定的员工负责该区商品的分拣。这种方法就是公司上个季度新推行的分区拣货法。经过试验，比起以前的单人拣货法的效率确实有不小的提升。

所谓单人拣货法，就是一张订单上所有商品的分拣都由一名拣货员完成，不管商品的种类数量是多少，这名拣货员会依次经过整个拣货区的各个区域进行拣货。黄豪接手以前，这里用的就是单人拣货法。分区拣货法则把整个拣货区分成几个区，每张订单都从食品区开始，而食品区的拣货员只负责分拣订单上所有的食品项目。当他完成所有食品的分拣后，就把订单交到食品区和饮料区之间的交接点。饮料区的拣货员会从交接点这里取得订单，继续进行订单上饮料的拣货。以此类推，订单依次经过日用品区、电器区和礼品区，最后到达装货区的时候，所有的商品分拣也就完成了。相比较而言，由于分区拣货法中拣货员所负责的范围较小，更容易熟悉自己分区内商品的分布，因此效率会比单人拣货法高。

另外，按照订单的次序进行拣货对后面的配送非常重要。送货队通常会根据不同的客户地址进行排序。为了避免重复搬运和移动，送货队对货物在车内存放位置的安排很有讲究：后送达的货物，因为要后取出，所以会先装车，尽量安排在车的靠里面的位置；反之，先送达的客户的货物要尽量靠近车门，方便提取，所以要后装车。所以当送货队有了客户排程之后，拣货部会按照送货的递序来排列订单，再发放给拣货工人依次分拣。这样就能保证分拣完的货物按照需要的顺序送到装车处，不用再花时间、人力进行调整排序，这也是分区拣货法的优点之一。

想到这里，黄豪禁不住佩服当时自己想出的这个好方法。黄豪最先到达食品区，眼前的景象让他很满意，三个拣货员聚集在一排货架前，正麻利地配着货。让他不解的是，拣货小车前进的速度却慢得像蜗牛爬。发货组组长见状，苦着脸说："今天订单里的食品需求量很大，我们的人手不够，瞧，还有那么多订单积压在那儿。"黄豪一扭头，果然看见食品区前面的小桌上堆积着厚厚的订单。

走过两排货架，就是饮料区，这里却是另一番光景。三个拣货员正闲坐着聊天，拣货车里空空如也，交接点上一张订单也没有。黄豪探了探头，发货组组长立马凑上来解释："这三个人是饮料组的，负责饮料的拣货，今天的订单上饮料的需求不多，所以他们暂时比较空闲。"黄豪觉得很奇怪，不是说人手不够吗？既然他们暂时空闲，为什么不多调些人手去食品组，少安排些人在饮料组？黄豪向发货组组长说明了自己的建议。

本以为这个问题可以这样轻松解决，可是发货组组长仍然苦着一张脸说："黄经理呀，每张订单包括的类目都是不确定的，现在您看到的这些订单大多是食品多、饮料少，所以出现了食品组忙得焦头烂额，而饮料组却闲得优哉游哉的情况。可有的时候情况是完全相反的，饮料多而食品少，我总不能老把人调来调去吧？"发货组组长叹了口气，既然开了口，索性就说清楚吧，也得让领导知道自己的难处。"因为我们无法预测下一张订单究竟是哪个组的商品比较多，所以人手很难调配。其实不光是食品区和饮料区，其他分区也存在同样的情况。由于每张订单上各类商品的比例不一样，造成不同分区的工作量分配变化很大。我们很难根据时刻变化的工作量在各个分区之间进行调度。在为每个拣货区的人员制定预算的时候考虑了这一因素，特意比计算所得多加了一点富余，前一阵子订单量不多的时候，问题还不是太严重。但是最近我们搞促销，每天订单数量增加很多，这个问题顿时就变得棘手了。虽然各组拣货员们开足马力，加班加点，但还是不能保证每张订单都能按时发出。"

"今天还有几张订单要完成啊？"想起食品区前面那厚厚的一叠订货单，黄豪也不禁有点焦急。

"今天从一大早开始忙，到现在也只出了150多张订单。黄经理，拣货员们已经很努力了。可是由于正在搞促销，订单比平时多了一倍有余，估计今天还有三四十张订单要赶。现在已经快下班了，天天安排大伙加班也不是办法，工人们已经开始抱怨了。要是长此以往，我真不知道该如何应对了。"发货组组长说了半天，却不知如何解决。

黄豪一时语塞，当时为嘉农的仓库设计这个分区拣货法，完全是参照自己以前公司的做法，没想到嘉农订单上的各类商品的需求变化这么大，自己真是疏忽了。看来现在没法及时配货怪不得工人们，也怪不得发货组组长调动不力，全是自己当初在设计这个方案时考虑不周呀。这么一想，黄豪顿感自责，不知该怎么办才好。面对管理层的压力、属下的抱怨，黄豪的内心变得烦躁不安。三天的时间一过，如果自己再拿不出好的解决办法，只怕公司不炒鱿鱼自己也没心思再干下去了。

前两天，黄豪曾和一个在软件公司工作的老朋友联系过。那个朋友正好提起他所在的公司在开发一套仓库管理系统，也许用计算机软件控制可以提高效率，解决仓库现在的问题。可是软件现在还只是处于开发阶段，三天内肯定是用不上了。增加人手似乎是最简单易行的方法，但是现在公司的预算十分紧张，如果财务部发现仓库时不时会有闲置的工人，怎么也不会同意再增加人手的。那么，继续加班加点顶过这段促销高峰时期呢？工人们会愿意吗？即使愿意也会给公司增加一大笔加班费用，到时候又怎么向财务交代呢？一个又一个问号闪过黄豪的脑海，让他百思不得其解。黄豪现在只希望有奇迹出现，能够解决这个棘手的问题。

资料来源　佚名. 案例：嘉农网络超市的存货难题［EB/OL］.［2023-06-03］. https：//wenku. baidu.com/view/82148ca0f524ccbff1218416.html.

结合以上案例，讨论下列问题：

1.建议采用角色扮演法，将案例故事编成一个情景剧。

2.简述案例中提到的单人拣货法和分区拣货法的操作过程。

3.分析案例中仓储主管黄豪的困境是什么，并帮助他提出相应的对策。

三、实战训练

1.实战技能点

拣货作业；补货作业。

2.实战任务

某配送中心主要为本地的一些中小超市进行日用品和食品的配送业务。5月1日下午4点前分别收到4个客户的订单，客户订货情况见表12-13，配送中心拣货区安全库存量标准见表12-14，配送中心拣货区现有库存量见表12-15。

表12-13　　　　　　　　　　　　客户订货情况

客户名称	商品种类	规格	单位	数量
A	蒙牛牛奶	250ml×25	箱	5
	光明牛奶	250ml×25	箱	3
	伊利牛奶	250ml×25	箱	5
	雕牌洗衣粉	1 500g×10	箱	5
	金龙鱼色拉油	1 000ml×10	箱	2
	葵花色拉油	1 000ml×10	箱	4
	雕牌洗洁精	1.5kg×5	箱	6
	中华牙膏	130g×20	箱	3
	佳洁士牙膏	130g×20	箱	4
B	蒙牛牛奶	250ml×25	箱	10
	光明牛奶	250ml×25	箱	5
	伊利牛奶	250ml×25	箱	4
	雕牌洗衣粉	1 500g×10	箱	5
	金龙鱼色拉油	1 000 ml×10	箱	5
	葵花色拉油	1 000 ml×10	箱	3
	雕牌洗洁精	1.5kg×5	箱	4
	中华牙膏	130g×20	箱	5
C	蒙牛牛奶	250ml×25	箱	6
	光明牛奶	250ml×25	箱	3
	伊利牛奶	250ml×25	箱	2

客户名称	商品种类	规格	单位	数量
C	雕牌洗衣粉	1 500g×10	箱	2
	金龙鱼色拉油	1 000ml×10	箱	4
	葵花色拉油	1 000ml×10	箱	5
	雕牌洗洁精	1.5kg×5	箱	1
	中华牙膏	130g×20	箱	2
	佳洁士牙膏	130g×20	箱	3
D	力士香皂	100g×10	箱	1
	蒙牛牛奶	250ml×25	箱	3
	光明牛奶	250ml×25	箱	3
	伊利牛奶	250ml×25	箱	2
	雕牌洗衣粉	1 500g×10	箱	2
	金龙鱼色拉油	1 000ml×10	箱	3
	葵花色拉油	1 000ml×10	箱	2
	雕牌洗洁精	1.5kg×5	箱	4
	中华牙膏	130g×20	箱	3
	佳洁士牙膏	130g×20	箱	3

表 12-14　　　　　　　　　　配送中心拣货区安全库存量标准

项次	品名	规格	单位	拣货区安全库存设定标准
1	蒙牛牛奶	250ml×25	箱	8
2	光明牛奶	250ml×25	箱	15
3	伊利牛奶	250ml×25	箱	10
4	雕牌洗衣粉	1 500g×10	箱	1
5	金龙鱼色拉油	1 000ml×10	箱	3
6	葵花色拉油	1 000ml×10	箱	5
7	雕牌洗洁精	1.5kg×5	箱	6
8	中华牙膏	130g×20	箱	3
9	佳洁士牙膏	130g×20	箱	2
10	张裕干红葡萄酒	560ml×6	箱	5
11	德芙巧克力	220g×6	箱	6
12	飘柔洗发水	400ml×12	箱	5
13	六神沐浴露	355ml×12	箱	6
14	六神花露水	255ml×12	箱	6
15	力士香皂	105g×24	箱	3
16	清爽漱口水	250ml×12	箱	2

表12-15　　　　　　　　　　　配送中心拣货区现有库存量

项次	品名	规格	单位	现有库存量
1	蒙牛牛奶	250ml×25	箱	10
2	光明牛奶	250ml×25	箱	20
3	伊利牛奶	250ml×25	箱	10
4	雕牌洗衣粉	1 500g×10	箱	3
5	金龙鱼色拉油	1 000ml×10	箱	5
6	葵花色拉油	1 000ml×10	箱	5
7	雕牌洗洁精	1.5kg×5	箱	6
8	中华牙膏	130g×20	箱	6
9	佳洁士牙膏	130g×20	箱	3
10	张裕干红葡萄酒	560ml×6	箱	5
11	德芙巧克力	220g×6	箱	6
12	飘柔洗发水	400ml×12	箱	5
13	六神沐浴露	355ml×12	箱	6
14	六神花露水	255ml×12	箱	6
15	力士香皂	105g×24	箱	6
16	清爽漱口水	250ml×12	箱	2

根据以上资料，完成下列任务：

（1）选择一种拣货方法，完成对以上4份订单的拣货作业。

（2）计算需要补货的品种和数量，确定补货时机，用托盘补货、整箱补货进行补货作业，可以将实训室划分为两个区域，货品用空箱子表示。补货操作结束后，撰写一份实训报告，包括补货的品种、数量，补货时机的选择及选择的理由，采用的补货方式等内容。

项目13 配送作业

【知识目标】

1.明确配货作业包含的工作内容；
2.明确车辆调度、车辆配载的原则；
3.掌握分货的方法；
4.掌握节约里程法；
5.掌握车辆配载的方法。

【能力目标】

1.能完成分货作业；
2.能进行配送路线规划；
3.能完成车辆调度任务；
4.能完成车辆配载任务；
5.能完成送货作业。

【素养目标】

1.培养爱岗敬业的职业精神；
2.培养成本节约意识。

任务13.1 配货作业

【任务描述】

配货作业是配送作业的第一个环节，它是指把拣取完成的货品经过配货检查后，装入容器并做好标识，再运到配货准备区，待装车后发送。《国务院办公厅关于进一步加强商品过度包装治理的通知》提出："推行快递包装绿色产品认证，推广使用绿色快递包装……推动包装企业提供设计合理、用材节约、回收便利、经济适用的包装整体解决方案，自主研发低克重、高强度、功能化包装材料及其生产设备，创新研发商品和快递一体化包装产品。"昌荣物流公司积极响应国家绿色低碳号召，决定在配货包装环节进一步推广绿色包装。

要求：结合国家相关政策，撰写一份实施绿色包装的策略方案。

【任务知识】

13.1.1 分货作业

分货就是把拣货完毕的商品按用户或配送路线进行分类的工作。分货一般有三种方式。

1）人工分货

人工分货是指所有分货作业过程全部由人根据订单或拣货单自行完成，而不借助任何电脑或自动化的辅助设备。人工分货效率较低，适合于品种单一、规模较小的情形。

2）自动分货机分货

自动分货机分货是指利用计算机和自动分辨系统完成分货工作。这种方式不仅快速、省力，而且准确，尤其适合于多品种、业务繁忙的情形。无人仓中的分拣机器人已大量投入使用，自动分货机的工作步骤如下：

（1）将有关货物及分类信息通过信息输入装置输入自动控制系统。

（2）自动识别装置对输入的货物信息进行识别。

（3）自动分货机根据识别结果将货物分类后送至不同的分类系统。

3）旋转架分货

旋转架分货是指利用旋转货架完成分货工作，其工作步骤如下：

（1）将旋转货架的每一格当成相应客户的出货箱。

（2）作业人员在计算机中输入各客户的代号。

（3）旋转货架自动将货架转至作业人员面前。

这种方式属于半自动化操作，相较于人工分货一方面提高了工作效率，另一方面节省了成本。

13.1.2 配货检查

拣取的货物经过分类、集中后，需要根据客户、车次对象等对拣选货品的产品号码及数量进行核对，对产品状态及品质进行检验，以保证发运前货物的品种正确、数量无误、质量及配货状态正确。配货检查属于确认拣货作业是否产生错误的处理作业。

目前，配货检查常用的方法有以下几种：

1）人工检查

出货检查最简单的方法就是人工检查，也就是将货品一个个点数并逐一核对出货单，进而查验出货品的品质及状态。就货品的品质及状态检验而言，纯人工方式很难将问题全部找出，即使多次检查，耗费了许多时间，错误也可能依然存在。

2）商品条形码检查法

导入条形码，让条形码跟着货物。利用条形码扫描器读取移动着的货物条形码，计算机自行统计扫描信息，并与出货单进行对比，从而检查货物数量和编号是否有误。这种检查方法相对于人工检查效率高、出错率低。

3）声音输入检查法

当物流人员发声读出货物名称、代码和数量后，计算机接收声音并自动判别，转换成资料信息后，与出货单进行对比，从而判断是否有误。这种方法效率高，但要求作业人员发音准确，且每次发音字数有限，否则会造成计算机识别困难，进而产生错误。

4）重量计算检查法

利用计算机计算出货单上的所有货物的总重量，再将计算结果与称出的货物的实际重量进行核对。利用装有检查系统的拣货台车拣货，在拣取过程中就能对所拣商品进行检查，拣货人员每拣取一样货品，台车上的计重器就会自动显示其重量并进行查对。由于这种方法在拣货时就可以完成检查，因此可以省去事后检查的工作，而且效率及正确性都比较高。

13.1.3　包装

微课 13-1

货物包装

1）包装的含义

包装就是对配送货物进行重新包装、打捆、印刷标识等作业，是货物流通加工作业的一种。这种包装可起到保护货物、降低货损、提高运输效率、指导装卸搬运作业及便于收货人识别等作用。

《物流术语》（GB/T 18354—2021）对包装的定义为：包装（package/packaging）是为在流通过程中保护产品、方便储运、促进销售，按一定技术方法而采用的容器、材料及辅助物等的总体名称（注：也指为了达到上述目的而采用容器、材料及辅助物的过程中施加一定技术方法等的操作活动）。包装根据其目的不同可以分为销售包装和运输包装。销售包装是直接接触商品并随商品进入零售网点和消费者或用户直接见面的包装，以促进销售为主要目的。

《物流术语》（GB/T 18354—2021）对运输包装的定义为：运输包装（transport package）是以满足运输、仓储要求为主要目的的包装。

配送作业中的包装主要是指运输包装，其主要作用是保护货物并将多个零散包装物品放入大小合适的箱子中，以实现整箱集中装卸、成组化搬运等，同时减少搬运次数，降低货损，提高配送效率。

延伸阅读 13-1

100 年前青岛啤酒的包装

青岛啤酒博物馆陈列着一个德国人使用过的啤酒箱（如图 13-1 所示），这是当年用的 600mm×400mm 的木箱，里面用秸秆做成保护套防止啤酒瓶相互碰撞，既环保又标准。青岛啤酒厂是 1903 年建立的，这个木箱应该有 100 多年的历史了。

图13-1　青岛啤酒箱

资料来源　左新宇. 供应链视角下的物流包装单元系统［EB/OL］.［2021-02-12］. https：//www.163.com/dy/article/FUVD0IVI0538FFK2.html.

2）包装作业工作流程

（1）明确包装材料要求。

在正式包装之前，包装工作人员必须明确包装的具体要求，包括对包装材料、包装技术等的要求。

包装材料要求包括对包装材料的类别、规格及型号等方面的规定。在配送中用到的包装材料见表13-1。

表 13-1　　　　　　　　　　　　　　　包装材料一览表

材料名称	具体内容
纸质材料	包括牛皮纸、玻璃纸、植物羊皮纸、沥青纸、板纸和瓦楞纸等
木质材料	包括各种箱、桶、托盘等
塑料材料	主要有聚乙烯、聚丙烯、聚苯乙烯、聚氯乙烯等
金属材料	应用较多的包括镀锡薄板、涂料铁、铝合金等金属材料
复合材料	包括纸基复合材料、塑料基复合材料、金属基复合材料

（2）明确包装技术要求。

在配送作业中，常用的包装技术有以下几种：

①防震包装技法。

防震包装技法又称缓冲包装技法，是指使包装物品免受外界的冲击力、振动力等作用，从而防止损失的包装技术和方法。产品在流通过程中发生破损的主要原因是受到运输中的振动、冲击以及在装卸搬运作业过程中的跌落等外力作用。不同产品承受外力作用的程度是不同的，但是如果超过一定的程度都会发生破损。为保护产品，使外力不完全作用在产品上，必须采用某些防震的包装技法。

防震包装技法一般分为全面防震、部分防震和悬浮式防震三类。全面防震是指产品或内包装的整个表面都用缓冲材料衬垫的包装方法，如压缩包装法、浮动包装法、裹包包装法、模盒包装法以及就地发泡包装法等；部分防震是指仅在产品或内装物的拐角或局部地方使用缓冲材料衬垫，这种技法对整体性好的产品或有内包装容器的产品特别适用；悬浮式防震是指先将产品置于纸盒中，产品与纸盒间各面均用柔软的泡沫塑料衬垫妥当，盒外用帆布包缝或装入胶合板箱，然后用弹簧张吊在外包装箱内，使其悬浮吊起，这样弹簧和泡沫塑料同时起缓冲作用。常见的防震减压材料有气泡膜和气柱袋，如图13-2所示。

图13-2　气泡膜、气柱袋

②防潮包装技法。

防潮包装技法就是采用防潮材料对产品进行包装，以隔绝外部空气相对湿度变化对产品的影响，使包装内的相对湿度符合产品的要求，从而保持产品质量。所以，防潮包装技法要达到的目标是保持产品质量，采取的基本措施是以包装来隔绝外部空气中湿度变化的影响。

实施防潮包装是用低透湿度或透湿度为零的材料将被包装物与外界潮湿空气相隔绝，所以凡是能阻止或延缓外界潮湿空气透入的材料均可用作防潮阻隔层材料，如金属、塑料、陶瓷以及经防潮处理的棉、麻、木材等。在现代防潮包装中，应用最为广泛的材料为聚乙烯、聚丙烯、聚氯乙烯、聚苯乙烯、聚酯等。

主要的防潮包装技法有刚性容器密封包装、加干燥剂密封包装、不加干燥剂密封包装、多层密封包装、复合薄膜真空包装、复合薄膜充气包装和热收缩薄膜包装等。

在具体进行防潮包装时，应注意以下几个方面：

A.产品在包装前必须清洗干净，并进行干燥处理；

B.产品有尖突部位可能损伤防潮隔层时，应预先采取包扎等保护措施；

C.防潮阻隔性材料必须无针孔、砂眼、气泡以及破裂等现象；

D.为防止在运输途中因震动和冲击使内装物发生移动、摩擦等损伤防潮阻隔层材料，应使用缓冲衬垫材料予以支撑和固定，并尽量将其放在防潮阻隔层的外部；

E.应尽量缩小内装物的体积和防潮包装的面积，尽可能使包装表面积与体积的比率达到最小；

F.应尽量做到连续操作，一次完成包装；

G.包装场所应清洁干燥，温度、湿度适宜，防潮包装的封口须具有良好的密封性。

③防锈包装技法。

防锈包装技法是运输、储存金属制品与零部件时，为了防止其生锈而降低价值或性能所采用的包装技术和方法。防锈包装技法的主要保护对象是机电设备、金属制品等容易生锈的物品。

常见的防锈包装技法有防锈油防锈蚀包装技术和气相防锈包装技术。

A.防锈油防锈蚀包装技术。大气锈蚀是空气中的氧、水蒸气及其他有害气体等作用于金属表面引起电化学作用的结果，如果使金属表面与引起大气锈蚀的各种因素隔绝，就可以达到防止金属被大气锈蚀的目的。防锈油包装技术就是根据这一原理将金属涂封防止锈蚀的。用防锈油封装金属制品时，要求油层有一定的厚度，油层的连续性好，涂层完整，且不同的防锈油要采用不同的方法进行涂覆。

B.气相防锈包装技术。气相防锈包装技术就是用气相缓蚀剂（挥发性缓蚀剂）在密封包装容器中对金属制品进行防锈处理的技术。气相缓蚀剂是一种能减慢或完全停止侵蚀性介质对金属的破坏过程的物质，它在常温下具有挥发性，在密封包装容器中可在很短的时间内挥发或升华出缓蚀气体并充满整个包装容器，同时吸附在金属制品的表面上，从而起到抑制大气对金属锈蚀的作用。

防锈包装技法还要按清洗、干燥、防锈处理和包装等步骤逐步进行。清洗是尽可能消除后期生锈原因的必不可少的一步，根据需要又可细分为脱脂和除锈两个阶段；干燥是指消除清洗后残存的水和溶剂的工作，干燥应进行得迅速、可靠，否则将使清洗工作变得毫无意义；防锈处理是指清洗、干燥后，选用适当的防锈剂对金属制品进行处理的阶段，这是最根本、最重要的工作，在缺少适当的防锈剂或防锈剂应用得不理想时，应代以密封防锈处理；最后是包装阶段，这一阶段除了要保持防锈处理效果、保护制品不受物理性损失、防止防锈剂对其他物品造成污染之外，还要达到便于储运和提高商品价值的目的。

（3）领取包装材料。

包装工作人员在明确了包装材料要求和技术要求后，需要到有关部门领取包装材料及用品，包括包装纸、包装袋和包装机等。领取包装材料时一般要完成以下工作：

①填写领料单和材料请购单。

领取包装材料时，应按事先制定的材料消耗定额如实填写领料单，按公司规定的权限报相关人员审批后，将领料单提交给包装材料仓库管理员。

若所需的材料库存不足，则需要及时填写材料请购单，按公司规定权限报相关人员审批后，提交给采购部门进行采购。

②到指定仓库领料。

包装材料仓库管理员接到领料单后，应快速核实材料的库存是否能够满足需求，检查领料单的审批手续是否齐全，并按规定发料。

包装人员在接到仓库管理员的领料通知后，按时到仓库领料，并把材料按类别完整地运回包装作业区。

（4）开展包装作业。

在开展包装作业时一般按以下3个步骤进行：

① 实施包装。

包装人员在领取包装材料和包装用具后，即可开展具体的包装作业，将货物装进包装容器，按照统一规定的标准完成拼装、分装、换装、包扎、打捆以及加固等作业。

② 填写包装清单。

包装完毕后，包装人员应认真填写包装清单，将其连同包装的货物一起放进相应的包装容器内。

③ 进行封装。

将包装件、包装清单放入包装容器后，使用专业工具或封装设备将包装容器封起来，确保货物在配送过程中的安全性。

3）包装合理化

（1）包装的轻薄化。

由于包装只是起保护作用，没有增加产品的使用价值，因此，在强度、寿命、成本相同的条件下，更轻、更薄、更短、更小的包装可以节约材料，提高装卸搬运的效率，而且轻、薄、短、小的包装一般价格比较便宜。

（2）包装的单纯化。

为了提高包装作业的效率，包装材料及规格应力求单纯化，包装形状和种类也应单纯化。包装材料品种少，易于管理和减少浪费；包装形状和规格单一，有利于提高作业的效率，实现机械化。

（3）包装要符合集装单元化和标准化的要求。

集装单元化和标准化是包装过程中必须考虑的问题。因为只有包装规格尺寸一致，才能实行模块化包装；只有包装实现了单元化和标准化，才能批量化作业；只有有了批量化装卸搬运、保管和运输，才能提高工作效率、节约费用，物流才能实现机械化和自动化。集装单元化和标准化是现代化物流的重要标志，也是单元化物流的基础。

（4）包装的机械化与自动化。

为了提高作业效率和包装现代化水平，各种包装机械的开发和应用是很重要的。由于被包装物品种极其繁多，包装材料和包装方法也各不相同，因而出现了各式各样的包装机械。其中有高度自动化的，也有半自动化的和手动的。一个相当庞大的包装机械产业可以为各种产品提供包装服务。

（5）包装绿色化。

包装绿色化包括减少对环境的污染和对包装材料的浪费等方面。因此，在包装过程中应尽量选用对环境污染少的材料，提高包装材料的再利用程度，减少过度包装。

13.1.4　张贴标签

为了便于作业人员快速辨认、识别货物，也为了便于对货物进行在途跟踪、运输、交接、装卸搬运、核查清点等作业，封装完毕后，需要在外包装容器上贴上有文字或图像说明的标签，包括包装标记和包装标志。

1）张贴物流包装标记

物流包装标记是根据货物本身的特性，按有关规定用文字、图形、表格等标明的标记，主要包括货物名称、数量、质量、规格尺寸、出厂时间、进出口公司名称、货物类别等。

根据内容的不同，物流包装标记可分为4类，见表13-2。

表13-2   物流包装标记的类型

名称	项目及作用
一般描述性标记	包括货物的名称、规格、型号、计量单位、数量、重量、出厂日期、地址等，对于时效性较强的货物还要写明成分、保质期等，主要用来说明货物实体的基本情况
收发货地点和单位标记	用来表明货物起运、到达地点和收发货单位等的文字记号，在铁路运输中经常被采用。这种标记主要有3个作用：加强保密性，有利于物流中货物的安全；减少签订合同和运输过程中的翻译工作；在运输中起导向作用，可以减少错发、错运等事故的发生
牌号标记	用来说明货物名称的标记，一般不提供有关货物的其他信息，一般印制在包装的显著位置
等级标记	用来说明货物质量等级的记号，常用"一等品""优质产品"等字样

2）张贴货物包装标志

货物包装标志指用来表明货物性质、物流活动安全及理货、装卸、搬运、分运等作业需要的文字和图像记号。其作用在于方便作业人员辨识货物，并进行正确操作，以保证人员及货物的安全。

货物包装标志主要包括运输标志、指示性标志、警告性标志（又称危险货物包装标志），具体内容见表13-3。

表13-3   货物包装标志的类型和具体内容

标志分类	具体内容
运输标志	目的港、目的地； 收货人或发货人的代号：多用简单的几何图形，如三角形、圆形等，图形内外印刷上字母表示发货人和收货人名称的代号； 件号、批号：对每件包装编排顺序号，由顺序号和总件号组成，通常写成x/y形式（前面的x代表该批货物的第x件，后面的y代表本批货物的总件数）
指示性标志	包括"易碎物品""向上""怕晒""由此吊起""禁止堆码"等（可参见项目5中的包装储运图示标志）
警告性标志	凡在运输包装内装有爆炸品、易燃物品、有毒物品、腐蚀物品、氧化剂和放射性物质等危险货物时，都必须在包装上标明各种危险品的相应标志

3）包装标志的要求与使用

（1）按照国家相关标准和有关部门的规定办理。我国对物资包装标记和标志所使用的文字、符号、图形以及使用方法，都有统一的规定。例如，《包装储运图示标志》（GB/T 191—2008）对包装储运图示标志的名称、图形符号、尺寸、颜色及应用方法都有明确的规定。

（2）必须简明清晰、易于辨认。包装标记和标志要文字少、图案清楚、易于制作、一目了然、方便查对。标记和标志的文字、字母及数字号码的大小应和包装件的标记和标志的尺寸相称，笔画粗细要适当。

（3）要选用明显的颜色作标记和标志。制作标记和标志的颜料应具备耐温、耐晒、耐摩擦等性能，以免发生褪色、脱落等现象。

（4）标志外框为长方形，其中，图形符号外框为正方形。标志外框尺寸分为4种，即 50mm×70mm、100mm×140mm、150mm×210mm、200mm×280mm。

（5）标志的标打，可采用印刷、粘贴、挂挂、钉附及喷涂等方法。印刷时，外框线及标志名称都要印上；喷涂时，外框线及标志名称可以省略。

（6）箱状包装的标志位于包装明显处；袋、捆包装的标志位于桶身或桶盖；桶形包装的标志位于桶身或桶盖；集装箱、成组货物的标志要粘贴4个。

（7）标志的文字书写应与底边平行；出口货物的标志，应按外贸的有关规定办理；粘贴的标志应保证在货物储运期内不脱落。

（8）运输包装件需标打何种标志，应根据货物的性质正确选用。

13.1.5　包装检验

包装检验是指根据订单及包装的作业标准对货物的内外包装进行检验，主要包括以下内容：

1）选择检验方式

检验方式包括一般抽检和当场检验两种方式，在检验前应根据货物的性质及有关规定选择好检验方式。

2）核对包装标志、标记和号码等

检验时应核对包装上的包装标志、标记和号码是否与订单及相关运输要求一致。

3）检查包装的完好性和安全性

检查包装物等是否有破损，检查货物内外包装是否牢固、完整、安全等。

4）出具包装检验报告

根据检验结果出具检验报告。

同步训练 13-1

请列举常用的包装技术。

【任务实施】

步骤1：查找我国绿色物流的相关政策制度，如《邮件快件包装管理办法》《关于加强快递绿色包装标准化工作的指导意见》《深入推进快递包装绿色转型行动方案》等。

步骤2：结合政策制度和物流作业特点，梳理实施绿色物流的措施，如优化包装设计，推广可重复使用的中转袋、可循环使用的包装箱，减少一次性塑料或纸质包装袋的使用等。

步骤3：撰写方案，包括目的、策略、预期目标、时间表等要素。

任务 13.1

实施提示

任务13.2 路线优化

【任务描述】

昌荣配送中心4月15日需完成7个客户订单的配送。客户的订单货品总质量情况见表13-4，配送中心和客户之间的距离见表13-5（A表示配送中心，P表示配送点，7个客户的配送点用P_1，P_2，…，P_7表示），配送中心有6辆配送车可供调度，配送车辆信息见表13-6。请用节约里程法设计配送里程最小的配送路线。

表13-4　　　　　客户的订单货品总质量

客户配送点	订单货品总质量（千克）
P_1	120
P_2	300
P_3	100
P_4	100
P_5	270
P_6	200
P_7	180

表13-5　　　　　配送中心与客户之间的里程表　　　　　单位：千米

距离矩阵	A	P_1	P_2	P_3	P_4	P_5	P_6	P_7
A	0							
P_1	24	0						
P_2	38	31	0					
P_3	26	8	37	0				
P_4	26	8	23	15	0			
P_5	27	45	38	49	42	0		
P_6	33	30	9	37	24	32	0	
P_7	29	5	30	9	10	49	31	0

表13-6　　　　　配送车辆信息

车辆类型	额定载重	数量
车型 Ⅰ	500kg	2
车型 Ⅱ	800kg	2
车型 Ⅲ	1 000kg	2

【任务知识】

13.2.1　优化路线的目标

总体而言，优化路线的终极目标是实现配送效率最大化，既能降低配送成本，又能满足客户对配送时间和配送质量的要求。在不同情形下，优化路线的具体目标会有所侧重。优化路线主要有以下具体目标：

（1）以效益最高为目标，计算时以利润数值最大为目标；

（2）以成本最低为目标，实际上也是选择了以效益为目标；

（3）以路程最短为目标；

（4）以每吨每千米的费率最低为目标；

（5）以准确性最高为目标，它是配送中心重要的服务指标。

13.2.2　配送路线的约束条件

在进行路线优化时，有时可能规划出一条最佳的路线却实施不了，如配载量超过了车辆的载重量、配送时间未能达到客户要求等。因此，在规划最优路线时，要充分考虑可能存在的约束条件。一般来说，配送路线会受到以下约束条件的影响：

（1）要满足所有收货人对货物品种、规格、数量的要求；

（2）要满足收货人对货物到达时间范围的要求；

（3）要在允许通行的时间范围内进行配送；

（4）各配送路线的货物量不得超过车辆容积和载重量的限制；

（5）要在配送中心现有运力允许的范围内配送。

同步训练 13-2

请分析在配送作业中需要考虑的约束条件。

13.2.3　路线优化的方法

1）节约里程法的原理

节约里程法又称车辆运行计划（vehicles scheduling program，VSP）法，它的基本原理是三角形的一边之长必定小于另外两边长度之和，其原理如图 13-3 所示。假设配送中心 P 向 A 和 B 两点送货，配送中心到 A 的距离为 L_1，配送中心到 B 的距离为 L_2，而 A 和 B 之间的距离为 L_3。如果配送中心分别将货物配送到 A 和 B，则配送的路线距离为 $L_1+L_1+L_2+L_2$；而如果配送中心先将货物配送到 A，然后到 B，最后回到配送中心，则配送的路线距离为 $L_1+L_2+L_3$。显然，$L_1+L_1+L_2+L_2>L_1+L_2+L_3$，节约的里程为 $L_1+L_2-L_3$。

微课 13-2

配送路线
优化

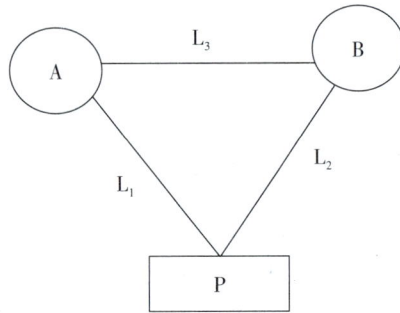

图13-3　VSP法原理图

2）节约里程法的计算步骤

节约里程法分为3个步骤：

第一步，计算出各配送点两两组合的节约里程数；

第二步，按节约里程数大小排序；

第三步，根据约束条件及节约里程数的大小确定最优配送路线。

【例13-1】假设配送中心A向7个用户（分别用P_1，P_2，…，P_7表示）配送货物，其配送路线网络图如图13-4所示，运输里程表见表13-7。图13-4中括号内的数字表示客户的需求量，表13-7中的数字表示两节点之间的距离。现在配送中心有2辆载重4吨的卡车和2辆载重6吨的卡车可供使用。请用节约里程法制订最优的配送方案。

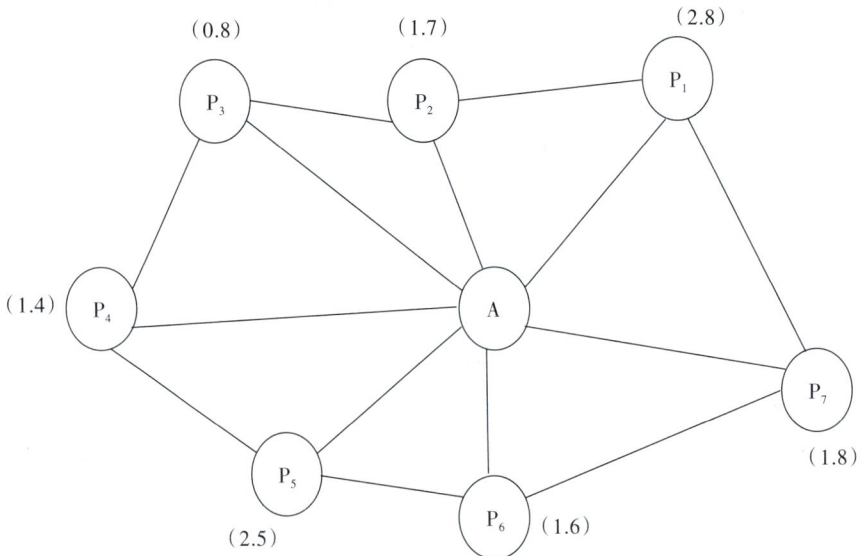

图13-4　配送路线网络图

（1）根据运输里程表，按节约里程公式，求出相应的节约里程数，见表13-8（计算时可采用Excel相对引用和绝对引用函数工具）。

表13-7   运输里程表   单位：千米

需要量（吨）	A							
2.8	8	P_1						
1.7	4	5	P_2					
0.8	11	9	4	P_3				
1.4	12	16	11	7	P_4			
2.5	5	13	9	13	10	P_5		
1.6	15	22	18	22	19	9	P_6	
1.8	19	27	23	30	30	20	11	P_7

表13-8   节约里程数表   单位：千米

需要量（吨）	A							
2.8	8	P_1						
1.7	4	7	P_2					
0.8	11	10	11	P_3				
1.4	12	4	5	16	P_4			
2.5	5	0	0	3	7	P_5		
1.6	15	1	1	4	8	11	P_6	
1.8	19	0	0	0	1	4	23	P_7

（2）按节约里程数的大小排序，见表13-9。

表13-9   节约里程排序表

序号	路线	节约里程（千米）	序号	路线	节约里程（千米）
1	P_6P_7	23	9	P_2P_4	5
2	P_3P_4	16	10	P_3P_6	4
3	P_2P_3	11	11	P_1P_4	4
4	P_5P_6	11	12	P_5P_7	4
5	P_1P_3	10	13	P_3P_5	3
6	P_4P_6	8	14	P_1P_6	1
7	P_4P_5	7	15	P_2P_6	1
8	P_1P_2	7	16	P_4P_7	1

（3）按节约里程数大小及配送中心车辆的约束条件，组成配送路线图，如图13-5所示。

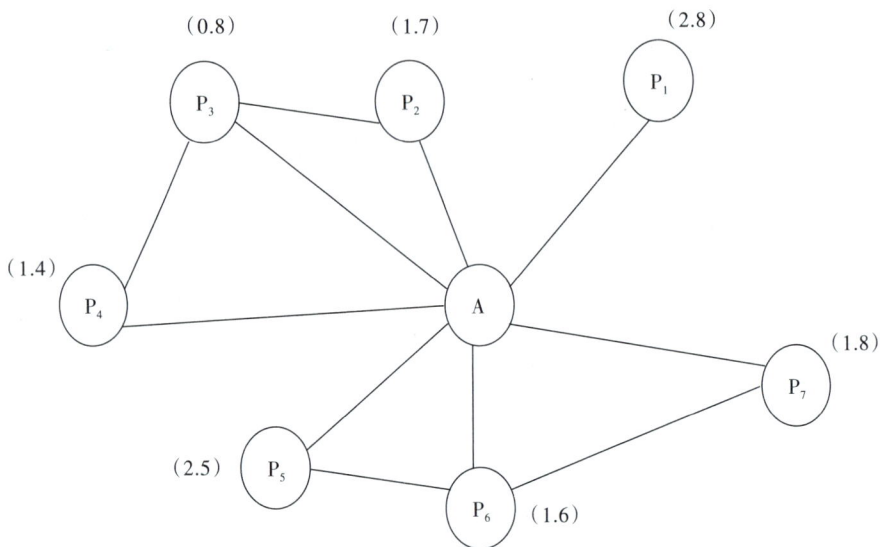

图13-5 配送路线图

配送路线有以下3条：

①P_5—P_6—P_7组成共同配送，节约里程为34千米（11+23），配送重量为5.9吨（2.5+1.6+1.8），使用1辆6吨载重车配送。

②P_4—P_3—P_2组成共同配送，节约里程为27千米（16+11），配送重量为3.9吨（1.4+0.8+1.7），使用1辆4吨载重车配送。

③P_1单独送货，配送重量为2.8吨，使用一辆4吨载重车配送。

优化后的配送路线，共节约里程△S为61千米（34+27）。

延伸阅读13-2

MILK RUN （循环取货）

我们称MILK RUN为"牛奶取货"或"循环取货"，其名称来自牛奶公司每天清晨挨家挨户地在牧场收购牛奶。循环取货模式是一种制造商用同一货运车辆从多个供给处取零配件的操作模式，具体运作方式是卡车每天在固定的时刻，从制造企业的工厂或者集货、配送中心出发，到第一个供给商处装上预备发运的原材料，然后按事先设计好的路线到第二家、第三家，以此类推，直到装完所有安排好的材料再返回。这样做省去了所有供给商空车返回的浪费，同时使物料能够及时供给。节约里程法吸收了循环取货的思想，在给客户配送时将多个客户的货物配载在一辆车上，按事先设计好的路线配送给不同的客户，直到配送完车辆上所有客户的货物再回到配送中心。

【任务实施】

任务13.2

实施提示

步骤1：计算出各配送点两两组合的节约里程数（用Excel计算）。

步骤2：按节约里程数大小排序。

步骤3：根据约束条件及节约里程数的大小确定最优配送路线。

任务13.3 运送作业

【任务描述】

运送作业主要是在规划好路线的基础上，根据同一路线客户货物的载重量，对配送中心车辆进行调度和配载，在规定的时间内及时、准确地将货物运送到客户手中。昌荣配送中心接到一份订单，需要配送两个类别的汽车配件产品。其中，A配件容重为50KG/立方米，单件体积为0.45立方米；B配件容重为1 000KG/立方米，单件体积为0.5立方米。配送中心箱式配送车辆的额定载重为4吨，车辆最大容积为15立方米，有效容积为80%。

要求：请进行合理配载，实现有效利用车辆的容积和载重量。

【任务知识】

13.3.1 车辆调度

1）车辆调度原则

（1）按制度调度。

坚持按制度办事，按车辆使用的范围和对象派车。

（2）科学合理调度。

所谓科学性，就是要掌握单位车辆使用的特点和规律。所谓合理性，就是要按照现有车辆的行驶方向，选择最佳行车路线，不跑弯路和绕道行驶；不在一条线路上重复派车。一般情况下，车辆不能一次派完，要留备用车辆，以备急需。

（3）灵活机动。

所谓灵活机动，就是在制度没有明确规定而确定需要用车的紧急情况下，要从实际出发，灵活机动，恰当处理，不能误时误事。

微课13-3

车辆调度

2）车辆调度的程序

（1）车辆安排。

车辆安排要解决的问题是指安排什么类型、吨位的配送车辆，由哪个司机负责送货。

（2）配送路线。

明确每辆车负责配送的具体客户后，还要确定如何以最快的速度完成对这些货物的配送，即如何选择配送距离短、配送时间短、配送成本低的路线，这需根据客户的具体位置、沿途的交通情况等做出优先选择和判断。

（3）调度配送人员及车辆。

货物配好后，调度人员应根据事先制订的配送计划分配配送任务，进行配送调度作业。

（4）出车。

送货人员必须完全根据物流人员的送货作业指示（出车调派单）执行出车送货作业任务。送货人员接到出车指示后，应将车辆开到指定的装货地点，与仓库管理员、出货人员在出货区清点、交接货物。

13.3.2　车辆配载

微课13-4

装车配载

1）影响车辆配载的因素

（1）货物本身的特性。

配载时需考虑货物的物理性质及化学性质，如需要考虑重货与轻泡货的搭配装载。在物流行业中，一般按货物的密度将货物分为轻泡货和重货。轻泡货就是体积较大、质量较轻的货物。重货就是质量较重、体积相对小的货物。我国现行规定为：凡每立方米货物的重量大于1吨的为重货，小于1吨的为轻泡货。在配载时要充分考虑货物的特性，从而充分利用好车辆容积。由于货物本身的特征不同，因此有些货物不能拼装在一起，如某些货物的理化性质相抵触或可能串味，就不能放在一起配载。

延伸阅读13-3

重货与轻泡货的区别

重货与轻泡货的界定对于计算运费有着很大的影响，但不同的运输方式有不同的规定。在公路运输中，规定每立方米不足333千克的货物为轻泡货。在航空运输中，规定每6 000立方厘米或每366立方英寸不足1千克的货物为轻泡货。在海运中，我国现行规定为，每立方米货物的重量大于1吨的为重货，小于1吨的为轻泡货。

在国际航运计费业务中，为使承运人和托运人之间合理地结算运费，货物的计费吨分重量吨和体积吨（或尺码吨、容积吨）。重量吨为货物的毛重，以1吨为1重量吨；体积吨为货物"满尺丈量"的体积，以1立方米为1体积吨。凡货物积载因数小于1.1328立方米/吨或40立方英尺/吨的货物，称为重货；凡货物积载因数大于1.1328立方米/吨或40立方英尺/吨的货物，称为轻泡货。货物积载因数是指某种货物每一吨重量所具有的体积或在船舶货舱中正常装载时所占有的容积。

（2）货物包装尺寸和车辆尺寸。

配载时要充分考虑货物的包装尺寸和车辆尺寸，尽量让车辆尺寸和货物包装尺寸成倍数关系。

（3）相关法规规定 。

货物的运输要遵守相关的法律规定。例如，有关危险品运输的规定要求：危险货物不得与普通货物混装；运输剧毒、爆炸、强腐蚀性的危险货物的非罐式专用车辆，其核定载重量不得超过10吨。

2）车辆配载的原则

（1）安全原则。

在装载时，要注意安全性，如货与货之间、货与车辆之间应留有空隙并适当衬垫，以防止货损；装货完毕，应在门端处采取适当的稳固措施，以防开门卸货时货物倾倒造成货损。

（2）合理搭配原则。

装载时要合理搭配货物：要进行包装大小搭配，可以充分利用车辆空间；要做到轻重货物搭配，同时应将重货放置于底部，避免重货压坏轻货，并保证货物的重心下移，从而保证运输的安全性；要考虑货物性质搭配，拼装在一起的货物，要充分考虑其化学和物理性质，化学及物理性质相抵触的货物不能拼装在一起。

（3）一次积载原则。

如果货物到达同一地点又适合配装在一起，应尽可能考虑将这些货物一次积载完毕。

（4）"后送先装"原则。

拼装时，一般将后送的货物先装在里面，先送的货物后装在外面，以便于卸货。这是配载最基本、最重要的原则。

同步训练 13-3

阐述"合理搭配原则"包含的内容。

3）车辆配载的计算方法

在配载中，对于重质货物来讲，基本上都能较容易实现100%的满载率。如果将重质货物和轻质货物混装，则可以使车辆的容积和载重量都得到充分利用，但这往往有一定的难度。

假设车辆可用容积为V，核定载重量为W，现要装载单位质量体积为R_a和R_b的两种货物，如何配载才能使车辆的载重量和容积得到充分利用呢？其基本原理就是两种货物的重量之和等于车辆核定载重量，两种货物所占车辆容积之和等于车辆可用总容积。

设：两种货物的配装重量分别为W_a和W_b，可以得出下列式子：

$W_a + W_b = W$

$W_a R_a + W_b R_b = V$

由以上两个式子可以得出：

$$W_a = \frac{V - WR_b}{R_a - R_b}$$

$$W_b = \frac{V - WR_a}{R_b - R_a}$$

【例 13-2】某建材配送中心需要为某一客户运送水泥和玻璃两种货物，已知水泥的单位质量体积为0.9m³/t，玻璃的单位质量体积为1.6m³/t。假设所使用车辆的载重量为12t，容积为16m³，如何装载才能使车辆的载重量和容积都得到充分利用？

设：水泥的装载量为W_a，玻璃的装载量为W_b。

已知 $V = 16m^3$，$W = 12t$，$R_a = 0.9m^3/t$，$R_b = 1.6m^3/t$，则：

$$W_a = \frac{V - WR_b}{R_a - R_b} = \frac{16 - 12 \times 1.6}{0.9 - 1.6} = 4.6 \ （t）$$

$$W_b = \frac{V - WR_a}{R_b - R_a} = \frac{16 - 12 \times 0.9}{1.6 - 0.9} = 7.4 \ （t）$$

由以上计算可知，该车辆装载4.6吨水泥和7.4吨玻璃时实现满载。

需要注意的是：使用该种方法的前提是车辆的容积系数介于所要配载的货物容重比之间。如果所需装载的货物的质量、体积都大于或都小于车辆的容积系数，则只能满足容积或载重量。当存在多种货物需要配载时，可以将货物比重与车辆容积系数相近的货物先配载，剩下两种最重的和最轻的货物进行配载。

13.3.3　送达服务

车辆调度配载完成，按约定时间开展送达服务。物品交货配送时，通常附上送货单给客户清点签收。因为送货单主要是给客户签收、确认的出货资料，其正确性及明确性很重要。要确保送货单上的资料与实际送货资料相符，除了要进行出货前清点外，出货单的打印时间及一些订单异动情形，如缺货品项或缺货数量等，也需打印注明。送货单的格式见表13-10。

表13-10　　　　　　　　　　　　　　　送货单

送货单号码：　　　　　　　　　　　　送货时间：
送货单位：　　　　　　　　　　　　　收货单位：
收货时间：　　　　　　　　　　　　　收货人：　　　　　（签字）

序号	品名	规格及型号	数量	重量	单价（元）	总价（元）
合计						

当货物送达订货地点后，送货人员应协助收货单位将货物卸下车，放到指定位置，并与收货人员一起清点货物，做好送货完成确认工作，完成送货回单的签收工作（送货回单见表13-11）。一般情况下，如果收货方有退货、调货的要求，则应随车带回，并填写相关单证。

表13-11　　　　　　　　　　　　　　　送货回单

送货单号：
送货单位：　　　　　收货单位：　　　　　送货时间：　　　　　收货时间：

送货				
序号	品名	规格	数量	重量
序号	品名	应送数	送达数	点收数

验收情况：

验收员：（签字）　　　　　　点收员：（签字）　　　　　　送货员：（签字）

11.3.4　财务结算

配送部门的车辆按指定的计划到达，完成配送工作后，将相关单据递交财务部门，由财务部门进行相关费用的结算。

【任务实施】

步骤1：理解车辆配载的含义。

步骤2：找出车辆容积函数，即两种货物的容积之和等于车辆容积的80%。可以设A配件可装载X个，B配件可装载Y个，那么：

$0.45X+0.5Y=15×80\%$

步骤3：找出车辆载重量函数，即两种货物的重量之和等于车辆的载重量，即：

$(0.45×0.05)X+(0.5×1)Y=4$

步骤4：通过两个函数方程求出A配件和B配件可装载的数量。

任务13.3

实施提示

项目回顾

通过本项目的学习，我们明确了送货作业包括配货作业、路线优化、运送作业等任务，明确了在完成这些任务时应遵循的原则，掌握了车辆配载、配送路线优化的方法。作为管理者，除了能完成基本的操作外，还应能进行路线优化、车辆有效配载等工作。

课后训练

一、知识检测

（一）不定项选择题

1.下列各项中，属于配货检查方法的有（　　　）。

A.人工检查　　　　　　　　　　　B.商品条形码检查法

C.声音输入检查法　　　　　　　　D.重量计算检查法

2.下列各项中，属于物流包装标志的有（　　　）。

A.一般描述性标记　　　　　　　　B.等级标记

C.牌号标记　　　　　　　　　　　D.收发货地点和单位标记

E.指示性标志

3.在外包装上注明目的港、目的地，收货人或发货人的代号、件号、批号等内容的属于（　　　）。

A.指示性标志　　　　　　　　　　B.警告性标志

C.运输标志　　　　　　　　　　　D.收发货地点和单位标记

4.我国现行法律规定，在海运中，重货是指每立方米货物的重量大于（　　　）的货物。

A.1吨　　　　　　B.2吨　　　　　　C.3吨　　　　　　D.4吨

5.下列各项中，属于确定配送路线时的约束条件的有（　　　）。

A.满足所有收货人对货物品种、规格、数量的要求

B.满足收货人对货物送达时间范围的要求

C.在允许通行的时间范围内进行配送

D.各配送路线的货物量不得超过车辆容积和载重量的限制

E.在配送中心现有运力允许的范围内配送

6.直接接触商品并随商品进入零售店和消费者直接见面的包装属于（　　）。

A.销售包装　　　　B.运输包装　　　　C.储运包装　　　　D.以上都不对

7.下列各项中，属于物流包装标志的是（　　）。

A.运输标志　　　　B.指示性标志　　　　C.警告性标志　　　　D.唛头

8.凡在运输包装内装有爆炸品、易燃物品、有毒物品、腐蚀物品、氧化剂和放射性物质等危险货物时，都必须在包装上标明（　　）。

A.运输标志　　　　B.指示性标志　　　　C.警告性标志　　　　D.唛头

9.车辆配载时要考虑的因素有（　　）。

A.货物的化学性质　　　　　　　　　B.货物的体积

C.货物的质量　　　　　　　　　　　D.货物的外包装尺寸

10.车辆配载时要遵循的原则包括（　　）。

A.安全性原则　　　　　　　　　　　B.大小搭配、轻重搭配原则

C.一次积载原则　　　　　　　　　　D."后送先装"原则

E.货物性质搭配原则

（二）判断题

1."禁用手摸""必须竖放""小心摔坏"等属于警告性标志。　　　　　　（　　）

2.牌号标记是用来说明货物名称的标记，一般不提供有关货物的其他信息。

（　　）

3.有时为了提高满载率，可以考虑将危险货物与普通货物进行混载。　（　　）

4.运输危险品时，货物外包装上必须有警告性标志。　　　　　　　　（　　）

5.用来说明货物名称的标记，一般不提供有关货物的其他信息的，是物流包装标志中的牌号标记。　　　　　　　　　　　　　　　　　　　　　　　（　　）

6.配送中心在确定配送路线时，任何时候都应该以效益最高为目标。　（　　）

7.节约里程法的原理是三角形的一边之长必定小于另外两边长度之和。（　　）

8.配送作业中的包装主要是指运输包装，其主要作用是保护货物并将多个零散包装物品放入大小合适的箱子中，以提高配送效率。　　　　　　　　　　（　　）

9.一次积载原则是指如果货物到达同一地点就应该将这些货物一次积载完毕。

（　　）

10."后送先装"原则是指货物拼装时，一般将后送的货物先装在里面，先送的货物后装在外面，以便于卸货。　　　　　　　　　　　　　　　　　　（　　）

（三）简答题

1.请简述分货的方法。

2.请简述常见的包装技术。

3.请简述车辆配载应遵循的原则。

4.请简述车辆调度的流程。

二、案例研讨

溢价的布鲁克林新鲜啤酒

布鲁克林酿酒厂（BrooKlyn Brewery）在美国分销布鲁克林拉格和布朗淡色啤酒，并且已经经营了3年。虽然在美国它还没有成为名牌，但在日本却已创造了每年200亿美元的市场份额。

Taiyo资源有限公司是一家贸易公司，它建议布鲁克林酿酒厂将啤酒航运到日本，并通过广告宣传其进口啤酒具有独一无二的新鲜度。

这种做法不仅是一个令人感兴趣的营销战略，而且是一种独一无二的物流作业，因为高成本使得目前还没有哪一家酿酒厂通过航空运输将啤酒出口到日本。布鲁克林酿酒厂于1987年11月装运了它的第一箱布鲁克林拉格到达日本，并在最初的几个月里使用了多家航空承运人。最后，日本金刚砂航空公司被选为布鲁克林酿酒厂唯一的航空承运人。金刚砂航空公司之所以被选中，是因为它向布鲁克林酿酒厂提供了增值服务。金刚砂航空公司在其 J.F.K. 国际机场的终点站交付啤酒，并在飞往东京的商务航班上安排运输。金刚砂航空公司通过其日本报关行办理清关手续，这些服务有助于保证产品完全符合新鲜的要求。

啤酒之所以能达到新鲜的要求，是因为这样的物流作业可以在啤酒酿造后的1周内将啤酒从酿酒厂直接运达顾客手中，而其他海外装运啤酒的平均订货周期为40天。啤酒的新鲜度使之价格能够超过一般价值定价，比海运装运的啤酒价格高5倍。虽然布鲁克林拉格在美国是一种平均价位的啤酒，但在日本，它是一种溢价产品，可以获得极高的利润。

布鲁克林拉格的高价并没有妨碍其在日本的销售。1988年，即其进入日本市场的第一年，布鲁克林酿酒厂取得了50万美元的销售额。1989年，销售额增加到100万美元，1990年则为130万美元。其出口总量占布鲁克林酿酒厂总销售额的10%。

后来，布鲁克林酿酒厂改变包装，通过装运小桶装啤酒而不是瓶装啤酒来降低运输成本。虽然小桶装啤酒的重量与瓶装啤酒相等，但减少了玻璃破碎而使啤酒损毁的现象。此外，小桶装啤酒对保护性包装的要求也较低，这将进一步降低装运成本。

资料来源 佚名. 物流案例：从国外食品加工行业看物流配送 [EB/OL]. [2023-09-07]. http://www.exam8.com/zige/wuliu/anli/201009/1609244.html.

结合以上案例，讨论下列问题：

1. 布鲁克林酿酒厂如何通过改变包装以达到顺利出口的目标？
2. 请列举通过流通环节来改进物流，甚至实现物流增值的例子。

三、实战训练

1. 实战技能点

配送路线的优化。

2. 实战任务

假设昌荣配送中心向5个客户配送货物，配送中心的配送路线网络图如图13-6所示，运输里程表见表13-12。图中括号内的数字表示客户的需求量，表中数字表示两节点之间的距离。现在配送中心可供使用的两种车辆是：3辆2吨载重卡车和2辆4

吨载重卡车。

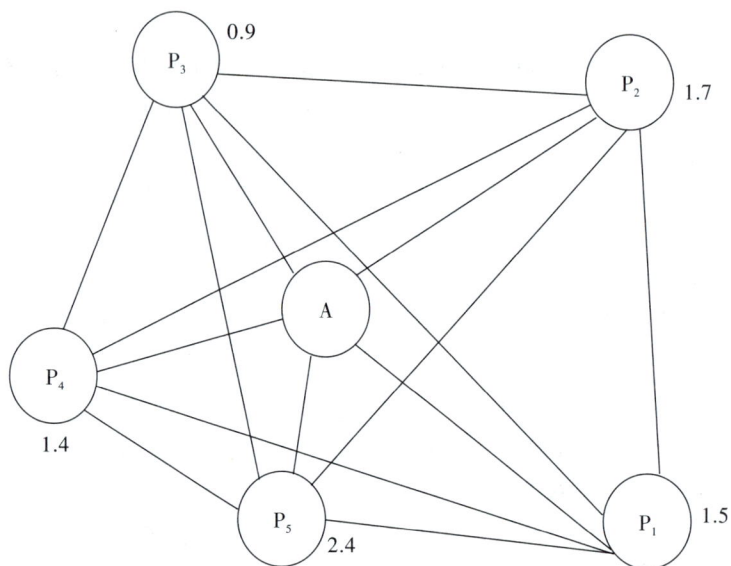

图13-6　配送路线网络图

表13-12　　　　　　　　　　　　运输里程表　　　　　　　　　　　单位：千米

需要量（吨）	A				
1.5	8	P₁			
1.7	8	12	P₂		
0.9	6	13	4	P₃	
1.4	7	15	9	5	P₄
2.4	10	16	18	16	12	P₅

请根据以上资料完成下列任务：

（1）用节约里程法制订最优的配送方案。

（2）假定卡车行驶的平均速度为50km/h，比较优化后的方案比单独向各客户分别配送可节约多少时间？

主要参考文献

［1］刘雅丽，解翠杰. 仓储与配送管理［M］. 北京：高等教育出版社，2021.

［2］柳荣. 智能仓储物流、配送精细化管理实务［M］. 北京：人民邮电出版社，2020.

［3］北京中物联物流采购培训中心. 物流管理职业技能等级认证教材：中级［M］. 南京：江苏凤凰教育出版社，2019.

［4］薛威. 仓储作业管理［M］. 3版. 北京：高等教育出版社，2018.

［5］梁旭，刘徐方. 物流仓储与配送管理［M］. 2版. 北京：清华大学出版社，2017.

［6］周兴建，蔡丽华. 现代仓储管理与实务［M］. 2版. 北京：北京大学出版社，2017.

［7］刘毅. 仓储作业实务［M］. 2版. 北京：机械工业出版社，2017.

［8］耿波，聂强大. 采购与仓储管理实务［M］. 2版. 北京：北京大学出版社，2017.

［9］全国物流标准化技术委员会. 仓储货架使用规范［M］. 北京：中国标准出版社，2017.

［10］李育蔚. 仓储物流精细化管理全案［M］. 北京：人民邮电出版社，2015.

［11］王生平，高风琴. 仓库主管365天超级管理手册［M］. 北京：人民邮电出版社，2013.

［12］王连新. 仓储物流管理实务培训图表书［M］. 北京：中国经济出版社，2013.

［13］商磊. 仓储作业实务［M］. 北京：机械工业出版社，2015.

［14］孙秋高，等. 仓储管理实务［M］. 4版. 北京：电子工业出版社，2020.

［15］叶伟媛. 运输与配送管理实务［M］. 北京：中国农业大学出版社，2014.

［16］宫胜利，王玉卓，牛志文. 仓储与配送管理实务［M］. 北京：北京理工大学出版社，2012.

［17］柳荣，庞建云. 采购管理与运营实战［M］. 北京：人民邮电出版社，2020.

［18］杨爱明，曹爱萍，李述容. 配送管理实务［M］. 3版. 大连：大连理工大学出版社，2019.

［19］颜莉霞. 采购与供应链管理［M］. 大连：东北财经大学出版社，2024.

［20］中国物品编码中心. GB/T 16830—2008 商品条码 储运包装商品编码与条码表示［M］. 北京：中国标准出版社，2009.

［21］刘敏. 物流设施设备［M］. 2版. 北京：高等教育出版社，2020.

数字资源索引

续表